Radtouren in Irland

Bernhard Irlinger

Radtouren in Irland

60 Radtouren durch alle Landesteile der Republik Irland mit Schwerpunkt im Westen

Mit 97 Farbfotos,
54 Kartenskizzen und
einer Übersichtskarte

Bruckmann

Einband/Vorderseite:
Die Abendsonne taucht die einzigartigen Bauwerke auf dem berühmten »Rock of Cashel« in der Grafschaft Tipperary in warmes Licht (Tour 14).

Innenklappe:
In Norden der Grafschaft Mayo führt uns die Straße nahe an die dunklen Klippen, die senkrecht zum sturmgepeitschten Atlantik abbrechen (Tour 28).

Einband/Rückseite:
Die Bucht von Keel auf Achill Island wird nach Osten hin von den wilden Minaun-Klippen begrenzt (Tour 29/30).

Seite 2/3:
Die zerfranste Küste leitet westlich Ballyferriter zu den Kletterfelsen am Sybil Point (Tour 47).

Die Zusammenstellung und Beschreibung der Radtouren erfolgte mit größtmöglicher Sorgfalt und nach bestem Wissen und Gewissen des Autors. Nach dem Erscheinen des Buches kann sich an der Straßenführung, Unterkünften, Adressen etc. einiges ändern. Es wird um Verständnis dafür gebeten, daß Autor und Verlag nicht für Schäden haften können, die sich aus dem Nachvollzug der Touren oder geänderten Bedingungen im Land ergeben.

Gedruckt auf chlorarm gebleichtem Papier

Die Deutsche Bibliothek – CIP-Einheitsaufnahme

Irlinger, Bernhard:
Radtouren in Irland : 60 Radtouren durch alle Landesteile der Republik Irland mit Schwerpunkt im Westen / Bernhard Irlinger. –
München : Bruckmann, 1993
(Erlebnis Rad)
ISBN 3-7654-2583-4

Herstellung: Bruckmann, München
Printed in Germany
ISBN 3-7654-2583-4

Inhaltsverzeichnis

Einführung

Kaum ein anderes Land in Europa übt auf Radreisende eine vergleichbare Faszination aus wie Irland. Das liegt zum einen an der unvergleichlichen Mischung aus unberührten Landschaften, greifbarer Geschichte und faszinierenden Menschen. Zum anderen lockt auf der »Grünen Insel« ein Wegenetz, das wie geschaffen scheint für Radtouren. Eng, kurvig und eingezwängt zwischen Steinmauern und Hecken sind die vielen Nebenstraßen, die hier nicht nach den Bedürfnissen einer Autogesellschaft angelegt sind, sondern nach den Vorgaben der Natur.

Nur das Fahrrad bietet den idealen Kompromiß zwischen nah und fern, der ein Land erst in all seiner Vielfalt erschließen kann. Dort, wo die Autotouristen, abgekapselt von ihrer Umwelt, an Bemerkenswertem vorbeifahren, kann sich der Radfahrer an kleinen Entdeckungen, schönen Ausblicken und unverkennbaren Gerüchen erfreuen. Und dort, wo es dem Weitwanderer nur schwer möglich ist, entferntere Ziele anzusteuern, beweist das Fahrrad seine Streckentauglichkeit.

Doch man sollte sich dem Rhythmus dieses Landes anpassen und sich nicht von seiner Tourenplanung beherrschen lassen. Ein Regentag im Pub, die Erkundung eines alten Klosters oder die Rast an einem See sollten nicht zur lästigen Zwischenpause geraten, sondern ohne Ärger über die verkürzte Tagesleistung ausgekostet werden. Nur wer den Weg zum Ziel macht, wird den Zauber der »Grünen Insel« verspüren.

Dieses Buch soll der Vorfreude auf einen Radurlaub in Irland dienen, genüßliche Nachbetrachtungen ermöglichen und vor allem ein verläßlicher Partner während einer Irlandreise mit dem Rad sein. Generell sollte sich der Radurlauber jedoch nicht blind ausschließlich auf das Buch verlassen. Eigeninitiative und Erfahrung mit der Tourenplanung und -organisation sind genauso wichtig wie ein anregender Führer. Deshalb sollte jeder, der einen Radurlaub plant, sich genaue Karten besorgen und die beschriebenen oder eigenen Etappen in diese übertragen. Auf diese Weise hat man einen schnellen Überblick über die Touren und kann auch auf Entdekkungsfahrt abseits des Vorgegebenen gehen. Änderungen in der Straßenführung durch Bauarbeiten etc. sind nach dem aktuellen Stand berücksichtigt. Für Nachrichten über Änderungen oder Fehler sind Verlag und Autor in jedem Fall dankbar.

Wir wünschen den Lesern und Benutzern dieses Bandes einen gelungenen Radurlaub in Irland.

Das richtige Fahrrad

Natürlich kann man mit jedem Fahrrad, ob es nun ein Klappradist oder ein hochgezüchtetes Rennrad, eine Irlandreise angehen. Man sollte sich jedoch vor Antritt seines Urlaubes fragen, wieviel zusätzliche Kraft man durch ein schwergängiges Fahrrad vergeuden möchte oder wieviel Zeit man mit vermeidbaren Reparaturen verlieren will.

Häufig recht hügeliges Gelände, Gegenwind und oftmals rauhe, reifen- und kraftverschlingende Straßenbeläge erwarten uns in Irland und sollten bei der Wahl des richtigen Rades bedacht werden. Zu empfehlen sind Räder mit Kettenschaltung und mindestens zehn Gängen, um auch mit Gepäck längere Anstiege überwinden zu können. Dabei sollte der Übersetzungsbereich zur Bergtauglichkeit hin verschoben sein, also das größte Ritzel am hinteren Zahnkranz möglichst viele Zähne aufweisen und das kleine Kettenblatt vorne möglichst wenige. Felgenbremsen für beide Räder sorgen auf längeren Abfahrten für die nötige Sicherheit, und nicht zu schmale Reifen helfen, so manche Reparaturpause zu vermeiden. Ein kräftiger und trotzdem nicht allzu schwerer Rahmen sorgt vor allem bei Gepäckbeladung dafür, gefährliches Schlingern zu verhindern.

Schon vor Antritt der Reise sollte man die wichtigsten Teile seines Fahrrades auf mögliche technische Defekte hin überprüfen. Dabei kann man sich mit Reparaturarbeiten vertraut machen, um in der Einsamkeit Irlands nicht vor unlösbare Aufgaben gestellt zu werden. Mit einem kleinen Ersatzteillager kann man so mancher Enttäuschung aus dem Weg gehen, da man in Irland häufig die passenden Komponenten für sein Rad nicht erhält. Nähere Angaben zu Radtechnik, Ersatzteilen und Fahrradverleihern in Irland befinden sich im Anhang des Buches und in den »Nützlichen Informationen«.

Anreisemöglichkeiten

Mit Auto und Fähre: Direktfähren nach Irland verkehren nur von Le Havre, Cherbourg und Roscoff aus. Man muß also zuerst ganz Frankreich durchqueren, um dann anschließend noch einmal ca. 20 Stunden auf der Fähre zu verbringen. Die preiswerteste Anreisemöglichkeit ist der Weg via England. Der Zeitaufwand für diese Art der Anreise ist aber beträchtlich. Nachdem man England mit einer Fähre erreicht hat, sind es noch einmal ca. 500 Kilometer auf britischen Straßen, ehe man endgültig nach Irland übersetzen kann. Je nach Startpunkt der Reise und Reisedauer sollte man sich seine Anreiseroute ganz individuell zusammenstellen. Wer sein Auto in Irland nicht benützen will, dem bietet sich die preiswertere Alternative, bis zu einem der Fährhäfen mit dem Auto zu fahren, um anschließend nur mit dem Fahrrad überzusetzen. Ein nützlicher Ratgeber ist die Broschüre *»Autofähren Großbritannien und Irland«*, die die Irische Fremdenverkehrszentrale kostenlos zuschickt.

Mit dem Flugzeug: Gerade für den Reisenden, der relativ wenig Zeit zur Verfügung hat, ist dies die beste und oftmals günstigste Möglichkeit, nach Irland zu kommen. Von allen größeren Flughäfen im deutschsprachigen Raum gibt es Linien- und Charterflüge nach Dublin und zum Shannon-Airport an der irischen Westküste nahe Limerick. Die Preise variieren je nach Veranstalter und Reisezeit

Kleine Rast beim Steinkreis von Drombeg.

stark. Bei genauer Planung kann man sicher einiges Geld sparen. Interessant sind die günstigen Kombinationsangebote in Verbindung mit einer Flugreise nach Irland. Recht preiswert kann man mit Hilfe dieser Sonder-, Kombi- oder IT-Flüge Übernachtungen und vieles mehr zusätzlich buchen.

Im Normalfall ist der Radtransport auf allen Linien- und Charterflügen im Rahmen der Freigepäcksgrenze von 20 Kilogramm möglich. Nur wenige Chartergesellschaften verlangen für den Radtransport eine gesonderte Gebühr von ca. 50 DM. Wird die Gewichtsgrenze nicht allzusehr ausgereizt, werden von den Fluggesellschaften meist keine Zusatzkosten für das Übergepäck berechnet. Um die Freigepäcksgrenze nicht zu weit zu überschreiten, sollte man deshalb schwerere Gegenstände, wie Bücher und Fotoausrüstung, im Handgepäck transportieren, das nur selten mitgewogen wird. Grundsätzlich sollte man vor der Flugbuchung immer beim Reiseveranstalter oder der Fluggesellschaft wegen des Radtransportes nachfragen und am Abflugtag möglichst früh am Abfertigungsschalter sein, da nur eine begrenzte Anzahl von Rädern verladen werden kann. Bei Aer Lingus ist für den Hinflug eine Reservierung für das Fahrrad möglich. Für den Transport im Flugzeug sollten der Lenker in Längsrichtung gedreht sein, aus den Reifen etwas Luft abgelassen werden und die Pedale abgeschraubt sein (nicht, wie häufig empfohlen, die Pedale nach innen schrauben, da es dadurch leicht zu Beschädigungen kommt).

Mit der Eisenbahn oder dem Bus: Für Reisende mit ausgeprägtem Umweltbewußtsein ist die Anreise mit der Bahn natürlich immer eine Überlegung wert. Leider hat sich dieses Bewußtsein noch nicht in den Führungsetagen der Bahngesellschaften herumgesprochen, und so muß man Reisenden mit kleinem Geldbeutel und wenig Zeit von dieser Anreisemöglichkeit eher abraten. Zum einen muß man ca. eineinhalb Tage Reisezeit in Kauf nehmen und zum anderen muß man im Normalfall sogar mehr dafür bezahlen, als eine Flugreise nach Irland kostet. Ein Kapitel für sich ist der komplizierte Fahrradtransport in der Eisenbahn. Es gibt nur selten durchgehende Fahrradkarten, und selbst damit kann man nicht sicher sein, daß das Rad nicht einfach an der Grenze vom Bahnpersonal ausgeladen wird. Im Normalfall muß man sein Fahrrad im grenzüberschreitenden Verkehr aus dem Gepäckwagen holen, eine neue Fahrradkarte lösen und dann auf den Anschlußzug warten. Bedeutend einfacher ist es, das Rad als Reisegepäck nach England (am günstigsten nach London) vorauszuschicken. Man sollte dabei aber beachten, daß diese Art des Radtransportes mindestens eine Woche in Anspruch nimmt und häufig Transportschäden auftreten. Die anschließende Weiterfahrt in England bis zum Fährhafen sollte dann genau geplant sein, denn gerade die schnellen Fernzüge bieten nur wenige Transportplätze für Räder. Zudem müssen die vielen Ausschlußzeiten, in denen grundsätzlich kein Radtransport möglich ist, beachtet werden.

Deutlich billiger ist die Anreise mit dem Bus. Von deutschen Großstädten aus wird immer zuerst London angesteuert. Dort muß man in die Busse umsteigen, die nach Irland weiterfahren. Einen Zeitbedarf von eineinhalb Tagen für eine Richtung sollte man einplanen. Vorteil der Busse ist es, daß von London aus auch Direktbusse in einige größere Städte an der irischen Westküste starten. Allerdings ist in den Bussen grundsätzlich kein Fahrradtransport möglich.

Reisen in Irland

Zwischen nahezu allen größeren Ortschaften in Irland besteht ein gut ausgebautes öffentliches Verkehrsnetz. Oftmals kann man zwischen Bahn und Bussen wählen. Die Situation ändert sich jedoch abseits dieses Netzes schlagartig. Gerade in den einsamen Berg- und Küstenregionen wird das Reisen mit öffentlichen Verkehrsmitteln zu einer harten Geduldsprobe. Wer also in Irland zwischenzeitlich auf Bahn und Busse umsteigen möchte, der sollte die größeren Städte an den Hauptverkehrslinien als Ziel wählen, um von dort zu seiner Fahrradtour zu starten. Sowohl bei der staatlichen Busgesellschaft »Bus Éireann« als auch bei den konkurrierenden privaten Busgesellschaften und der staatlichen Bahngesellschaft »Iarnród Éireann« gibt es ein verwirrend großes Angebot an Sonder- und Billigtarifen. Genaueres Nachfragen lohnt sich also meistens. Die Kosten des

An der Hauptkreuzung in dem geschäftigen Touristenstädtchen Kinsale.

Fahrradtransportes liegen bei ca. einem Viertel des jeweiligen Personentarifes. Zu beachten ist, daß auf den Eisenbahnstrecken die Fahrräder grundsätzlich transportiert werden, während die Mitnahme in den Bussen vom vorhandenen Stauraum und der Zustimmung des Busfahrers abhängt.

Unterkunft und Verpflegung

Riesige Bettenburgen wird man in Irland vergeblich suchen. Für Übernachtungsmöglichkeiten in Häusern aller Kategorien ist dennoch ausreichend gesorgt. Wer es sich leisten kann, dem steht eine große Auswahl an *Hotels* und *Pensionen* zur Verfügung, die alle beim Irischen Fremdenverkehrsamt registriert sind. Die Palette reicht vom luxuriösen Schloßhotel bis zu einfachen, kleinen Familienbetrieben. Da bei Hotels und Pensionen eine Vorausbuchung üblich ist (die auch über die TI-Büros möglich ist), sind am Ende jeder Etappe die betreffenden Telefonnummern aufgeführt (gestaffelt von den teuersten zu Beginn bis zu den preiswerteren am Ende).

Die klassischste Art zu übernachten bieten die einfachen *Bed-and-Breakfast-Häuser.* Der Übernachtungspreis beinhaltet ein stattliches Frühstück. Sie liegen im Preisniveau deutlich unter den Hotels und bieten bessere Kontaktmöglichkeiten zu den Einheimischen. Auch in entlegenen Gebieten muß man nicht lange suchen, um eine Privatunterkunft zu finden, die am ausgehängten B&B-Schild leicht zu erkennen ist. Da kaum die Hälfte der B&B-Häuser bei der irischen Fremdenverkehrsorganisation »Bord Failte« registriert ist, sind Vorausbuchungen nur selten möglich. Beginnt man seine Suche nicht erst am späten Abend, wird man im Normalfall immer ein freies Zimmer in einem der vielen B&B's finden. Zu erkennen sind die von Bord Failte überprüften Häuser an einem Schild mit der Aufschrift »Approved« und zwei stilisierten Kleeblättern.

Wer es noch einfacher und billiger haben will, dem steht ein gut ausgebautes Netz an Jugendherbergen, sogenannten *Hostels,* zur Verfügung, bei denen es keine Altersbeschränkungen gibt. Neben den offiziellen An-Oige-Hostels, die dem internationalen Jugendherbergsverband angeschlossen sind, gibt es eine große Anzahl privater Jugendherbergen, die meist zu den beiden Organisationen IHO (Independent Hostel Owners) und Budget gehören. Die Stimmung in den Privatunterkünften ist meist besser, da die Reglementierungen der offiziellen Jugendherbergen entfallen. Ein Jugendherbergsausweis ist nur für die An-Oige-Hostels nötig. Ausgestattet sind die Hostels mit einer Küche, in der neben dem Herd auch Töpfe, Pfannen und Geschirr bereitstehen.

Die Preise der irischen *Campingplätze* lie-

gen meist über denen der Jugendherbergen, allerdings verbringt man dafür die Nacht nicht in einem Gemeinschaftsschlafsaal. Viele Jugendherbergen bieten für wenig Geld einen Platz neben dem Haus zum Campen an. Man kann dann die sanitären Einrichtungen mitbenutzen. Wildes Campen ist in Irland grundsätzlich erlaubt. In abgeschiedenen Gegenden kann man sein Zelt ohne schlechtes Gewissen in freier Natur aufschlagen. Hat man sich eine Wiese als Standplatz ausgesucht, sollte man aber auf jeden Fall den Besitzer um seine Erlaubnis bitten. Daß man den Übernachtungsplatz so verläßt, wie man ihn vorgefunden hat, sollte eine Selbstverständlichkeit sein.

Essen ist in Irland eine teure Angelegenheit. Eine typisch irische Eßkultur konnte sich bei der Not der vergangenen Jahrhunderte kaum entwickeln. In den letzten Jahren haben sich vor allem Restaurants mit französischer Küche etabliert. Relativ preiswert sind die Lokale, in denen Touristenmenüs angeboten werden. Als Alternative kann man in manchen B&B-Häusern zum Abendessen kräftige Hausmannskost bekommen. Gerade wenn man mit dem eigenen Zelt unterwegs ist, lohnt sich ein Kocher zur Selbstversorgung auf jeden Fall. Will man Land und Leute kennenlernen, gehören Pubbesuche in jedes Urlaubsprogramm. Bei einem Bier oder Whiskey kann man am besten Kontakte zu den Einheimischen knüpfen. Zusätzlich wird in vielen Pubs die Stimmung durch Irish-Folk-Bands gehoben.

Klima, Reisezeit und Ausrüstung

Das irische Klima ist geprägt durch Irlands Lage als westlichstes Land des europäischen Kontinents. Über den Weiten des Atlantiks sammelt sich verdunstetes Wasser in mächtigen Wolken an. Der stetige Westwind treibt sie gegen die irischen Berge, an denen sie sich kräftig abregnen können. Dank des Windes werden die Wolken aber ebenso schnell vertrieben, wie sie gekommen sind. Wetterfeste Bekleidung gehört also auf jeden Fall in das Reisegepäck. Um gerade auf längeren Abfahrten mit starkem Wind nicht auszukühlen, sollte man einige wärmere Kleidungsstücke nicht vergessen. Daß man möglichst wasserdichte Packtaschen benutzt, sollte eine Selbstverständlichkeit sein. Für Camper empfiehlt sich natürlich ein wasserdichtes Zelt, dessen Eingänge zusätzlich mit einem Moskitonetz gesichert sein sollten. In den warmen Sommermonaten können unzählige Mücken besonders in der Nähe von Sümpfen zur Plage werden. Die niederschlagreichsten Gebiete sind die Bergregionen im Westen der Insel. Hier können bis zu 2000 mm Niederschlag im Jahr fallen, nahezu dreimal so viel wie an der sonnenreichen Südostküste Irlands. An der irischen Westküste streicht der Golfstrom entlang, der warmes Wasser aus südlichen Regionen mit sich führt. Er sorgt für die ausgeglichenen Temperaturen während des ganzen Jahres. Selbst im Hochsommer übersteigt das Thermometer nur selten die 25-Grad-Marke. Dafür ist winterlicher Schnee und Frost ein in Irland fast unbekanntes Phänomen. Juli und August sind die wärmsten Monate im Jahr. Allerdings sind in dieser Zeit die meisten Urlauber unterwegs, und es regnet häufiger als in der Vor- und Nachsaison. Von April bis Juni macht die »Grüne Insel« ihrem Namen alle Ehre. Nur wenige Touristen teilen sich den Anblick des saftigen Frühjahrsgrüns. Die Abende werden immer länger; Mai und Juni sind die trockensten Monate. Die Herbstmonate sind die Zeit der schönen Stimmungen. Morgens liegen Nebelschleier über den Tälern, und häufig zeichnen Regenbogen ihre Farben an den Himmel. Abraten muß man nur von den Wintermonaten. Beständiges Schlechtwetter verhindert dann meist jegliche Aktivitäten unter freiem Himmel.

Der Lough Beagh bildet das Herzstück des Glenveagh-Nationalparks.

Pflanzen und Tiere

Irland ist eines der waldärmsten Länder in ganz Europa. Über Jahrhunderte wurden die Wälder von den englischen Besatzern abgeholzt. Zum einen wollte man dadurch den irischen Widerstandskämpfern mögliche Verstecke nehmen, zum anderen konnte man das Holz gut zum Ausbau der englischen Flotte verwenden. Trotz enormer Anstrengungen bei der Wiederaufforstung sind nur drei Prozent der Insel mit Wald bedeckt.

In der Südwestecke Irlands wuchert an windgeschützten Stellen dank des Golfstroms eine nahezu tropische Vegetation. Haine mit Palmen, Fuchsien, Bambus, Rhododendron und anderen subtropischen Pflanzen ergeben dort einen eigenartigen Kontrast zu den kahlen Bergen im Hintergrund. Blühende Fuchsienhecken und leuchtendroter Rhododendron täuschen aber darüber hinweg, daß diese nichtheimischen Pflanzen teilweise die natürliche Vegetation zu erstikken drohen. Für den Pflanzenfreund beeindruckend sind vor allem die Sümpfe mit ihrer seltenen Moorvegetation und das Karstgebiet der sogenannten Burren, in dem alpine und mediterrane Vegetation aufeinandertreffen. Durch den Torfabbau verliert Irland jährlich große Moorflächen, und es ist jetzt schon absehbar, daß diese ökologisch so wertvollen Flächen bald nur noch als geschützte Relikte kleine Areale bedecken werden.

Der heilige Patrick hat der Sage nach alle Schlangen von der Insel verbannt. Auch sonst gibt es kaum Reptilien. Rotwild und Wildschweine finden sich fast nur noch in Parks.

Dennoch hat Irland jedem Tierliebhaber etwas zu bieten. Vor allem das reiche Leben am und im Wasser lädt zu schönen Beobachtungen ein. Wo kann man schon Eisvögel, wilde Gänse und Otter sehen. Meeresforellen und Lachse ziehen während der Laichzeit die Flüsse aufwärts. An die 350 verschiedene Vogelarten wurden in Irland schon gezählt. Davon sind 150 heimische, die anderen überwintern hier oder legen einen Zwischenstop auf ihrem Weg nach Süden ein. Besonders beeindruckend sind die großen Vogelkolonien in den steilen Meeresklippen. Die Flug- und Tauchkünste von Kormoranen, Papageientauchern, Sturmvögeln und vielen anderen Arten kann man ohne Probleme verfolgen.

An einsamen Stränden genießen Scharen von Robben die Strahlen der Sonne. In manchen Buchten durchschneiden die Rückenflossen der für den Menschen ungefährlichen Blauhaie zu Hunderten die Wasserfläche. Mit etwas Glück begleiten auf einer Überfahrt verspielte Delphine das Schiff, oder der breite Rücken eines Wales taucht neben dem Boot auf.

Geographie und Geologie

Irland ist der am weitesten im Westen gelegene Vorposten Europas. Zwischen der irischen Westküste und Nordamerika dehnt sich nur noch die Wasserwüste des Nordatlantik. Die Insel liegt in etwa auf demselben Breitengrad wie Norddeutschland. Wegen des warmen Golfstroms, der an der irischen Westküste vorbeizieht, ist das Klima aber bedeutend milder.

Ca. 480 Kilometer sind es vom nördlichsten Punkt der Insel bis hinunter zur Südküste, und 275 Kilometer beträgt die größte Entfernung zwischen der West- und Ostküste. Dank der reichgegliederten Küste ist kein Ort auf der Insel weiter als 100 Kilometer vom Meer entfernt. Die Form der Insel wird oftmals mit der einer riesigen Schüssel verglichen. Im Zentrum liegt die ausgedehnte irische Kalkebene, die nur an wenigen Stellen von höheren Hügelketten unterbrochen wird. Die Ränder der Insel sind dagegen fast durchgehend von Gebirgsstöcken besetzt. Nur der Gipfel des Carrauntouhill im Südwesten Irlands überragt die Tausend-Meter-Marke. Man sollte die irischen Berge aber deshalb nicht unterschätzen, denn die Aufstiege beginnen meist nur wenig über dem Meeresniveau, und das Wetter kann unberechenbar sein.

Die Gesteine, aus denen die irische Insel aufgebaut ist, sind sehr alt. Die Berge im Süden wurden ungefähr vor 300 Millionen Jahren aufgefaltet. Die Gebirge in Zentral- und Nordirland sind noch bedeutend älter. Die Erosion hatte so Hunderte von Millionen Jahre Zeit, die Gipfel und Kämme abzunagen. Sie wurden immer niedriger und zu runden, ausdruckslosen Kuppen abgeschliffen.

In den letzten zwei Millionen Jahren trat – zum Glück für den Wanderer – eine deutliche Veränderung im Erscheinungsbild Irlands ein. Die Eiszeit schuf aus der eintönigen Landschaft das heutige abwechslungsreiche Bild. Nahezu die gesamte Insel war von einem mächtigen Eisschild bedeckt, aus dem nur die höheren Bergketten ragten. In dieser Zeit entstanden die vielen kleinen Karseen, die den Anblick der kargen irischen Bergwelt

An der Südküste der Grafschaft Cork findet man so manches noble Landhaus.

so sehr beleben. Die Spitzen und Grate der Berge wurden zugeschliffen und die Täler zu den breiten irischen Glens ausgehobelt. Im Tiefland wurden niedrige Hügel und Schotterkämme abgelagert und die Becken der unzähligen Seen ausgeschürft.

Viele der nacheiszeitlichen Seen sind mittlerweile verlandet und prägen als Moore das irische Landschaftsbild mit. Seit alters ist der Torf der irischen Moore der Ersatzbrennstoff für das seltene Holz. Neuerdings wird der Torf sogar in großen Kraftwerken zur industriellen Erzeugung von Strom genutzt.

Geschichte und Kultur

Die frühesten Einwohner: Bis zum Ende der Eiszeit bestand eine Landverbindung zwischen den Britischen Inseln und dem europäischen Kontinent. Die Besiedlung Irlands war aber wegen der geschlossenen Eisbedekkung nicht möglich. Als dann zum Ende der Eiszeit weltweit die Gletscher abschmolzen, stieg der Meeresspiegel. Irland wurde eine Insel und blieb während der nächsten 5000 Jahre unbesiedelt.

Ca. 6000 v. Chr. setzten jungsteinzeitliche Jäger und Sammler von Schottland über. An sie erinnern nur noch vereinzelte Funde von Steinwerkzeugen und Waffen.

Ab 3000 v. Chr. gingen mehrere Einwanderungswellen über die Insel. Die neuen Bewohner waren seßhafte Bauern, die bedeutende Steinmonumente errichteten. Woher sie gekommen waren, ist nicht eindeutig geklärt. Ähnliche Bauwerke wie in Irland entstanden jedoch zu jener Zeit in ganz Westeuropa und im Mittelmeerraum. Die Formen der aus großen Steinplatten errichteten Grabkammern wurden immer weiter verfeinert. Die schönsten Beispiele der von einem großen Erdhügel bedeckten Kammer- und Galeriegräber kann man im Boyne-Valley nördlich von Dublin besichtigen. Von der Form her einfacher, jedoch deshalb keinesfalls weniger beeindruckend sind die wuchtigen Dolmengräber. Wie es die Steinzeitmenschen schafften, die tonnenschweren Decksteine auf die fünf oder sechs Tragesteine hinaufzuhieven, wird auch in Zukunft ein Rätsel bleiben.

Um ca. 2000 v. Chr. lösten Bronzewerkzeuge und Bronzewaffen die Steingeräte ab. Damals entwickelte sich in Europa ein ausgedehntes Handelsnetz, und Irland wurde zu einem der wichtigsten Erz- und Goldlieferanten dieser Epoche. Außerdem wurden Waffen und Schmuckgegenstände von hervorragender Qualität exportiert. Für religiöse Zeremonien und wahrscheinlich auch zur Beobachtung der Sternbahnen errichteten die damaligen Einwohner aus mächtigen, hochkant gestellten Felsen große Steinkreise.

Die keltische Invasion: Ca. 500 v. Chr. erschien in Irland ein vollkommen neuer Volksstamm, die Kelten. Nach römischer Beschreibung waren die Kelten große, rothaarige Männer, die nur ungern einem Streit oder Kampf aus dem Wege gingen. Diese Streitlust bewahrte Irland zwar vor einer römischen Invasion, führte aber auch zu einer Zersplitterung Irlands in über hundert kleine Königreiche. Sie gruppierten sich in vier Hauptkönigreiche, deren Lage noch heute an den Grenzen der vier irischen Provinzen abzulesen ist. Über dem Ganzen stand theoretisch ein Hochkönig, der gleichzeitig oberster Heerführer war. Nur wenige Herrscher hatten aber auch wirklich die Macht, diesen Platz auszufüllen. Die geistig-religiöse Führung lag in den Händen der Druiden. Ihre von Feen und Dämonen belebte Naturreligion spiegelt sich noch in den Sagen und Erzählungen des heutigen Irland. Da die Kelten keine Schrift hatten, nahmen die Barden als lebende Geschichts- und Märchenbücher eine wichtige Stellung in der damaligen Gesellschaft ein. Das in einigen Teilen Irlands noch heute gesprochene Gälisch geht als eines der letzten Überbleibsel der keltischen Sprachfamilie auf diese Zeit zurück. Von geschickten irischen Handwerkern gefertigte Schmuckstücke und Waffen wurden nach ganz Europa exportiert.

Der Großteil der einfachen Bevölkerung bestand aus abhängigen Bauern. Bei Gefahr flüchteten sie in die stark befestigten Hügel-Forts, von denen aus die Kleinkönige ihre Gebiete regierten. Einzelne Familienclans errichteten Steinforts oder in Seen künstliche Inseln, die vor feindlichen Überfällen Schutz bieten sollten. Teilweise blieben diese sogenannten Ringforts und Crannogs bis ins Mittelalter hinein in Gebrauch. Ob die sogenannten Promontory-Forts, die am Steilabfall von Klippen errichtet wurden, den Kelten oder anderen Volksgruppen als Fluchtburgen dienten, ist bis heute nicht geklärt. Im 4. Jahrhundert entwickelte sich eine einfache Schrift, die den Runen verwandte Ogamschrift. Ihre Zeichen wurden in die Kanten

In der Nähe des Upper Lake von Glendalough stehen die Reste der Reefert Church und einige alte Steinkreuze.

aufrechtstehender Steine eingeritzt. Diese Schrift wurde aber schon bald von der mit der Christianisierung aufkommenden lateinischen Schrift verdrängt.

Die frühchristliche Zeit und der Einfall der Wikinger: Schon im 4. und 5. Jahrhundert n. Chr. begann, was Irland den Beinamen »Insel der Heiligen« einbrachte. Die Iren nahmen als erstes Volk außerhalb des römischen Machtbereiches den christlichen Glauben an. Der Erfolg der Christianisierung ist dabei fest mit dem Namen des irischen Nationalheiligen Patrick verbunden. Seine Kindheit verbrachte er als Sklave in Irland. Nach gelungener Flucht kehrte er als Missionar und Bischof in die Heimat zurück. Zwischen 432 und 460 n. Chr. bekehrte er vor allem die Bevölkerung im Norden der Insel. Schon bald war Irland mit einem dichten Netz von Klostersiedlungen überzogen. Einfache Holzbauten und primitive, fensterlose Steinhäuser, die sogenannten Bienenkorbhütten, waren die Keimzellen für die später zu großem Reichtum aufstrebenden Klosterstädte. Von Irland aus wurden weite Teile West- und Mitteleuropas christianisiert, und viele Schüler kamen in die Klöster, um das Wissen der gelehrten Mönche in ihre Heimat mitzunehmen. Kirchen, Hochkreuze und Rundtürme zeugen noch heute vom Glanz der damaligen Klosteranlagen. Ornamental ausgeschmückte Handschriften beeinflußten die Buchmalerei im übrigen Europa.

Um 800 n. Chr. begannen die Einfälle der Wikinger. Bevorzugtes Ziel ihrer Plünderungen waren die reichen Klöster, die aber nach jedem Raubzug um so schöner neu erstanden. Die Wikinger errichteten an der Küste Stützpunkte, aus denen später die großen irischen Städte wie Dublin, Cork und Limerick entstanden. 1014 gelang es irischen Truppen unter dem Hochkönig Brian Boru, in der Schlacht am Clontraf die Wikinger vernichtend zu schlagen. Die Zeit der Wikinger in Irland war beendet.

Die Herrschaft der Anglonormannen: 1155 sprach Hadrian IV., der einzige Engländer auf dem Stuhl des Papstes, dem englischen König Heinrich II. die Herrschaft über Irland zu. Innerirische Streitigkeiten führten dann dazu, daß der König von Leinster 1169 die englisch-normannischen Truppen unter Führung des Abenteurers Strongbow zu Hilfe rief. Der Grundstein zur jahrhundertelangen englischen Herrschaft über Irland war gelegt. Die Normannen eroberten nach und nach große Teile Irlands und lösten die keltische Führungsschicht ab. Sie errichteten mächtige Turmhäuser und Burgen, in deren Schutz Städte entstanden. Neue Klöster wurden von festländischen Orden wie Zisterziensern und Augustinern gegründet.

Doch der normannischen Oberschicht ging nach und nach die Bindung zum englischen Mutterland verloren. Das englische Königshaus versuchte mit Hilfe neuer Gesetze seinen Einfluß wieder zu stärken. So wurde den Normannen in Irland der Gebrauch der irischen Sprache und die Heirat mit Iren verboten. Doch durch den Hundertjährigen Krieg und Pestwellen geschwächt, war England nicht in der Lage, seine Machtansprüche durchzusetzen. Nur das Gebiet rund um Dublin, »English Pale« genannt, da es von einem Palisadenzaun umgeben war, blieb fest im Einflußbereich der englischen Krone. In dieser Zeit entwickelte sich eine irisch-normannische Oberschicht, die sich in den folgenden Jahrhunderten den Machtansprüchen der Engländer entgegenstellte.

Der Kampf gegen England: Zu Beginn des 16. Jahrhunderts wuchs das Interesse der englischen Krone an Irland beträchtlich. Die Entdeckung Amerikas und die Konfrontation mit Spanien rückte Irland von seiner Randlage in eine strategisch wichtige Position. Das Königtum in England war unter Heinrich VIII. wiedererstarkt, und außerdem vollzog der König den Bruch mit der katholischen Kirche. Von nun an waren es nicht mehr nur rassische Gründe, die den englischen Herrschern den Vorwand zur Unterdrückung der treu zum katholischen Glauben stehenden Iren gaben. Englische Siedler wurden ins Land geholt, unter denen ein Großteil der fruchtbaren Böden Irlands aufgeteilt wurde. Unter diesen Bedingungen konnte Widerstand der alteingesessenen Bevölkerung nicht ausbleiben. Eine Serie von Aufständen beendete 1601 die Niederlage der Iren in der Schlacht bei Kinsale. In der Folge wurde weiteres Land enteignet, und ein Großteil der irischen Führungsschicht emigrierte nach Frankreich. 1641 erhoben sich die Iren ein weiteres Mal gegen die Engländer, doch 1649 machte Oliver Cromwell diesem Aufstand ein schreckliches Ende. Seine Truppen verwüsteten drei Jahre lang Irland, ein Viertel der Bevölkerung wurde ermordet. Wer mit dem Leben davonkam, wurde in den unfruchtbaren Westen der Insel, den Connaught, verbannt. So mancher Ire endete als Sklave auf den Plantagen der Neuen Welt. Die verlassenen Höfe wurden den Anhängern Cromwells überlassen. Neue Hoffnung keimte bei den Iren, als der katholische König Jakob II. den englischen Thron bestieg und die antikatholischen Gesetze aufgehoben wurden.

Doch 1689 wurde Jakob II. von dem Protestanten Wilhelm von Oranien gestürzt. Am 12. Juli 1690 schlugen die protestantischen Truppen Jakob II. am Boyne vernichtend. Die Protestanten Nordirlands feiern noch heute diesen Tag. Neue diskriminierende Gesetze traten in Kraft. Die katholische Kirche wurde endgültig verboten, Katholiken durften nicht wählen, keine Berufe erlernen, ja nicht einmal mehr ein Pferd besitzen. Ehen zwischen Protestanten und Katholiken wurden verboten. Grundbesitz in der Hand katholischer Iren wurde per Gesetz auf alle Söhne vererbt, wodurch nach und nach die Größe der einzelnen Bauernhöfe unter das Existenzminimum sank. Wegen starker Handelshemmnisse vertraten Ende des 18. Jahrhunderts auch irische Protestanten eine möglichst unabhängige Position gegenüber England. So war es ein Protestant mit irischem Nationalgefühl, Henry Grattan, der die Aufhebung der antikatholischen Gesetze forderte und eine »patriotische Partei« gründete. 1783 erkämpfte Wolfe Tone, der sich mit seinen »United Irishmen« für die politische und religiöse Freiheit aller Iren einsetzte, das Wahlrecht für die Katholiken. Daniel O'Connell, ein charismatischer katholischer Führer, zu dessen Reden hunderttausende Iren kamen, erwirkte 1829 den Zugang der Katholiken zu öffentlichen Ämtern und das passive Wahlrecht.

Die Jahre des Hungers: Die Erfolge der irischen Katholiken im Kampf um mehr Rechte änderten nichts daran, daß ein Großteil der irischen Bauern in katastrophaler Armut leben mußte. Ihre Felder, ob eigenes oder gepachtetes Land, waren meist zu klein, um auch nur eine Minimalversorgung zu garantieren. Hinzu kam die rapide steigende Überbevölkerung der Insel. Das billigste Nahrungsmittel, die Kartoffel, war für viele Iren zum einzig erschwinglichen Lebensmittel geworden. In dieser Situation war es eine Katastrophe, als in den Jahren zwischen 1845 und 1850 die Kartoffelpest die irische Ernte fast vollständig vernichtete. Die Folge war die größte Hungerkatastrophe in der Geschichte Irlands. Rund eine Million Menschen starben an Unterernährung und den damit einhergehenden Epidemien. Trotz der schreienden Not wurden von den Großgrundbesitzern große Mengen der in Irland produzierten Lebensmittel nach England ausgeführt. Ein nicht abreißender Strom von Auswanderern verließ in den folgenden Jahren unter erbärmlichen Bedingungen die irische Heimat Richtung Amerika und Australien. In wenigen Jahrzehnten verlor Irland durch Krankheit, Hunger und Auswanderung ein Drittel seiner Einwohner.

Der Weg in die Unabhängigkeit: Die Jahre nach der großen Hungerkatastrophe waren von politischer Enthaltsamkeit der Iren geprägt. 1879 wurde von den irischen Kleinbauern die *»Land League«* gegründet, der sich bald ein großer Teil der verarmten Bauernschaft anschloß. Durch passiven Widerstand zwangen sie die Grundbesitzer zu Zugeständnissen, und 1881 wurde ihnen im *»Land Act«* gerechte Pacht zugesichert. Ab 1885 ließ die englische Regierung Land aufkaufen, um es an irische Bauern zu vergeben. Das nächste Ziel der irischen Unabhängigkeitsbewegung war nun die Erlangung der *»Home Rule«,* also die Selbstverwaltung und nationale Unabhängigkeit. 1893 stimmte das britische Unterhaus für die Selbstverwaltung Irlands, doch die Gesetzesvorlage wurde im Oberhaus nicht angenommen. Außerdem lehnten die Protestanten Nordirlands einen irischen Staat kategorisch ab und kündigten ihren erbitterten Widerstand an. Die Gegensätze zwischen den für die Unabhängigkeit eintretenden Iren und den Protestanten in Nordirland brachen endgültig auf. Auf beiden Seiten wurden Untergrundorganisationen gegründet. 1914 bestätigte der englische König die im selben Jahr vom irischen Parlament beschlossene Home-Rule-Regelung. Die Selbstverwaltung Irlands wurde jedoch noch im selben Jahr zurückgenommen, da bei Ausbruch des Ersten Weltkrieges die Männer Irlands auf den Schlachtfeldern Europas gebraucht wurden.

1916 kam es in Dublin zum sogenannten Osteraufstand. Rebellen besetzten das Hauptpostamt und riefen die »Irische Republik« aus. Nach blutigen Straßenkämpfen mußten sich die weit unterlegenen Aufständischen den englischen Truppen ergeben. Die Anführer der Rebellion wurden standrechtlich erschossen, Tausende von Sympathisanten deportiert. Die Grausamkeit, mit der die Briten den Osteraufstand niederschlugen, machte die Aufständischen zu irischen Märtyrern. 1917 errang die »Sinn-Fein-Partei«, eine Partei mit irisch-patriotischen Zielen, einen überragenden Sieg. Eine irische Nationalversammlung wurde gegründet. Sie wählte Eamonn de Valera, den einzigen überlebenden Führer des Osteraufstandes, zum Präsidenten der schon 1916 ausgerufenen Republik Irland. Die Folge war die Verhängung des Kriegsrechts über Irland. Von 1919 bis 1921 tobte der irische Unabhängigkeitskrieg, ehe am 23. Dezember 1921 der anglo-irische Vertrag unterzeichnet wurde. Irland blieb als Freistaat Mitglied im Commonwealth und wurde in die beiden noch heute bestehenden Teile getrennt.

Eine Insel, zwei Nationen: Schon bald kam es zu heftigen Kämpfen zwischen Befürwortern und Gegnern des anglo-irischen Vertrages. Die Republikaner lehnten die Teilung Irlands und die weitere Mitgliedschaft im Commonwealth ab. Die Befürworter des

Nördlich unter dem Connorpaß ist die Straße in die steilen Berghänge gesprengt.

Freistaates wollten das Erreichte nicht gefährden. 1922 und 1923 tobte über ein Jahr der irische Bürgerkrieg, ehe sich die Freistaatler durchsetzen konnten. Die Grenzen Nordirlands waren so gezogen worden, daß sich in der Bevölkerung der sogenannten Six Counties eine Mehrheit von Protestanten ergab. Diese stimmten durch Volksentscheid für die Zugehörigkeit zu Großbritannien. Erst 1937 gab sich dann der Freistaat Irland eine eigene Verfassung. Irland erklärte sich darin für selbständig und neutral. Im Zweiten Weltkrieg wahrte Irland seine Neutralität, und 1949 trat es endgültig aus dem Commonwealth aus. Ab Mitte der fünfziger Jahre begann dann die IRA mit ihren bewaffneten Anschlägen auf englisch-protestantische Ziele. Die protestantische Seite antwortete mit Gegenterror, und so ist in den vergangenen Jahrzehnten das Bild Nordirlands von Gewalt geprägt.

Politik und Wirtschaft

Seit 1937, als die Verfassung der Republik Irland in Kraft trat, ist das Land eine parlamentarisch-demokratische Republik. Alle sieben Jahre wird ein Präsident von der Bevölkerung direkt gewählt, der jedoch hauptsächlich repräsentative Aufgaben zu erfüllen hat.

Die politische Macht liegt beim Parlament und dem von ihm vorgeschlagenen Premierminister. Das Parlament wiederum setzt sich aus zwei Häusern zusammen, dem Unterhaus mit 166 und dem Senat mit 60 Mitgliedern.

Verwaltungsmäßig ist die Republik in 26 Grafschaften, die sogenannten Counties, unterteilt. Zusätzlich zählen laut Verfassung auch die sechs Grafschaften, die heute das britische Nordirland bilden, zur Republik Irland. Als übergeordnete Verwaltungseinheiten fungieren die vier Provinzen Leinster, Munster, Connaught und Ulster, deren Umfang auf die Grenzen der alten keltischen Königreiche zurückgeht.

Das größte politische Problem ist nach wie vor der Konflikt in Nordirland. Seit über dreißig Jahren tobt dort der Bürgerkrieg zwischen verfeindeten katholischen und protestantischen Terrororganisationen und hat nach offizieller Zählung mittlerweile über 2000 Todesopfer gefordert.

Die Republik Irland bietet jedoch ein völlig anderes Bild. Nichts ist hier vom Haß unter den verschiedenen Religionen zu spüren, und die über 90 Prozent Katholiken leben hier einträchtig mit den Protestanten zusammen. Dennoch liefert auch hier die Situation im Norden einen beständigen Diskussionsstoff und den Anlaß für langwährende Verhandlungen zwischen der irischen und britischen Regierung.

Wirtschaftlich gehört Irland zu den ärmsten Ländern der Europäischen Gemeinschaft, der es 1972 beigetreten ist. Eine hohe Geburtenrate und eine Arbeitslosenquote von beständigen 20 Prozent zwingen auch heute noch Jahr für Jahr Zehntausende von Iren zur Emigration. Auf einer Reise durch Irland wird man immer wieder auf Bilder der Armut stoßen, die nicht, wie in südlicheren Ländern, durch fortwährenden Sonnenschein gelindert erscheinen.

In den letzten Jahrzehnten gelang es zwar den verschiedenen Regierungen, durch Steuerbegünstigungen ausländische Investoren ins Land zu holen, die vor allem eine elektrotechnische und chemische Industrie aufbauten. Doch in weiten Teilen des Landes bestimmt immer noch die Landwirtschaft das Bild. Zusätzlich gewinnt von Jahr zu Jahr der Tourismus als Devisenquelle an Bedeutung.

Bevölkerung und Sprache

3,5 Millionen Einwohner verteilen sich auf das Gebiet der Republik Irland. Das ergibt eine Bevölkerungsdichte von 50 Menschen pro Quadratkilometer. Vergleicht man diese Zahl mit der mitteleuropäischer Länder, erkennt man, wie dünn Irland besiedelt ist. Hinzu kommt, daß sich rund um die größeren Städte nahezu die Hälfte der Bevölkerung konzentriert. So ist die Einsamkeit zu erklären, der man auf dem Lande, vor allem aber im Westen Irlands, begegnet.

Das Durchschnittsalter der Iren ist gering. Eine hohe Geburtenrate und die Abwanderung vieler älterer, arbeitsfähiger Personen nach England und Übersee tragen dazu bei, daß über ein Drittel der Iren noch nicht die Volljährigkeit erreicht hat.

Immer wieder erfreulich ist die Aufgeschlossenheit und Freundlichkeit der Iren. Fremden wird gerne geholfen, und schnell ist man in ein Gespräch mit einem Einheimischen verstrickt. Fasziniert wird man dann entdecken, wie sehr sich doch die keltische Mentalität bei den Iren erhalten hat. Man begegnet nicht kühlen Nordländern, sondern einer eigenwilligen Mischung aus manchmal nordischer Schwermütigkeit und beredter, und lebensfroher, mediterran wirkender Gelassenheit.

Zwei Amtssprachen gibt es in Irland. Da ist zum einen natürlich Englisch, das von allen Iren gesprochen wird. Zum anderen hat sich in einigen Sprachinseln, sogenannten Gaeltacht-Gebieten, das alte Gälisch erhalten, das auf die Kelten zurückgeht. Früher war die Sprachfamilie, zu der Gälisch gehört, in weiten Teilen Europas verbreitet. Heute sind nur noch Reste in der Bretagne, in Wales, Schottland und eben Irland übriggeblieben. Nur noch für ca. fünfzigtausend Iren ist Gälisch heute die Muttersprache. Zu hart war die Diskriminierung dieser Sprache durch die Engländer, und alle Wiederbelebungsversuche durch die irische Regierung scheinen wenig zu fruchten.

Auf jeden Fall sind die Gaeltacht-Gebiete, die sich vor allem im einsamen Westen der Grünen Insel befinden, einen Besuch wert. Oftmals sind gerade hier die einsamsten und grandiosesten Landschaften zu entdecken. Abends kann man in den Dorfkneipen den seltsamen Klängen der alten Sprache der Kelten lauschen.

Bei der Sprachverliebtheit der Iren ist es nicht verwunderlich, daß der bedeutendste Beitrag Irlands zur Kunst der letzten Jahrhunderte in der Literatur besteht. Es würde zu weit führen, alle bedeutenden Literaten Irlands aufzuzählen. Stellvertretend seien deshalb nur die drei Nobelpreisträger William Butler Yeats, George Bernard Shaw und Samuel Beckett erwähnt, die neben vielen anderen irischen Schriftstellern einen starken Einfluß auf die Entwicklung der zeitgenössischen Literatur ausübten.

Eines der gepflegten Pubs in dem netten Städtchen Ballyshannon.

Von Dublin in den Nordwesten

1 Von Dublin nach Drogheda

Vorbei am Steinzeitgrab von Fourknocks in das geschichtsträchtige Tal des River Boyne

Tourencharakter: Einige kurze, steile Anstiege, sonst auf weiten Strecken angenehmes Fahrradgelände.
Länge der Tour: 52 km.

Aus der Vogelperspektive betrachtet ist **Dublin** eine wunderschön gelegene Stadt. Wie zwei Hörner schiebt sich das Festland bei Howth und bei Dún Laoghaire in die irische See vor, um das weite Hafenbecken der irischen Hauptstadt zu beschützen. In diese Bucht fließt der River Liffey, der die Lebensader von Dublin ist. Mit einer unbedeutenden Furt über den Fluß – die keltische Ortsbezeichnung Baile Átha Cliath bedeutet nichts anderes als der »Ort an der Furt« – beginnt dann auch die Geschichte der Stadt.

Noch in frühchristlicher Zeit standen nur wenige Holzhütten an dieser Stelle, und erst um die Jahrtausendwende waren es, wie so oft, die Wikinger, die die strategische Bedeutung der Liffey-Mündung erkannten und hier eine Siedlung erbauten. Als dann die englischen Normannen die Herrschaft über die Insel übernahmen, bauten sie die Stadt zu ihrem wichtigsten Stützpunkt aus. Dublin, das so günstig dem britischen Mutterland gegenüberlag, wurde mit einem Palisadenzaun umgeben, dem sogenannten *»Pale«*, und blieb bis in unser Jahrhundert eine Trutzburg normannischer und später britischer Herrschaft über die Insel. Im 18. Jahrhundert erreichte Dublin seine Blütezeit, als es nach London eine der wichtigsten Städte des britischen Empire war. Vom Glanz dieser Zeit, der allerdings durch das Elend einer breiten Bevölkerungsschicht erkauft war, zeugen die vielen guterhaltenen georgianischen Gebäude der Stadt.

Heute ist Dublin ein Moloch mit nahezu einer Million Einwohnern, was ein Viertel der Bewohner der Republik Irland ausmacht. Die wenigen erhaltenen Sehenswürdigkeiten sind vom kommerziellen Herz der Stadt aus, der O'Connell Street, auf einem ausgeschilderten Touristenpfad in einem einzigen Tag problemlos zu erkunden. Es sind aber nicht diese, zumeist bescheidenen Attraktionen, die einen längeren Aufenthalt in der Stadt lohnend machen. Viel anziehender sind das pulsierende Leben in den Straßen und den Pubs, die kleinen Geschäfte und bunten Straßenmärkte.

Doch auch als herausgeputzte »Kulturhauptstadt Europas 1991« kann Dublin seine Schattenseiten, entstanden aus Geburtenüberschuß, Landflucht und Armut, nicht verstecken. Vor allem nördlich des River Liffey, in der Richtung also, in der wir die Stadt verlassen, ist die Armut zu Hause, und in den Vororten erschreckt uns eine seelenlose Betonarchitektur. Kein Wunder also, daß sich die irische Hauptstadt den europäischen Kriminalitätsraten angepaßt hat. Es ist daher jedem anzuraten, im Gegensatz zum flachen Land, sein Fahrrad abzuschließen und auf sein Gepäck aufzupassen.

Wer sich am Beginn unserer Etappe, in der Church Street, einen kalten Schauer über den Rücken laufen lassen möchte, der sollte einen Blick in die Gruft der *St. Michan's Church* auf der linken Straßenseite werfen. Es ist bis heute ein Rätsel, aus welchen Gründen hier die Körper von Toten nicht zerfallen, sondern zu Mumien werden. Kein Rätsel ist es dagegen, warum einem bei dem Anblick eines jahrhundertealten Ritters der Atem stockt.

Durch graue Vorstädte und vorbei am Flughafen läuft anschließend unser Weg aus der Stadt. Kleine, unbedeutende Ortschaften liegen dann an der Route, bis wir im einsamen Hügelland südlich von Drogheda das **Fourknocks Megalithic Tomb**, ein über 4000 Jahre altes Steinzeitgrab, besichtigen können (Schlüssel beim nächstgelegenen Haus an der Straße). Während die Grabanlagen unten im Boyne Valley denen in Großbritannien ähneln, zeigt das Grab von Fourknocks eine verblüffende Ähnlichkeit mit Gräbern in Portugal. Es ist daher nicht auszuschließen, daß die Vorfahren der Erbauer aus südlicheren Gefilden nach Irland eingewandert waren. Schon von einiger Entfernung fällt die runde Hügelkuppe auf, die das aus mächtigen Steinen errichtete Grab verbirgt und die nach dem Bau der eigentlichen Kammer über diese geschüttet wurde. Ein kurzer Gang aus hochgestellten Steinen mit großen, steinernen Deckplatten führt in das Zentrum des Hügels, das von einer größeren Kammer eingenommen wird. In den kleineren Seitennischen wurden bei der Ausgrabung in den fünfziger Jahren viele Knochen von Steinzeitmenschen gefunden. Günstig ist auf jeden Fall die Mitnahme einer Taschenlampe, um die schönen Ornamente in den Seitensteinen bewundern zu können. Die Spiralverzierungen, wohl ein Sinnbild für die Unendlichkeit des Lebens, lassen auf einen ausgeprägten Jenseitsglauben der Steinzeitmenschen schließen. Allein schon die einsame Lage hoch oben in den Hügeln, abseits der gängigen Touristenrouten, lohnt diesen Abstecher auf jeden Fall.

In **Drogheda** treffen wir auf den River Boyne, die Schlagader des County Meath. Die früheste Geschichte der Stadt liegt im dunklen, denn der auffällige *Magdalene Tower* steht möglicherweise auf einem Steinzeitgrabhügel, der noch nicht untersucht wurde. Sicher ist allerdings, daß die Wikinger hier, an der Mündung des River Boyne, die Stadt Drogheda im 10. Jahrhundert neu gründeten. Von einer starken Mauer umgeben, wurde sie schnell zu einer der mächtigsten Städte im Lande, vom Rang her Dublin und Cork kaum nachstehend. Als die Truppen von Cromwell 1649 die Stadt mordend und plündernd eroberten, blieb von der mächtigen Stadtmauer nur das *St. Lawrence-Tor*, eines der eindrucksvollsten Bauwerke aus norman-

Der Markt in der Moore Street bringt Farbe in das triste Dubliner Stadtviertel westlich der O'Connell Street.

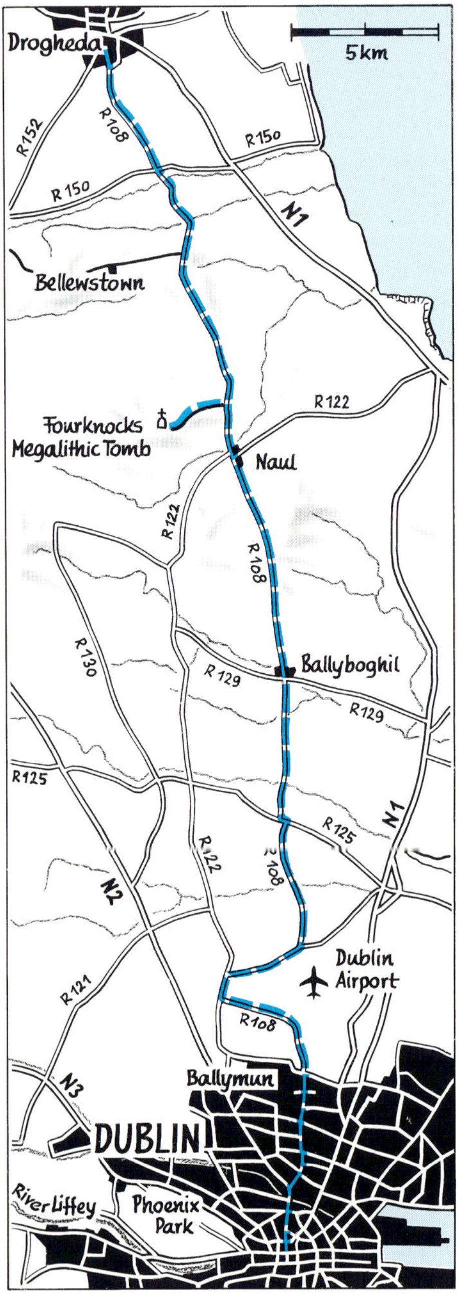

nischer Zeit in ganz Irland, erhalten. Sehenswert ist außerdem die gotische *St. Peter's Church* an der geschäftigen Hauptstraße von Drogheda, der West Street.

Heute wird das Bild der Stadt hauptsächlich von Bauten aus dem 18. und 19. Jahrhundert geprägt. Drogheda ist ein angenehm ruhiger Ausgangspunkt, um die Sehenswürdigkeiten des unteren Boyne Valley und des südlichen County Louth zu erkunden.

Streckenbeschreibung

Unsere Etappe von Dublin nach Norden beginnen wir an der nördlichen Uferstraße des *River Liffey*. Hier setzt die *Church Street* an, die in gerader Verlängerung als *Constitution Hill, Philipsborough Road* und *Botanic Road* nach Norden zum Dubliner Vorort *Ballymun* hinausleitet. Zweimal wird dieser Weg zur Einbahnstraße, und wir müssen in einer kurzen Links-rechts-Schleife diese Stellen umfahren.

Auf der breiten Hauptstraße durch Ballymun ist das Flughafengelände schnell erreicht. Hier hat sich der früher gerade nach Norden gerichtete Verlauf der *R108* durch den Ausbau des Dubliner Airport im Vergleich zur Karte verändert. Die neue Streckenführung schwenkt nach Westen zur *R122,* der wir einige hundert Meter nach *rechts* folgen müssen. Anschließend biegen wir *rechts* ab und radeln zirka vier Kilometer immer entlang des Flughafenzauns bis zu einem *Kreisverkehr,* an dem die *R108* wieder ansetzt (unser Weg um den Flughafen ist durchgehend Richtung Naul und R108, in Gegenrichtung nach Dublin und Ballymun ausgeschildert).

Im Kreisverkehr fahren wir *links,* ausgeschildert nach Naul und Ballyboghil. Nach einigen Kilometern quert die *R125,* auf der wir wenige Meter nach *links* müssen, um dann *rechts* (Wegweiser nach Ballyboghil und Naul) auf die Fortsetzung der *R108* einzubiegen.

Nach *Ballyboghil* überqueren wir einen niedrigen Hügelzug, der uns von der netten, kleinen Ortschaft *Naul* trennt. Am Ortsende gelangen wir in einem Links-rechts-Schwenk (ab hier folgen wir der Beschilderung nach Drogheda, in Gegenrichtung Ballyboghil) auf die schmale Fortsetzung der *R108.* Ein steiler Anstieg bringt uns zur Kreuzung, an der der nur anfangs steile Weg zum Megalithgrab von *Fourknocks* abzweigt (ca. vier Kilometer Umweg).

Von der Kreuzung leitet die R108 durch

einsames Hügelland in einigem Auf und Ab weiter nach Norden, bis zum Ende der Etappe hin das Gelände wieder flacher wird. Am Südrand von *Drogheda* stoßen wir auf die *R152*, in die wir *rechtshaltend* einbiegen (in Gegenrichtung Wegweiser nach Naul und Dublin). Nach wenigen hundert Metern, zum Schluß steil bergab, treffen wir auf die *N1* (in Gegenrichtung Wegweiser Bellewstown und Duleek), auf der wir *links* in das nahe Stadtzentrum radeln.

Nützliche Informationen

Entfernungen: Dublin – Drogheda: 52 km.
Unterkunft: Große Auswahl an Hotels und Pensionen in *Dublin*; vier Hotels in *Drogheda* (Tel. 041/37737; 041/29185; 041/37811 oder 37673; 041/31017 oder 31018 oder 31019).
Jugendherbergen: In *Dublin* mehrere Jugendherbergen:
61 Mountjoy Street, Tel. 01/301766 (An Oige); 2–5 Frenchman's Lane, Tel. 01/363877 (Budget); 2–12 Lord Edward Street, Tel. 01/796644 (Budget); St. Mary's Place, Tel. 01/305000 (Independent); 15 Talbot Street, Tel. 01/ 788484 (Independent).
Camping: Nördlich von Dublin bei *Rush*, ca. 12 Kilometer östlich von Ballyboghil (Tel. 01/ 437131 oder 437602) und südlich von Rush bei *Donabate* (Tel. 01/450038); zwei Campingplätze südlich Dublin, Richtung Bray, nahe der N11 (Tel. 01/826882 oder 824783; 01/2820011); 6 Kilometer östlich Drogheda in *Bettystown* (Tel. 041/27173).

Der River Liffey ist die Lebensader von Dublin.

Fahrräder: In *Dublin* große Auswahl an Fahrradläden; in *Drogheda* P. J. Carolan, 77 Trinity Street, Tel. 041/38242 (auch Fahrradverleih).
Fahrradverleih: In *Dublin*: Joe Daly, Lower Main Street, Dundrum, Tel. 01/981485 (an der Etappe 8); Little Sport, 3 Merville Avenue, Fairview, Tel. 01/332405; P.J. Power, 124D Emmet Road, Inchicore, Tel. 01/532647; The Bike Store, 58 Lower Gardiner Street, Tel. 01/725399 oder 725931.
Auskunft: *Dublin*, 14 Upper O'Connell Street, Tel. 01/747733 (ganzjährig geöffnet); *Dublin Airport*, Tel. 01/376387 (ganzjährig geöffnet); *Dun Laoghaire* (Fährhafen), Tel. 01/806984 (ganzjährig geöffnet); in *Drogheda* Narrow West Gate Street, Tel. 041/37070 (Juni, Juli und August geöffnet).
Karte: OS-Karte 1:250000, Blatt 3 (East).

2 Von Drogheda nach Kells (Ceanánnas)

Die Klosterruine von Mellifont und die Hochkreuze von Kells

Tourencharakter: Erholsame Tour zumeist auf kleinen Nebenstraßen in hügeligem Gelände; nur einige kurze, etwas steilere Anstiege.
Länge der Tour: 44 km.

Die Landschaft rund um Drogheda ist voller Zeugen irischer Geschichte. Wer die interessantesten Orte besuchen möchte, kann sich neben der beschriebenen Etappe eine schöne Tagesrundtour mit Drogheda als Anfangs- und Endpunkt zusammenstellen.

Westlich der Stadt, an der N51, liegt das Gelände, auf dem am 1. Juli 1690 die berühmte **Schlacht am Boyne** stattfand. Die Niederlage des katholischen Britenkönigs James II. gegen den Protestanten William in diesem eher unbedeutenden Scharmützel leitete den Sieg der protestantischen Seite im »Krieg der Könige« ein, der allerdings noch ein Jahr dauern sollte. Noch heute ziehen die Protestanten in Nordirland am Jahrestag der Schlacht, der wegen der gregorianischen Kalenderumstellung am 12. Juli gefeiert wird, in einer Art Triumphzug durch das Land. Für die Katholiken in Irland bedeutete die Niederlage in diesem Krieg drei Jahrhunderte der Verbote, Unterdrückung und Not, und so sind die Auseinandersetzungen zwischen den zwei Glaubensgruppen, die gerade an diesem Tag klar zum Ausdruck kommen, nur allzu leicht zu verstehen.

Vom Ort der Schlacht einige Kilometer flußauf liegen die megalithischen Ganggräber von **Knowth**, **Dowth** und **Newgrange**. Während der Hügel von Dowth nur durch eine Höhlenpartie zu erforschen ist und Knowth wegen Ausgrabungsarbeiten zur Zeit nicht besichtigt werden kann, ist Newgrange eine der meistbesuchten Attraktionen in Irland. Umsonst haben anscheinend vor Jahrtausenden die Erbauer, oder möglicherweise eine spätere Zivilisation, einen Kranz von 35 mächtigen Menhiren errichtet, der den heiligen Ort vor bösen Geistern und Eindringlingen schützen sollte. Waren es zur Jahrtausendwende die Wikinger, die auf ihren Plünderungszügen die Grabruhe störten, sind es heute Busladungen von Touristen, die sich vor dem Eingang in den Stoßzeiten zu manchmal beängstigend langen Warteschlangen formen. Doch man sollte sich trotzdem von einem Besuch dieses mit gut hundert Metern Durchmesser wohl eindrucksvollsten Steinzeitgrabes in Irland nicht abhalten lassen und die ruhigeren Vormittagsstunden dafür auswählen.

Dann kann man den Zauber dieses Ortes auf sich wirken lassen: den großen, mit geheimnisvollen Spiralen verzierten Stein am Eingang, den aus mächtigen Steinplatten geformten, 20 Meter langen Gang, der ins Herz der Anlage führt und die schönen Ornamente in der Zentralkammer, die mit drei Seitenkammern die Form eines Kreuzes bildet. Zur Abrundung des Programms dient schließlich das kleine Museum, das Fakten und Erklärungen zu Newgrange und einigen anderen Grabanlagen der Gegend bereithält. Den Höhepunkt des Jahres wird man als Radtourist allerdings nicht miterleben können. Meist zu unfreundlich zum Radfahren ist das Wetter, wenn zur Wintersonnenwende die Strahlen der aufgehenden Sonne bis in die Grabkammer scheinen. Dann wird offensichtlich, daß der Bau dieser Grabanlage einherging mit Kenntnissen der Himmelsmechanik, die die Menschen schon vor zirka 4500 Jahren besaßen.

Auf den Hügelketten, die das untere Boyne-Tal nach Norden hin abschließen, liegt an der beschriebenen Etappe die **Mellifont Abbey**. 1157 wurde dieses Kloster eingeweiht, das in fünfzehnjähriger Bauzeit im frühgotischen Baustil entstanden war. Vor allem der Papst regte den Bau dieses ersten Zisterzienserklosters auf irischem Boden an, mit dem er die Macht der stets nach Unabhängigkeit strebenden irischen Kirche einschränken wollte. So waren es auch keine irischen, sondern französische Mönche, die das reichlich ausgestattete Kloster bewohnten, dessen wachsender Einfluß an der Gründung von fast 40 Tochterklöstern in den nächsten Jahrhunderten ablesbar ist. Durch den gediegenen kontinentaleuropäischen Baustil unterscheidet es sich von den einfacheren Formen der irischen Klosteranlagen. Vor allem das schön gearbeitete, achteckige Lavabo zeugt noch heute vom Reichtum des Zisterzienserordens. Aller Einfluß bewahrte die Abtei allerdings nicht vor dem Schicksal, das fast allen irischen Klöstern beschieden war. Die Zerstörungswut der englischen Truppen von Heinrich VIII. und 100 Jahre später der Soldaten von Oliver Cromwell hinterließ nur Ruinen im verzauberten Tal der »Honigquelle«.

Wer auf einer Tagesrundtour ein irisch-frühchristliches Pendant zur Mellifont Abbey aufsuchen möchte, der findet dieses weiter nördlich in **Monasterboice**. Hier gründete um 500 der wundertätige heilige Buite, der sogar das Wasser des Boyne zum Stehen gebracht haben soll, sein Kloster. Von den einfachen Hütten der Mönche ist nichts erhalten geblieben, doch neben dem schlanken, 30 Meter hohen Rundturm locken hier vor allem zwei Hochkreuze. Das Muiredeach-Kreuz in der Nähe des Eingangs, das am Anfang des 10. Jahrhunderts entstand, gilt als das schön-

In den Ruinen der Mellifont Abbey zeugt vor allem das elegante Lavabo vom einstigen Reichtum des Klosters.

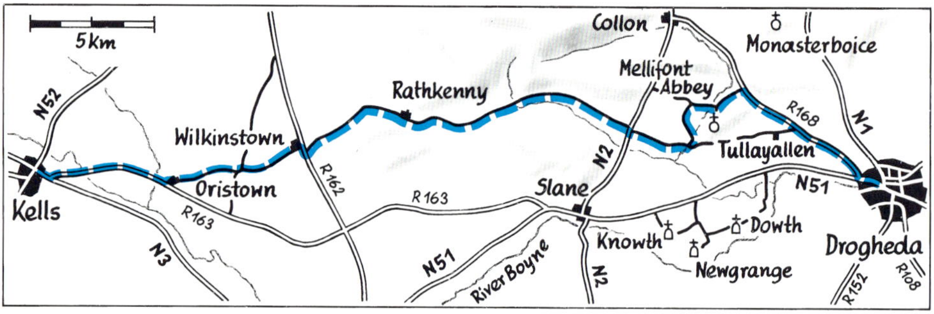

ste im Land. Neben keltischen Symbolen wurden von einem kunstfertigen Mönch eine Unmenge von Bibelszenen in den Stein des Kreuzes gehauen, die wohl als Erbauung und Lehrmaterial für die ungebildete Bevölkerung dienten.

Die Etappe findet ihr Ende in **Kells**, einer Stadt, die an der Stelle einer frühchristlichen Klosteranlage entstand. Im 6. Jahrhundert wurde hier vom heiligen Columba das erste Kloster gegründet. Als Columba den Ort verließ, um auf der schottischen Insel Iona ein weiteres Kloster zu gründen, verlor Kells bald an Bedeutung. Doch um 800, als Iona zu einem der Zentren der christlichen Gelehrsamkeit und Buchmalkunst in Europa geworden war, wurde von dort aus Kells neu belebt. Erst dann, im zweiten Anlauf, entstand die *Klosteranlage*, deren Reste noch heute in der Stadt zu sehen sind und die einige tausend Mönche beherbergte. Vor allem rund um die moderne katholische Kirche sind diese Überreste zu finden. Neben dem eleganten *Rundturm* fallen das schön gearbeitete *Südkreuz* aus dem 9. Jahrhundert und die Stümpfe einiger weiterer Hochkreuze auf. Das sogenannte *Gebetshaus des hl. Columba*, das wahrscheinlich erst im 9. Jahrhundert, also lange nach dem Tod des Heiligen, errichtet wurde, versteckt sich an der Nordseite der Kirchhofmauer, und mitten auf der belebtesten Kreuzung der Stadt steht das *»Market Cross«* aus dem 9. Jahrhundert.

Was aber den Namen der Stadt in der ganzen Welt berühmt machte, das *»Book of Kells«*, ist hier wahrscheinlich nicht entstanden und hier auch nicht zu besichtigen. Das Original, eine der schönsten und wertvollsten Handschriften des Mittelalters, liegt heute im Trinity College in Dublin. In der katholischen Kirche in Kells ist dafür ein Faksimile zu sehen. Hergestellt wurde das Buch wahrscheinlich im 9. Jahrhundert im Kloster von Iona in Schottland, dessen Mönche für ihre Buchmalerei berühmt waren. Nach Kells kam dieses Kunstwerk dann erst im Zuge der Wiederbelebung des Klosters von Iona aus, da sich die Mönche vom Standort Kells, weitab vom Meer, einen besseren Schutz vor den Plünderungszügen der Wikinger versprachen.

Streckenbeschreibung

Wir verlassen *Drogheda* in westlicher Richtung auf der *N51*, die am Stadtrand geradewegs in die breite *R168* übergeht (Wegweiser Collon). Nach einigen Kilometern bergauf zweigt links die Nebenstraße nach *Tullyallen* ab, auf die wir weiter westlich stoßen werden.

Wir bleiben jedoch noch auf der R168, bis nach weiteren drei Kilometern links eine Nebenstraße zur *Mellifont Abbey* führt (Wegweiser Boyne Drive und Mellifont Abbey). Wenige hundert Meter vor der Klosterruine überqueren wir geradeaus eine Kreuzung, an der wir uns nach der Besichtigung nach links wenden. Hinter dem kleinen Flüßchen fahren wir einen steilen Berg hinauf, der uns auf einen Hügelkamm bringt. An einer *Straßengabelung* halten wir uns *links* und radeln bergauf und bergab auf dem Hügelrücken, bis wir nach zirka zwei Kilometern *links* auf ein Sträßlein abzweigen, das durch grünes Weideland in ein Flußtal hinabführt. Nach einem kurzen Anstieg erreichen wir eine breitere Straße, die *rechts* zur breit ausgebauten *N2* leitet. (*Vorsicht in Gegenrichtung:* das schmale Sträßlein zweigt unauffällig am Ende einer Steinmauer kurz nach einer Brücke von der breiteren Straße links ab.)

Etwas nach *rechts versetzt* beginnt auf der anderen Seite der Nationalstraße eine *Nebenstraße,* die an allen Kreuzungen *geradeaus* über Rathkenny nach *Wilkinstown* leitet.

Hier radeln wir auf der *R162* kurz nach *rechts* und biegen anschließend sofort wieder in die *erste Nebenstraße zur Linken* ein. An der ersten unbeschilderten Kreuzung fahren wir *geradeaus* und lassen uns anschließend von der guten Beschilderung den Weg nach Kells weisen (in Gegenrichtung ist ab der R163 durchgehend Wilkinstown ausgeschildert).

In *Oristown* treffen wir auf die *R163,* der wir *rechtshaltend* bis zum östlichen Ortsrand von *Kells* folgen. Dort treffen wir auf die *N3* (in Gegenrichtung Wegweiser Slane und Drogheda), die in das nahe Stadtzentrum leitet.

Nützliche Informationen

Entfernung: Drogheda – Kells: 44 km.
Unterkunft: In *Kells* ein Hotel (Tel. 046/40063).
Camping: Am *Lough Ramor,* nordwestlich von Kells an der Etappe 3 (Tel. 049/47447).
Auskunft: TI-Office in *Kells,* Dublin Road (unregelmäßige Öffnungszeiten).
Karte: OS-Karte 1:250000, Blatt 3 (East).

3 Von Kells (Ceanánnas) nach Cavan

Ruhiges Hügelland und vergessene Hochkreuze

Tourencharakter: Einfache Radwanderung mit leichten Anstiegen im sanftwelligen Gelände.
Länge der Tour: 58 km.

Kurz nach Kells, auf unserem Weg nach Cavan, bietet sich die Möglichkeit, die **Hochkreuze von Castlekeeran** zu besichtigen. Hier wird man keinen Touristen begegnen und die weltabgeschiedene Stimmung auf dem alten Friedhof in ungestörter Einsamkeit genießen können. Im 8. Jahrhundert gründete der heilige Ciaran an dieser Stelle ein Kloster, das mehrmals überfallen und zerstört wurde. Von den Gebäuden ist nur noch ein verschüttetes Kellergewölbe zu sehen. Doch drei Hochkreuze sind erhalten geblieben, die älter sind als jene in Kells und daher weniger reich verziert. Und einer jener mit seltsamen Schriftzeichen verzierten Ogham-Steine, der uns eine Geschichte erzählen will, die wir nicht mehr verstehen, hat hier die Jahrhunderte überdauert. Nicht weit entfernt liegt in einem kleinen Fluß ein viertes Hochkreuz. Die Sage erzählt, daß der heilige Columba aus dem nahen Kells dieses Kreuz, das ihm wohl besonders gut gefiel, für sein Kloster stehlen wollte. Als er bei seiner Freveltat vom heiligen Ciaran überrascht wurde, ließ er dort, wo er gerade stand, das Kreuz fallen und floh beschämt zurück nach Kells.

Ein Stückchen weiter am Weg passieren wir eine Quelle, die leise gurgelnd zwischen Kalksteinplatten hervorsprudelt. Ein silbernes Brückchen führt über einen Bach zum **Quellheiligtum**, um das sich einige Kreuze und eine kleine Kapelle scharen. Dieser abgeschiedene, friedliche Ort steht als augenfälliges Sinnbild dafür, wie es der christliche Glaube verstand, die keltischen Naturgottheiten aufzunehmen und in christliche Symbole umzugestalten.

Die Weiterfahrt auf schmalen Nebenstraßen führt ohne besondere Höhepunkte durch eine hügelige, friedliche Landschaft nach **Cavan**, der Hauptstadt der gleichnamigen Grafschaft. Von der alten Abtei, um die der Ort entstand, ist nichts erhalten geblieben, und so sind einige Häuser in georgianischem Stil aus dem 18. Jahrhundert die ältesten Gebäude. Hat die Stadt an geschichtlich Interessantem wenig zu bieten, so ist sie doch ein angenehmer Ort, um sich auszuruhen. Im Zentrum eines ausgedehnten Seengebietes trifft man hier vor allem auf Angler, die die Ruhe dieser Landschaft zu schätzen wissen.

Streckenbeschreibung

In *Kells* starten wir an der Kreuzung, die von einem dunklen, alten *Hochkreuz* überragt wird. Wir fahren *links* in die *Cross Road* und zweigen von dieser bei erster Gelegenheit *rechts* ab (Wegweiser nach Castlepollard und Granard). Den Berg hoch, vorbei am *alten Rundturm* des frühchristlichen Klosters, erreichen wir bald die Stadtgrenze. Hier teilt sich die Straße, und wir folgen *links* der breit ausgebauten *R163* (Wegweiser Castlekeeran High Crosses und Oldcastle). Nach zirka zwei Kilometern biegen wir hinter dem auffälligen Tower of Lloyd in die *erste Seitenstraße zur Rechten* ein. Nach weiteren drei Kilometern weist ein Schild bei einer Farm rechts der Straße über eine Weide den Weg zu den *Hochkreuzen von Castlekeeran,* die von einigen auffälligen, dunklen Zypressen überragt werden.

Die Fortsetzung des schmalen Sträßleins leitet uns anschließend, vorbei an einer heiligen Quelle, zu einer *vorfahrtsberechtigten Straße,* in die wir nach *rechts* einbiegen (in Gegenrichtung ist der Abzweig zu den Hochkreuzen von Castlekeeran nicht ausgeschildert. Sollte man ihn verpassen, trifft man kurze Zeit später auf die R163, die links nach Kells führt). Fast *gerade* verläuft nun diese Straße die folgenden 15 Kilometer südlich am Lough Ramor vorbei über einen Hügel. Heckenparzellierte Weiden schmücken das Land ringsum, Ginsterbüsche, Brombeersträucher und Farnkraut wuchern am Straßenrand.

Kurz vor den wenigen Häusern von *Eighter* treffen wir auf die *R195,* die wir *rechts* hinauffahren. Nach wenigen hundert Metern biegen wir vor einem Haus in das *zweite Sträßlein zur Linken* ab. An der nächsten *Querstraße* wenden wir uns nach *links,* um schon nach wenigen hundert Metern bei er-

Inmitten grüner Weiden markieren die alten Hochkreuze von Castlekeeran jenen Ort, an dem sich einst ein frühchristliches Kloster befand.

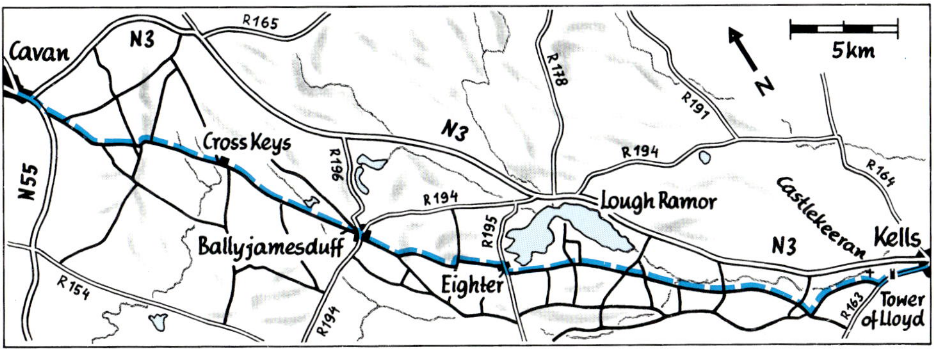

ster Gelegenheit die schmale Straße wieder nach *rechts* zu verlassen. An der nächsten Kreuzung *geradeaus* stoßen wir bald auf eine *vorfahrtsberechtigte Straße*, der wir nach *rechts* folgen (in Gegenrichtung zweigt das Sträßlein zirka drei Kilometer nach Ballyjamesduff in stumpfem Winkel links ab). Eine sanfte Abfahrt bringt uns dann in das Zentrum von *Ballyjamesduff* hinunter. Hier überqueren wir geradewegs die *R194*, fahren über den *Hauptplatz* des Ortes und gelangen so an eine *weitere Kreuzung*. Nun nicht geradeaus weiter, sondern *leicht linkshaltend* auf eine breit ausgebaute Straße, die nach Cavan beschildert ist. Diese Straße leitet über *Cross Keys* und einen Hügel in das Becken, in dem Cavan liegt. Kurz vor Cavan treffen wir auf die *N55* (in Gegenrichtung der erste Abzweig zur Linken von der N55) und fahren auf dieser nach *rechts*. Nach einem Kilometer erreichen wir die *N3*, der wir *links* hinunter bis in das nahe Stadtzentrum von *Cavan* folgen.

Nützliche Informationen

Entfernung: Kells – Cavan: 58 km.
Unterkunft: Drei Hotels in *Virginia*, am Lough Ramor knapp nördlich der Streckenführung (Tel. 049/47235; 049/47561; 049/47003); zwei Hotels in *Cavan* (Tel. 049/32288; 049/32577 oder 32523).
Camping: Am *Lough Ramor* nordwestlich von Kells (Tel. 049/47447).
Fahrräder: *Cavan*, O'Dwyer Cycles, Bridge Street, Tel. 049/32932 (auch Fahrradverleih).
Auskunft: *Cavan*, Farnham Street, Tel. 049/31942 (Juni bis Mitte September geöffnet).
Karte: OS-Karte 1:250000, Blatt 3 (East).

4 Von Cavan nach Carrick on Shannon

Durch das Seenland von Cavan und Leitrim

Tourencharakter: Auf wenig befahrenen Straßen ohne große Anstrengungen vorbei an versteckten Seen und über sanfte Hügel.
Länge der Tour: 69 km.

Während der Eiszeit überzog ein mächtiger Eisschild den größten Teil Irlands, der mit seinem Gewicht den Untergrund aufschürfte. Nach dem Abschmelzen hinterließ das Eis die Becken, in denen heute sowohl die vielen Seen als auch die stromlinienförmigen Hügel aus Gesteinsschutt liegen, die nach einem irischen Wort in der Fachsprache der Geographen »Drumlins« heißen.

Auf diese Weise ist das Seenland von Cavan und Leitrim entstanden, in das sich nach wie vor nur einige Angler verirren. Dieses Land kann kaum mit der Großartigkeit der westirischen Landschaft konkurrieren, seine Reize liegen im verborgenen. Selbst die Zeugen vergangener Kulturen – Steinzeitgräber und die künstlichen Wohninseln in manchen Seen, die sogenannten Crannogs – halten sich gut versteckt. Aber gerade für den Radfahrer hält diese Landschaft ein Netz von angenehmen, kaum befahrenen Straßen bereit, die zu Erkundungstouren einladen.

Die Etappe führt am Südufer des **Lough Oughter** entlang, dem unüberschaubaren Seenpuzzle, in dem sich der zweitlängste Fluß Irlands, der River Erne, verliert. Anschließend liegen einige hübsche kleine Ortschaften, die sich dem Anglertourismus verschrieben haben, auf dem Weg durch die Drumlinlandschaft.

Carrick on Shannon ist die Hauptstadt der Grafschaft Leitrim, einer der Hauptliegeplätze der bei Touristen so beliebten Shannon-Boote. Von hier aus kann man nicht nur den majestätischen Fluß, sondern auch die ausgedehnten Seengebiete nördlich und südlich der Stadt erkunden. Obwohl hier schon seit alters ein Übergang über den Shannon bestand, liegen im Stadtgebiet keine alten oder bemerkenswerten Bauwerke. Trotzdem sollte man einen Bummel durch den belebten Ortskern und hinunter zum Fluß, auf dem die Kabinenkreuzer auf Mieter warten, nicht verpassen.

Streckenbeschreibung

Wir beginnen die Etappe am südwestlichen Ortsrand von *Cavan.* Hier zweigt neben einer Brücke die *R198* von der N3 ab (ausgeschildert nach Killashandra, Arvagh und zum Killykeen Forest Park). Vorbei an der neugotischen *Kathedrale von Kilmore* erreichen wir auf der R198 *Crossdoney,* wo wir auf eine *vorfahrtsberechtigte* Straße treffen (in Gegenrichtung Wegweiser nach Cavan).

Wir halten uns, ausgeschildert nach Killashandra, auf der Fortsetzung der *R198 rechts.* Nach der Brücke über den *River Erne* biegt die R198 links als Nebenstraße nach Arvagh hin ab, während wir auf der Hauptstraße, die nun die Nummer *R199* trägt, nach Killashandra radeln. Geradewegs durch *Killashandra* hindurch halten wir uns an der Straßengabelung am westlichen Ortsrand auf der *R199 links* (Wegweiser nach Newtown). Durch grüne Landschaft und vorbei an versteckten Seen verzweigt sich *drei Kilometer* hinter Killashandra die Straße, und wir folgen dem *linken,* nach Newtown und Ballinamore ausgewiesenen Ast. Über viele kleine Hügel radeln wir nun nach *Newtown Gore* und halten uns an der Kreuzung im Dorf *rechts,* bleiben also weiterhin auf der R199 (Wegweiser nach Ballinamore, in Gegenrichtung nach Killashandra).

Vorbei am einsamen Garadice Lough erreichen wir bald *Ballinamore.* Hier geht die R199 *geradewegs* in die *R202* über, auf der wir unseren Weg nach Westen fortsetzen. Drei Kilometer nach dem Shannon-Erne-Kanal leitet die R208 rechts nach Drumshanbo, wir bleiben jedoch weiterhin auf der *R202* (Wegweiser nach Mohil) und radeln geradeaus zwischen efeuüberwachsenen Alleebäumen nach Foxfield hinunter. In *Foxfield* biegen wir *scharf rechts* auf die *R209* ab, die nach Carrick on Shannon beschildert ist. Ein kurzer Abstecher bringt uns anschließend links zu den nicht zu übersehenden Ruinen einer alten Abtei, an denen wir uns eine kurze Rast gönnen.

Nun bleiben wir immer auf der Hauptstraße, der *R209,* die vorbei an einigen blauen Seen durch die hügelige Landschaft zum verschlafenen Dorf *Keshcarrigan* leitet. Nach dem kleinen Ort steigt die *R209* etwas an und gibt uns den Blick frei auf den *Lough Scur* zur Rechten und die Iron Mountains, die hinter dem See aufragen. Überraschenderweise entdecken wir unterhalb der Straße einen auf keiner Karte eingezeichneten Dolmen.

Einen Kilometer nach dem Megalithgrab

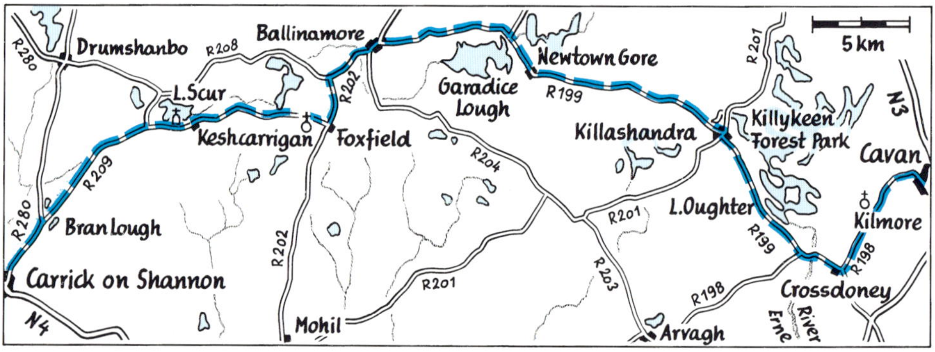

stoßen wir am Ballinamore-Ballyconnell-Kanal auf eine *vorfahrtsberechtigte Straße*. Wir fahren hier *links* auf der Fortsetzung der *R209* (Wegweiser Carrick on Shannon, in Gegenrichtung am Abzweig Wegweiser Foxfield) immer in der Nähe des Kanals nach Südwesten. Einige Kilometer später treffen wir oberhalb des kleinen *Bran Lough* auf die breit ausgebaute *R280*, die uns *links* die letzten vier Kilometer nach *Carrick on Shannon* bringt (in Gegenrichtung ist der Abzweig westlich des Bran Lough nur mit Leitrim Lakeland ausgeschildert).

Von Norden schauen die kahlen Hänge des Slieve Anierin auf den Lough Scur.

Nützliche Informationen

Entfernung: Cavan – Killashandra: 19 km; Cavan – Ballinamore: 40 km; Cavan – Carrick on Shannon: 69 km.
Unterkunft: Ein Hotel in *Killashandra* (Tel. 049/34404 oder 34423); zwei Hotels in *Ballinamore* (Tel. 078/44003; 078/44068); ein Hotel und zwei Pensionen in *Carrick on Shannon* (078/20550 oder 20042; 078/20313; 078/20032).
Jugendherberge: *Carrick on Shannon*, Main Street, Tel. 078/20068 (Independent).
Camping: An der Shannon-Brücke in *Carrick* erlaubt.
Fahrräder: *Killashandra*, E. Hastie, Tel. 049/34305; *Carrick on Shannon*, Fred Holt, Bridge Street, Tel. 078/20184 (auch Fahrradverleih).
Auskunft: *Carrick on Shannon*, Tel. 078/20170 (Juni bis Anfang September).
Karte: OS-Karte 1:250000, Blatt 3 (East).

5 Von Carrick on Shannon nach Sligo

Lough Allen, Lough Gill und die Kalkberge von Leitrim und Sligo

Tourencharakter: Trotz einiger Anstiege nicht allzu anstrengende Tour auf zumeist wenig befahrenen Straßen.
Länge der Tour: 67 km.

Von der Donegal Bay im Norden zieht sich die Grafschaft Leitrim als langgestreckter Schlauch nach Süden bis in die Ebenen Zentralirlands. In der Mitte verengen sich die Grenzen zu einem Flaschenhals, an dessen engster Stelle der Lough Allen als Sperriegel die zwei unterschiedlichen Teile der Grafschaft voneinander trennt. Die Südhälfte wird von einer sanftwelligen Drumlinlandschaft mit vielen kleinen Seen bestimmt, die der eiszeitliche Eisschild auf den Ebenen zurückgelassen hat.

Der nördliche Teil der Grafschaft weist dagegen einen völlig anderen Charakter auf. Tafelberge, zwischen die die Eiszeitgletscher tiefe Täler gefräst haben, bestimmen hier das Landschaftsbild. Sie sind aus altem, waagrecht geschichtetem Kalkstein aufgebaut, der an den steilen Hängen zutage tritt, die von den verkarsteten und vermoorten Gipfelplateaus herabstürzen. Unsere Etappe führt durch dieses Bergland bis zum Atlantik, wo der ausgeprägteste und bekannteste dieser irischen Tafelberge, der Benbulben, in Idealform die geschäftige Hafenstadt Sligo überragt.

Der erste Ort nach Carrick on Shannon ist **Leitrim**, ein unbedeutendes, kleines Dorf aus zwei hübschen Häuserzeilen, das eigenartigerweise der Grafschaft Leitrim den Namen gab.

Drumshanbo, das dank seiner hübschen, aufgeräumten Straßen und Häuser schon einige Preise im nationalen Wettbewerb um das schönste Dorf des Landes erringen konnte, liegt am Ufer des nördlichsten Shannon-Sees, des Lough Allen. Aufgrund des riesigen Sees und der vielen klaren Bäche, die über die Hänge der umliegenden Berge herabrauschen, entwickelte sich das Dorf zu einem weithin bekannten Anglerzentrum. Im Juni sorgt ein großes Musik- und Tanzfestival für Leben in der Stadt.

Die weiten Wasserflächen des Lough Allen und einsame Moorlandschaften bestimmen das Bild, bis wir in **Dromahair** das schönste und geschichtsträchtigste Dorf auf unserer Etappe erreichen. Eingebettet in ein ruhiges, dichtbewaldetes Tal, durch das ein klares Flüßchen rauscht, liegt der ruhige Touristenort. Von der Burg der O'Rourkes, des mächtigen keltisch-irischen Familienclans, der bis in das 17. Jahrhundert die Geschicke dieser Gegend bestimmte, ist nichts erhalten. In dieser Burg soll, glaubt man einer Ballade des Schriftstellers Thomas Moore, die irische Geschichte eine entscheidende Wende genommen haben. Denn aus ihr raubte 1152 der König von South Leinster, Dermot MacMurrough, die Frau des Anführers der O'Rourkes. In den folgenden Kämpfen und Wirren (die O'Rourkes waren mit dem letzten keltischen Hochkönig von Irland verbündet) rief Dermot MacMurrough die Normannen zu Hilfe und öffnete so das Tor zur Jahrhunderte anhaltenden Besetzung Irlands durch die Normannen und die Briten.

Erhalten geblieben sind die Reste eines Franziskanerklosters, der **Creevelea Abbey**, nahe Dromahair. 1508 wurde dieses Kloster gegründet, das auf Druck der Engländer schon 200 Jahre später aufgegeben werden mußte. Neben der weltabgeschiedenen Stimmung locken vor allem einige schöne Skulpturen an den Bögen des Kreuzgangs.

Kurz hinter Dromahair erreicht man den in sanfte, dichtbewaldete Hügel eingebetteten **Lough Gill**. Gill bedeutet in Gälisch soviel wie »Schönheit«, und so hieß auch das hübsche Mädchen, dem der Sage nach der See seinen Namen verdankt. Sie soll sich ertränkt haben, nachdem sich ihr Vater und ihr Liebster gegenseitig erschlagen hatten. Die Tränen der gramgebeugten Amme von Gill sollen dann den See mit Wasser gefüllt haben. Verbürgt ist jedenfalls, daß der stille See mit seinen 20 Inselchen in späteren Jahrhunderten einige Schriftsteller zu Werken anregte. Bekannt ist vor allem ein Gedicht des Literaturnobelpreisträgers W.B. Yeats, das von der kleinen Lough-Gill-Insel Inishfree erzählt.

Am Nordufer des Sees liegt das dunkle

Am Lough Gill erzählt das mächtige Parkes Castle von den dunklen Zeiten der Unterdrückung durch die Engländer.

Parkes Castle. Im 17. Jahrhundert wurde diese Burg von einem britischen Einwanderer errichtet, um die einheimische Bevölkerung zu unterdrücken. Nur wenige Schritte vom See entfernt und perfekt renoviert scheint das düstere Parkes Castle die dunkelste Zeit der irischen Geschichte wieder heraufzubeschwören.

Sligo ist heute der wichtigste Handelsplatz im Nordwesten der Republik Irland. In der Nähe der Stadt beweisen vor allem die 40 megalithischen Grabanlagen von Carrowmore, daß die Gegend schon seit Jahrtausenden bewohnt ist. Den schönsten Blick auf die Bucht von Sligo und die Stadt hat man vom Knocknarea in der Nähe von Strandhill, auf dessen Gipfel ein riesiger Steinhügel das sagenhafte Grab der bösen Königin Maeve beherbergen soll. In Wirklichkeit handelt es sich bei dem nicht zu übersehenden Gipfelhügel wahrscheinlich um ein großes Steinzeitgrab, das allerdings bisher noch nicht erforscht wurde. In der Stadt Sligo selbst, die um 800 n. Chr. zum ersten Mal urkundlich erwähnt wurde, sind außer einer grauen Klosterruine, der Sligo Abbey, keine historischen Gebäude erhalten. Trotzdem versprechen die hübschen Straßenzüge mit den belebten Pubs einen angenehmen Aufenthalt.

Streckenbeschreibung

Vom Stadtzentrum von *Carrick on Shannon* radeln wir auf der *R280* in nördlicher Richtung aus dem Ort (ausgeschildert nach Drumshanbo). Vorbei am *Bran Lough* (Abzweig auf die Etappe nach Cavan) und durch das kleine Dorf *Leitrim* leitet uns die R280 im Tal des River Shannon nach *Drumshanbo*. Hier knickt die *Hauptstraße (R280)* scharf nach *links* ab und führt zum riesigen Lough Allen hinab (Wegweiser Drumkeeran, in Gegenrichtung Carrick on Shannon).

Auf der flachen, breiten Straße überqueren wir einen Kanal und den Shannon. Durch bald wieder recht hügeliges Gelände leitet uns dann die R280 am Westufer des *Lough Allen* nach Norden und gewährt uns phantastische Blicke über den See zu den Bergen der Slieve Anierin. Ein letztes Mal schauen wir vom Dorf *Drumkeeran* zurück auf die glitzernde Fläche des Lough Allen, ehe wir auf der *R280* nach Westen in einsames Hügelland vorstoßen, in dem sich braune, birkenbestandene Moorflächen mit grünen Weiden abwechseln. Sieben Kilometer nach

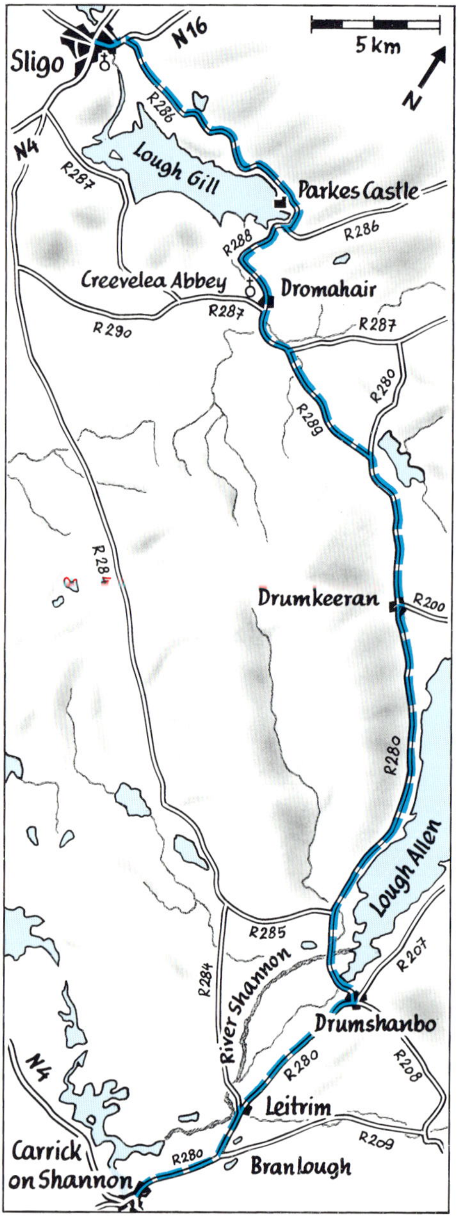

Drumkeeran verlassen wir die R280 nach *links* und folgen der *R289* und später der *R287* geradeaus nach *Dromahair* (Wegweiser Dromahair und Sligo, in Gegenrichtung Drumkeeran). Schließlich bringt uns die *R288* durch das bewaldete Tal, in dem Dromahair liegt, zum *Lough Gill* hinab. Die Straße geht bald in die *R286* über und leitet dann, vorbei am *Parkes Castle*, am Nordufer des stillen Sees entlang. Ein Hügel, von dem wir zum ersten Mal den wundervollen Tafelberg Benbulben erblicken, stellt sich anschließend in den Weg, ehe uns eine lange Abfahrt zur *N16* hinunterführt, auf die wir an der nördlichen Stadtgrenze von Sligo stoßen (in Gegenrichtung ist der Abzweig auf die R286 zum Parkes Castle ausgeschildert). *Links* über einen kleinen Hügel ist es nur noch ein kurzes Stück bis in das geschäftige Zentrum von *Sligo* (in Gegenrichtung folgen wir aus dem Stadtzentrum der nach Enniskillen ausgeschilderten N16).

Nützliche Informationen

Entfernung: Carrick on Shannon – Drumshanbo: 15 km; Carrick – Dromahair: 48 km; Carrick – Sligo: 67 km.
Unterkunft: Eine Pension in *Drumshanbo* (Tel. 078/41070); ein Hotel und eine Pension in *Dromahair* (Tel. 071/64199; 071/64140); eine größere Anzahl Hotels und Pensionen in *Sligo.*
Jugendherberge: *Sligo,* Pearse Road, Tel. 071/43204 (Budget); *Sligo,* Markievicz Road, Tel. 071/45160 (Independent).
Camping: *Strandhill,* einige Kilometer westlich von Sligo (Tel. 071/68120); *Rosses Point,* einige Kilometer westlich von Sligo (Tel. 071/77113).
Fahrräder: *Drumshanbo,* McGrath's Cycle Shop (auch Fahrradverleih); *Sligo,* Conway Bros, Newstand, Wine Street, Tel. 071/61240 (auch Fahrradverleih); Double R. Cycle Centre, 3 High Street, Tel. 071/5198 (auch Fahrradverleih); The Bike Store, Eden Holiday Hostel, Pearse Street, Tel. 071/43204 (nur Fahrradverleih).
Auskunft: *Sligo,* Temple Street, Tel. 071/61201 (ganzjährig geöffnet).
Karte: OS-Karte 1:250000, Blatt 2 (West) oder Blatt 1 (Nord).

Von Dublin in das Shannonbecken

6 Von Dublin nach Rathangan

Am River Liffey entlang in die Ebenen Zentralirlands

Tourencharakter: Einfache Radtour mit einem kurzen, steilen Anstieg im Stadtgebiet. Auch in Dublin meist wenig befahrene Nebenstraßen.
Länge der Tour: 61 km.

Am großen Dubliner Stadtpark Phoenix Park entlang führt uns die Etappe immer nahe des River Liffey aus der Stadt. Bis Clane, wo der Liffey nach Süden umbiegt, bleibt der Fluß unsere Leitlinie. Anschließend durchradeln wir die flachen Ebenen der Grafschaft Kildare, die von einem Netz aus Kanälen, den Royal und Grand Canals, durchzogen sind. Im 18. und 19. Jahrhundert, in der Zeit der industriellen Revolution, entstand dieses Kanalnetz, das Dublin mit den natürlichen Wasserstraßen des River Shannon und des River Barrow verbindet. Millionen von Passagieren wurden auf diesen Kanälen transportiert und der zunehmende Frachtverkehr auf die Wasserstraßen verlegt. Erst 1959 wurde der Frachtverkehr endgültig eingestellt, und seither bevölkern vor allem Angler und in zunehmenden Maße Touristen die Kanäle. Mit Kabinenschiffen kann man hier das irische Herzland durchqueren oder auf neu angelegten Weitwanderwegen die Ruhe an den stillen Kanälen genießen.

Ortschaften wie Prosperous und Rathangan haben wenig historisches Flair zu bieten, denn sie entstanden erst im 18. und 19. Jahrhundert bei der Erschließung des Landes durch die Kanäle.

Streckenbeschreibung

In *Dublin* befahren wir die südlichen Uferstraßen des *River Liffey*, bis wir vor der *Heuston Station* nach *rechts* zum Nordufer wechseln. Hier biegen wir *links* in die *Parkgate Street* ein, die uns mit nun deutlich weniger Verkehr zwischen Fluß und Phoenix Park in den Stadtteil *Chapelizod* bringt. Hier schwenkt die breite Hauptstraße nach links über den Fluß. Wir bleiben jedoch am nördlichen Ufer und fahren auf einer schmalen Nebenstraße, der *Martin's Row, rechtshaltend* weiter. Wir schieben die Räder den kurzen, steilen Berg zum *Knockmaroon Hill* hinauf, auf dessen höchstem Punkt einige Schulen, ein Konvent und einer der Eingänge zum Phoenix Park liegen. Hier gabelt sich die Straße, und wir lassen auf der *Linken* unsere Räder wieder zum *River Liffey* hinunterlaufen. Wir befinden uns jetzt auf der *Lower Lucan Road (R109)*, die nun zirka sechs Kilometer immer in der Nähe des Flusses verläuft.

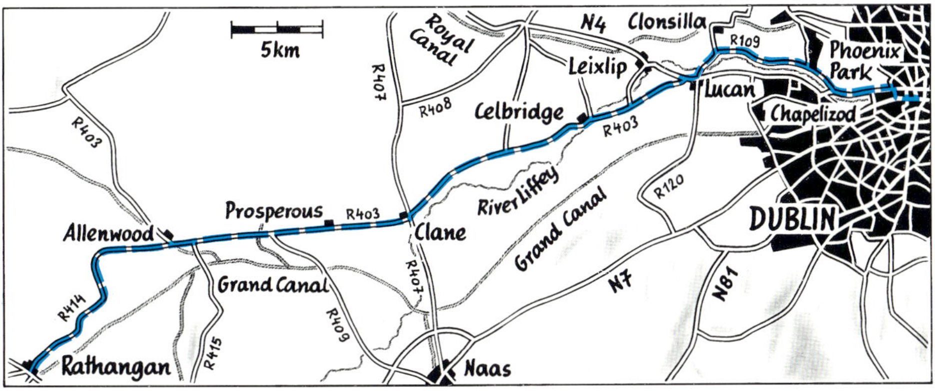

Die flache Landschaft in Zentralirland verspricht ruhige und erholsame Fahrradtouren.

Dann schwenkt die R109 rechts vom Fluß weg nach Clonsilla. Wir bleiben jedoch *linkshaltend* auf der Uferstraße, die weiterhin den Namen *Lower Lucan Road* trägt, bis wir bei nächster Gelegenheit *über den Fluß nach links* in den kleinen Dubliner Vorort *Lucan* hinüberwechseln können. Die nächste Straße zur *Rechten* ist die *Main Street,* die in einem Bogen auf die Hauptstraße des Ortes, die *Lucan Road (R403),* leitet. (In entgegengesetzter Richtung biegt man in Lucan, dem Wegweiser nach Clonsilla folgend, links von der Hauptstraße ab, überquert den River Liffey und hält sich anschließend immer rechts so nah wie möglich am Nordufer des Flusses in Richtung Stadtmitte von Dublin.) Auf der Hauptstraße *rechtshaltend* (Wegweiser Leixlip und Celbridge) fahren wir auf der *R403* unter der autobahnähnlich ausgebauten N4 hindurch und dann durch Farmland bis *Celbridge.* Hier überqueren wir ein letztes Mal den *River Liffey* nach rechts und radeln anschließend *linkshaltend,* immer auf der R403, durch den Ort (Wegweiser Clane, in Gegenrichtung Lucan und Dublin). In *Clane* fahren wir auf der *R403 links in den Ort.*

Am *Ortsende* zweigt die Fortsetzung der *R403* als untergeordnete Straße nach rechts ab (Wegweiser Prosperous, in Gegenrichtung Dublin und Celbridge). Durch dunkles Moorland radeln wir an *Prosperous* vorbei auf der zumeist schnurgeraden Straße nach *Allenwood.* Hier schwenkt die R403 nach Norden, und wir wechseln *links* auf die *R414* über (Wegweiser Rathangan, in Gegenrichtung Clane), die auf einer schmalen Brücke den stillen Grand Canal überquert. Die R414 verläuft nun in einem weiten Bogen durch Moorebenen nach *Rathangan* (in Gegenrichtung Wegweiser Dublin).

Nützliche Informationen

Entfernung: Dublin – Celbridge: 28 km; Dublin – Rathangan: 61 km.
Unterkunft: Große Auswahl an Hotels und Pensionen in *Dublin*; ein Hotel in *Celbridge* (Tel. 01/6271111 oder 6271112); mehrere B&B's in *Rathangan*.
Jugendherbergen: Mehrere Jugendherbergen in *Dublin* (siehe Tour 1).
Camping: Vier Campingplätze außerhalb *Dublins* (siehe Tour 1); ein Campingplatz bei *Rathangan* (Tel. 045/24331).
Fahrräder: *Dublin*, siehe Tour 1; *Rathangan*, Stephen Conway, The Square, Tel. 045/ 24326.
Auskunft: In *Dublin* (siehe Tour 1).
Karte: OS-Karte 1:250000, Blatt 3 (East).

7 Von Rathangan nach Birr

An den Slieve Bloom Mountains

Tourencharakter: Einfache Radtour mit nur sanften Anstiegen am Fuße der Slieve Bloom Mountains.
Länge der Tour: 76 km.

Die weite Ebene, durch die unser Weg von Rathangan nach Westen in die Grafschaft Laois führt, ist zum größten Teil landwirtschaftlich genutzt. Doch immer wieder sind dunkle Moore eingestreut, die das Landschaftsbild bestimmten, bevor sich der Mensch dieses Stückchen Erde unterwarf. Der Torf der ebenen Moorflächen ist problemlos maschinell abzubauen, und so werden diesem Naturraum große, dunkle und traurig stimmende Wunden geschlagen.

Nahe **Portarlington**, dem nächsten Ort auf

Ein Gewitter zieht über die sanften Hügel am Fuß der Slieve Bloom Mountains.

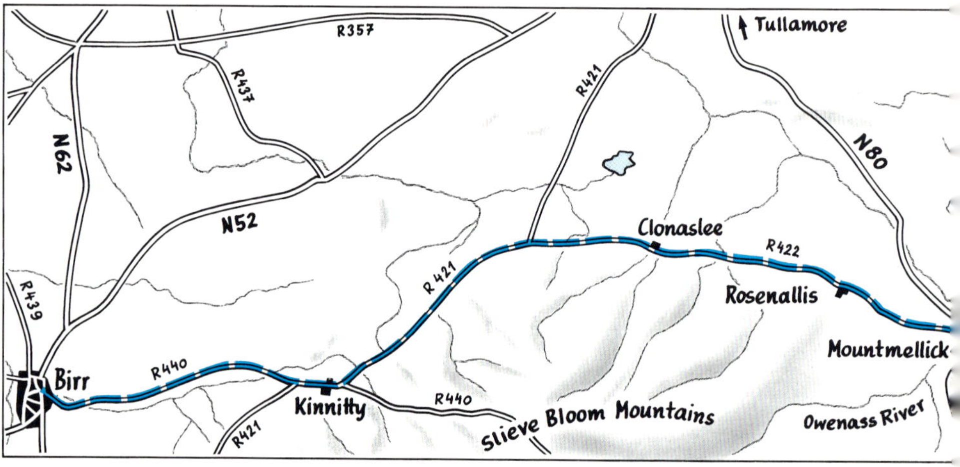

unserem Weg, entstand 1936 das erste Torfkraftwerk Irlands, in dem die jahrtausendealten Moorablagerungen verfeuert werden. Die Stadt selbst wurde im 17. Jahrhundert von Hugenotten gegründet. Deren handwerkliches und kaufmännisches Geschick fand in der Herstellung feinster Spitzen, in Silberschmieden und florierenden Banken seinen Ausdruck. Der dadurch erworbene Reichtum läßt sich noch heute an manchen gediegenen Häusern und Straßenzügen erahnen.

Über Mountmellick, einer Gründung englischer Quäker aus dem 17. Jahrhundert, erreichen wir den Fuß der **Slieve Bloom Mountains**. Sanft sind diese Berge und gerade mal 500 Meter hoch, und doch beeindruckt die Geschlossenheit, mit der sie die Ebenen Zentralirlands überragen. Stille, heidekrautbewachsene Hügel und 24 einsame Glens, durch die klare Bäche rauschen, laden zu kleinen Entdeckungstouren ein.

Über Kinnitty am Westrand der Slieve Bloom Mountains erreichen wir **Birr**, den Hauptort im Südzipfel der Grafschaft Offaly. Das Herz der Stadt bildet die Burg der Earls of Rosses, die inmitten eines ausgedehnten Parks liegt. Er entstand in den Jahren um 1840. Während das noch von den Besitzern bewohnte Castle für Besucher gesperrt bleibt, lädt der 40 Hektar große Park dazu ein, an einem künstlichen See, an plätschernden Bächen und zwischen seltenen Pflanzen aus der ganzen Welt einen sonnigen Tag zu verbummeln. Eine Ausstellung erinnert an das berühmte, leider nicht mehr vorhandene Rosse Teleskope, das der dritte Earl of Rosses 1845 hier im Park nach eigenen Plänen erbauen ließ. Mit einem Spiegeldurchmesser von 1,83 Meter und einer Länge von über 16 Metern war es bis weit in das 20. Jahrhundert hinein das weltweit größte Teleskop und ermöglichte so manche Entdeckung am Sternenhimmel.

Die Stadt Birr selbst wurde am Reißbrett geplant. Das Ergebnis ist eine der schönsten georgianischen Städte im Land, deren Bild kaum durch Neubauten gestört wird. Breite Straßen und sonnenüberflutete Plätze werden von gediegenen Häusern aus dem 18. Jahrhundert umrahmt. Am weiten Hauptplatz der Stadt, dem Emmet Square mit der dorischen Säule im Zentrum, liegt das noble Dooley's Hotel. Seit 1747 diente es als Haltepunkt für Pferdekutschen. Es zählt zu den ältesten, noch heute betriebenen Unterkünften in Irland.

Streckenbeschreibung

Wir verlassen *Rathangan* auf der *R401* (Wegweiser Edenderry) und biegen am nordwestlichen Ortsende *links* in die *R419* ein (Wegweiser Bracknagh und Portarlington). In *Bracknagh* treffen wir auf eine vorfahrtsberechtigte Straße, auf der wir *linkshaltend* der Fortsetzung der *R419* folgen (in Gegenrichtung Wegweiser nach Rathangan). Nun radeln wir immer auf der *R419* durch flache

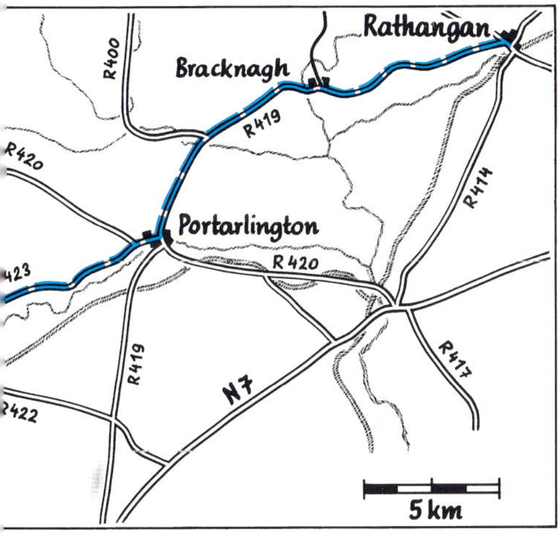

Moorebenen in einem weiten Bogen nach *Portarlington.* Bei einer Autowerkstatt am westlichen Ende des *Hauptplatzes* von Portarlington biegen wir *scharf rechts* in die *R420* ein (Wegweiser Mountmellick und Tullamore, in Gegenrichtung Edenderry). Kurz nach der Brücke über den *River Barrow* zweigt *links* die *R423* ab (Wegweiser Mountmellick), der wir bis zum östlichen Ortsrand von *Mountmellick* folgen. Hier stoßen wir auf die *R422,* die uns nach *rechts* über den Owenass River in den Ort leitet (in Gegenrichtung Wegweiser Portarlington).

Anschließend *geradeaus* auf der *N80,* ein kurzes Stück durch das Ortszentrum, biegen wir schon bald wieder *links* in die *R422* ein (Wegweiser Clonaslee und Birr; in Gegenrichtung an allen Kreuzungen nach Portarlington beschildert). Über *Rosenallis* erreichen wir auf der breiten Straße *Clonaslee.* Bis Kinnitty radeln wir nun, anfänglich auf der *R422,* später auf der *R421,* immer am Nordfuß der Slieve Bloom Mountains entlang (Wegweiser Slieve Bloom Drive, Kinnitty und Birr, in Gegenrichtung Mountmellick). Am *östlichen Ortsrand von Kinnitty* treffen wir auf die *R440* (in Gegenrichtung Wegweiser Slieve Bloom Drive), der wir bis nach *Birr* hinein folgen. Dort treffen wir auf die *N52* (in Gegenrichtung Wegweiser R440 und Kinnitty), auf der es *rechtshaltend* kaum 200 Meter zum *Hauptplatz* von Birr mit der unübersehbaren Säule im Zentrum sind.

Nützliche Informationen

Entfernung: Rathangan – Birr: 76 km.
Unterkunft: Zwei Hotels in *Birr* (Tel. 0509/20032; 0509/20791 oder 20193).
Auskunft: In *Birr,* Tel. 0509/20110 (Mai bis Ende September).
Fahrräder: *Birr,* P. Dolan, Main Street, Tel. 0509/20006 (auch Fahrradverleih).
Karte: OS-Karte 1:250000, Blatt 3 (East).

Auch mit einem alten Auto erreicht man, wie hier in Kinnitty, das nächste Pub.

Von Dublin an die Südküste

8 Von Dublin nach Glendalough (Laragh)

Durch die Wicklow Mountains zu den Klosterruinen von Glendalough

Tourencharakter: In der ersten Hälfte anstrengende Tour mit einigen längeren Anstiegen, die zweite Hälfte in erholsamem flachem Gelände.
Länge der Tour: 50 km.

In **Dublin** führt uns die Tour zu Beginn durch das georgianische Viertel mit dem berühmten Bau der Bank Of Ireland, dem ehemaligen Parlamentsgebäude, und den Häusern rund um St. Stephen's Green. Diese Gebäude stammen allesamt aus dem 18. Jahrhundert und bilden ein ungestörtes Ensemble. Gegenüber der Bank Of Ireland befindet sich der Eingang zum Trinity College mit seiner herrlichen Bibliothek, die einen Besuch wert ist. Hier ist unter anderen das berühmte »Book of Kells« aus dem 9. Jahrhundert, eine der weltweit berühmtesten und wertvollsten Handschriften, ausgestellt. Der Weiterweg bringt uns anschließend durch die südlichen Vororte, eine bevorzugte Adresse der wohlhabenderen Dubliner, hinauf in die Wicklow Mountains.

Das nette Dörfchen **Enniskerry** liegt in einem geschützten Tal inmitten dieser wilden Berge. Erbaut wurde das Dorf Mitte des letzten Jahrhunderts für die Arbeiter, die nebenan im Herrenhaus von Powerscourt beschäftigt waren. Das im georgianischen Stil im 18. Jahrhundert erbaute Herrenhaus brannte 1974, sinnigerweise anläßlich einer Feier zum Abschluß ausgiebiger Renovierungsarbeiten, aus. Die eigentliche Sehenswürdigkeit ist jedoch nicht das Haus, sondern die berühmten Gartenanlagen von **Powerscourt**. 1875 wurde dieser Garten, oder besser gesagt Park, angelegt. Die gepflegten Terrassen, Büsche, Baumgruppen und Beete faszinieren vor allem durch den Kontrast zu den dunklen Bergen, die das Tal umstellen. Nicht selten hört man die Meinung, daß der Park zu den schönsten in Europa zähle. Durch die Anlage führt eine kilometerlange Wanderung zu einer weiteren Attraktion, den 90 Meter hohen Powerscourt-Wasserfällen.

In einem Tal oberhalb des kleinen Ortes Laragh liegt der unbestrittene Hauptanziehungspunkt in den Wicklow Mountains, **Glendalough**. Die wundervolle Landschaft ist hier mit geschichtlich interessanten Bauwerken eine unübertroffene Symbiose eingegangen. Steile Berghänge fallen zu den dunklen, stillen Seen ab, an denen im 6. Jahrhundert der heilige Kevin ein Kloster gründete. Die Keimzelle des Klosters lag in einer kleinen Höhle am Upper Lake von Glendalough, wohin sich der Eremit Kevin zurückgezogen hatte. Doch schon zu seinen Lebzeiten schlossen sich ihm Mönche an und errichteten einige einfache Gebäude. Im Laufe der nächsten Jahrhunderte breitete sich die Klosteranlage im gesamten Tal aus und beherbergte Tausende von Mönchen. Eines der geistigen Zentren des frühchristlichen Irlands war entstanden, und aus ganz Europa kamen Schüler, um von den Mönchen zu lernen. Mit zunehmendem Reichtum entstanden immer mehr Gebäude, die heute zumeist als malerische Ruinen in der Landschaft liegen. Vollständig erhalten blieben einige Hochkreuze, die wundervoll einfache St. Kevin's Church aus dem 9. Jahrhundert und der 30 Meter hohe Rundturm. Der Reichtum des Klosters weckte natürlich Begehrlichkeiten, und als erste waren es die Wikinger, die vom 9. bis ins 11. Jahrhundert die Mönche mehrmals überfielen und die Anlage zerstörten. Doch noch hatte man die Kraft, nach jeder Plünderung ein neues, noch reicheres Glendalough wiedererstehen zu lassen. Mit dem Eindringen der Normannen Ende des 12.

In einem Tal in den Wicklow Mountains liegt die Klostersiedlung von Glendalough mit dem gut erhaltenen Rundturm.

Gespenstisch dunkel erscheint am späten Abend die Wasserfläche des Upper Lake von Glendalough.

Jahrhunderts begann jedoch der Stern des Klosters zu verblassen. Die irische Kirche, die sich über die Jahrhunderte ihre Unabhängigkeit von Rom bewahrt hatte, wurde von papsttreuen Orden wie den Zisterziensern, die mit den Normannen in das Land gekommen waren, nach und nach verdrängt. Den endgültigen Todesstoß erhielt das Kloster von Glendalough im Jahre 1398, als es von englischen Truppen vollständig zerstört wurde.

Streckenbeschreibung

Wir beginnen die Tour am Südende der Brücke, die in Verlängerung der *O'Connell Street* den *River Liffey* überspannt. Von hier folgen wir der kurzen *O'Dolier Street* und biegen an ihrem Ende rechts in die *College Street* ein. Rechts vorbei am Trinity College wechseln wir dann auf die *Grafton Street*, die uns in südlicher Richtung bis zur Nordostecke des St. Stephen's Green Park bringt. Hier folgen wir links *St. Stephen's Green North*, dann rechts hinunter der *St. Stephen's Green East*, die in gerader Verlängerung als *Earlsfort Street* bis zur *Adelaide Road* leitet. Diese befahren wir nach rechts, ehe uns links die *Charlemont Street* quer über den südlichen Dubliner Innenstadtring leitet. Nun immer geradeaus auf der *Ranelagh Road* (Wegweiser Dundrum), die bald in die *Sandford Road* übergeht.

Zirka zwei Kilometer nach der Ringstraße wechseln wir rechts auf die *Milltown Road* (Wegweiser Dundrum und Enniskerry). Nach einem weiteren Kilometer biegen wir links in die *Dundrum Road* ein (Wegweiser Dundrum), die uns, zuletzt als *Main Street*, bergauf in den Vorort *Dundrum* bringt. Das Gelände wird nun wieder flach, und die Straße geht geradewegs in die *Sandyford Road* über. In *Sandyford* folgen wir an einer Straßengabelung vor einer Madonnenstatue dem *rechten* Ast (Wegweiser Enniskerry), der uns nach elf Kilometern Fahrt aus Dublin führt.

Durch schönes Weideland am Osthang

der Wicklow Mountains leitet uns jetzt die *R117* über *Stepaside* und durch die »The Scalp« genannte Schlucht bis nach *Enniskerry*. Im Ortszentrum beginnt die *R760* (Wegweiser Powerscourt House und Roundwood), die über einen kurzen, sehr steilen Berg bis zur Einfahrt des *Powerscourt House* hinaufführt. Weit angenehmer ist dann der Weiterweg durch das dichtbewaldete Tal des Dargle River, vorbei an einem Abzweig einer noch gebirgigeren Straße nach Roundwood, bis wir am Fuße des Sugar Loaf Mountain auf die *R755* treffen. Rechts hinauf bringt uns ein anstrengender, mehrere Kilometer langer Anstieg auf die Hochebene von Calary (Wegweiser Glendalough, in Gegenrichtung Powerscourt Waterfall).

Die folgenden 20 Kilometer führt die R755 in überraschend angenehmem Fahrradgelände, umgeben von den dunklen Höhen der Wicklow Mountains, über *Roundwood* und *Annamoe* bis *Laragh*. Wer dann noch genug Kraft hat, kann die letzten drei Kilometer bis zu den Seen von *Glendalough* hinaufradeln.

Nützliche Informationen

Entfernung: Dublin – Enniskerry: 21 km; Dublin – Roundwood: 40 km; Dublin – Laragh: 50 km.
Unterkunft: Große Auswahl an Hotels und Pensionen in *Dublin*; drei Hotels in *Enniskerry* (Tel. 01/2863542; 01/2867928; 01/2828903 oder 2863507); ein Hotel in *Glendalough* (Tel. 0404/45135).
Jugendherbergen: Mehrere Jugendherbergen in *Dublin* (siehe Tour 1); zwei An-Oige-Jugendherbergen in den Bergen oberhalb *Enniskerry* (Tel. 01/867196; 01/867290); eine Independent-Jugendherberge in *Laragh* (Tel. 0404/5156); eine An-Oige-Jugendherberge in *Glendalough* (Tel. 0404/5143).
Camping: Ein Campingplatz in *Roundwood* (Tel. 01/2818163); Campingmöglichkeit an der Jugendherberge in *Laragh*.
Fahrräder: In *Dublin* (siehe Tour 1); Fahrradverleih in *Laragh*.
Auskunft: In Dublin (siehe Tour 1).
Karte: OS-Karte 1:250 000, Blatt 3 (East).

9 Von Glendalough (Laragh) nach Carlow

Am Südrand der Wicklow Mountains zum mächtigsten Dolmen in Irland

Tourencharakter: Nur wenige, zumeist sanfte Anstiege, auf der restlichen Strecke erholsames Radgelände.
Länge der Tour: 76 km.

Wicklow Mountains heißt der mächtige Gebirgsstock, der von der Stadtgrenze von Dublin nach Süden zieht. Aufgebaut sind die Berge aus Granit, einem Gestein, das als glühende Magma aus dem Erdinneren aufstieg, aber erstarrte, bevor es die Erdoberfläche erreichte. Jahrmillionen nagte die Erosion dann an der Erde, ehe die Granitmassen freigelegt waren und anschließend zu abgerundeten Hügeln zugeschliffen wurden. Die Eiszeitgletscher schnitten in diese Berge tiefe Kare und hobelten steilwandige Täler, die »Glens«, aus.

Ein schmales Sträßlein südlich Rathdrum ermöglicht einen wunderschönen Abstecher in das wildeste der Wicklowglens, das **Glenmalur.** Steile, dunkle Hänge, über die die hellen Streifen der Wasserfälle rauschen, prägen das Bild. Eine schöne Wanderung führt über die Berge nördlich in das benachbarte Tal von Glendalough, und im Süden ragt der mit 924 Metern höchste Berg der Wicklow Mountains, der Lugnaquillia, auf. Ruinen von Militärbaracken stammen aus der Zeit, als die Wicklow Mountains irischen Widerstandskämpfern Unterschlupf boten. Reste von Bergwerkssiedlungen und versteckte Stolleneingänge sind zu entdecken, denn hier wurde Blei abgebaut. Noch Fürst Pückler, der berühmte Reisende des 19. Jahrhunderts, erzählt von den Minenarbeitern, denen der Umgang mit dem giftigen Metall an ihren ausgemergelten Körpern und bleichen Gesichtern abzulesen war.

Auf dem Weg vom Südfuß der Wicklow Mountains hinein ins County Carlow haben wir die Möglichkeit, zwei Dolmen zu besichtigen. Schon am **Harlodstown Dolmen**, der vollkommen unbeachtet in einer Wiese am Straßenrand liegt, ist die typische Bauform dieser Megalithgräber gut zu erkennen. Mehrere senkrechte Stützsteine, die zum Eingang hin an Höhe zunehmen, tragen einen oder zwei mächtige Decksteine und bilden so eine Kammer. Für die Steinzeitmenschen bedeutete der Bau dieser Gräber eine besondere technische Leistung, und die damit verbundenen Mühen weisen auf einen ausgeprägten Jenseitsglauben hin. Dolmen, bei uns unter der Bezeichnung Hünengräber bekannt, finden sich in weiten Teilen Europas. Es ist allerdings noch nicht geklärt, in welchem Teil des Kontinents die Keimzelle dieses Grabtyps liegt.

Am **Browne's Hill Dolmen** ist die klassi-

Der über 100 Tonnen schwere Deckstein des Browne's Hill Dolmen gilt als der größte in ganz Europa.

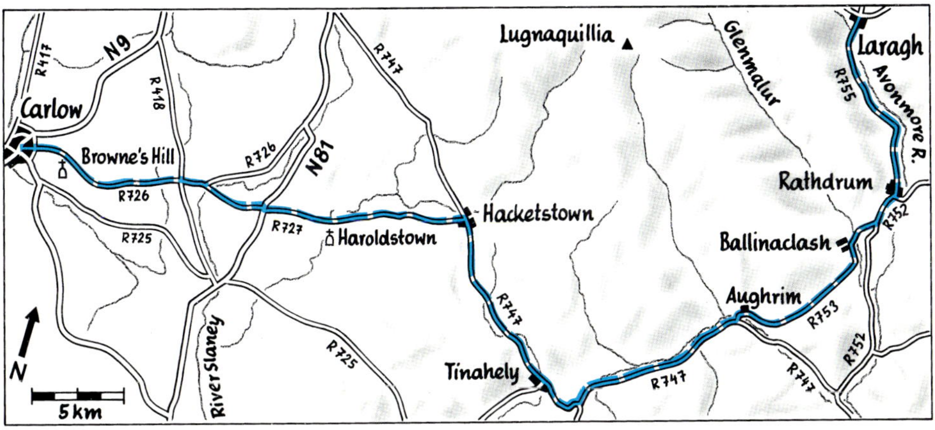

sche Bauweise nicht mehr so gut nachvollziehbar, da auf einer Seite die Vertikalsteine zusammengebrochen sind und der Deckstein auf der Erde aufliegt. Trotzdem ist dieser Dolmen eine Attraktion. Seine schiere Wucht ist es, die die Leute fasziniert. Der mannshohe Deckstein, der über hundert Tonnen schwer ist, soll der größte in ganz Europa sein.

Carlow, der Hauptort der gleichnamigen Grafschaft, ist heute ein ruhiges Landstädtchen. Bis zum Ende des 18. Jahrhunderts war die Stadt allerdings ein Brennpunkt der Gegensätze zwischen den Normannen und Briten auf der einen Seite und den Iren auf der anderen. Blutige Auseinandersetzungen waren die Folge, denn die normannische Burg wachte über irisch besiedeltes Land ringsum. Die dunkle Burg am stillen River Barrow liegt heute wenig beachtet auf dem Privatgelände einer Firma, kann aber während der Geschäftszeiten besichtigt werden.

Streckenbeschreibung

An der Straßenkreuzung in *Laragh* wählen wir die *R755* (Wegweiser Rathdrum und Wexford), auf der wir nach Süden radeln. Vorbei an der Jugendherberge folgen wir nun bis Rathdrum dem Avonmore River, der das dunkle Moorwasser der umliegenden Berge sammelt. Ein wundervoller Mischwald, in den sich einige Rhododendronbüsche schwindeln, beschattet das Tal. Über unzählige kleine Buckel leitet die *R755* in trotzdem recht erholsamen 14 Kilometern nach *Rathdrum.*

Geradeaus durch den hübschen, kleinen Ort stoßen wir auf die *R752,* der wir rechts hinauf folgen (Wegweiser Avoca und Wexford, in Gegenrichtung Glendalough). Nach zwei Kilometern verlassen wir die R752 nach *rechts* (Wegweiser nach Ballinaclash, Aughrim und Carlow) und lassen auf der *R753* die Räder nach *Ballinaclash* hinabrollen.

Hinter der Steinbrücke über den Avonbeg River führt eine Straße nach rechts in das einsame Glenmalur, wir wenden uns jedoch nach *links* (Wegweiser Aughrim und Carlow). Die R753 führt in einem langgezogenen Anstieg durch wunderschön grünes Bauernland zu einem breiten Sattel hinauf, von dem wir nach *Aughrim* hinabfahren. Auf der Hauptstraße durch den Ort und dann links hinunter zum Fluß treffen wir nach der Brükke auf die *R747,* der wir nach *rechts* folgen. Einige Kilometer bleiben wir im nahezu ebenen Tal, das von den hohen Bergen der südlichen Wicklow Mountains eingefaßt ist, bis an einer Kreuzung die *R747* nach *rechts* hinunter abbiegt. Schnell ist der hübsche Ort *Tinahely* erreicht. An der rechten, oberen Ecke des Hauptplatzes beginnt die Fortsetzung der *R747* (Wegweiser nach Hacketstown und Baltinglass), die uns in sanftem Bergauf nach *Hacketstown* bringt. Mächtig ragt der moorüberzogene Lugnaquillia, der höchste Berg der Wicklow Mountains, über dem Ort auf. In Hacketstown wechseln wir nach links auf die *R727,* die uns durch parkartiges Farmland, vorbei am schönen *Haroldstown Dolmen,* nach Osten bis zur N81 bringt.

Leicht *nach rechts versetzt* beginnt die

Fortsetzung der *R727* (Wegweiser Carlow, in Gegenrichtung Hacketstown), die uns durch weiterhin angenehm zu radelndes, sanftwelliges Gelände zum River Slaney bringt. Unmerklich geht nun die Straße in die *R726* über, der wir bis nach Carlow folgen werden. Noch einmal ist an einer Kreuzung der Weiterweg etwas nach rechts versetzt, ehe wir nach einigen Kilometern am nicht zu übersehenden Parkplatz beim *Browne's Hill Dolmen* anhalten, um den kurzen Ausflug zum Dolmen zu machen.

Anschließend bringt uns eine kurze Abfahrt in das Tal des River Barrow, an dessen Rand wir auf die Ortsumfahrung der *N9* treffen (in Gegenrichtung Wegweiser Browne's Hill Dolmen und Hacketstown), hinter der wir nach wenigen hundert Metern das Ortszentrum von *Carlow* erreichen.

Nützliche Informationen

Entfernung: Laragh – Rathdrum: 14 km; Laragh – Aughrim: 27 km; Laragh – Tinahely: 41 km; Laragh – Carlow: 76 km.
Unterkunft: Eine Pension in *Rathdrum* (Tel. 0404/46198); ein Hotel in *Aughrim* (Tel: 0402/36146 oder 36280); ein Hotel in *Tinahely* (Tel. 0402/38109); drei Hotels und eine Pension in *Carlow* (Tel. 0503/42002; 0503/31621; 0503/31308; 0503/41848).
Jugendherberge: *Carlow*, Pembroke Road, Tel. 0503/31390 (Independent, nur Juni bis September).
Fahrräder: *Carlow*, A.E. Coleman, Dublin Street, Tel. 0503/31273 (auch Fahrradverleih).
Auskunft: *Carlow*, Market Street, Tel. 0503/31554 (Juli und August).
Karte: OS-Karte 1:250000, Blatt 3 (East).

Am Ortsrand von Muine Bheag steht an einem Seitenkanal des River Barrow diese efeuüberwachsene Ruine.

10 Von Carlow nach New Ross

Kirchen und Klöster am River Barrow

Tourencharakter: Auf ruhigen Nebenstraßen in häufigem Auf und Ab am River Barrow entlang.
Länge der Tour: 64,5 km.

Breite, fruchtbare Täler wie das des River Barrow waren häufig die natürlichen Wege, auf denen neue Kulturen und Gedanken Irland durchdrangen. Auch das frühe Christentum nutzte die alten Verbindungen, um die neue Religion zu verbreiten. Zur Festigung des Glaubens wurden Klöster errichtet wie das des heiligen Fiarche über dem stillen Tal des River Barrow. Von der frühchristlichen Anlage ist nichts erhalten geblieben. Ab dem 12. Jahrhundert wurde hier die **Kirche von Ullard** errichtet, deren Mauern in der stillen, schönen Landschaft schlummern. Das Portal der Kirchenruine zieren fein gearbeitete Steinfiguren, und ein wundervolles frühes Holzkreuz duckt sich im Schatten der Kirche. Mag dieser Ort auch nicht zu den kulturellen Glanzlichtern einer Irlandreise zählen, so kann man doch gerade hier die Stimmung einer nur ganz selten besuchten Ruine ungestört genießen.

Graiguenamanagh ist heute ein verträumtes Nest am ruhig dahinfließenden River Barrow. Die große Zeit dieses Ortes liegt schon lange zurück und ist verbunden mit dem Gebäude, das noch heute das Stadtbild beherrscht, der Duiske Abbey. 1204 wurde der Grundstein zur größten Zisterzienserkirche in ganz Irland gelegt. Mag auch im Laufe der Jahrhunderte einiges angebaut worden sein, wie z.B. der Glockenturm aus dem 19. Jahrhundert, so blieb doch im Kern der Originalstil mit den vielen Figuren und Ornamenten bewahrt. Im Kirchhof sind einige frühe Hochkreuze aus dem 9. Jahrhundert, die aus anderen Klöstern hierher gebracht wurden, aufgestellt, und an der Nordseite der Kirche ist ein frühchristliches Taufbecken aus dem 7. Jahrhundert, das wahrscheinlich vom Ullard-Kloster stammt, zu besichtigen.

Einige Kilometer südlich von Graiguenamanagh liegen die Reste des Klosters von **St. Mullins** inmitten eines Friedhofs. 696 wurde diese Anlage vom heiligen Moling, seines Zeichens Bischof von Ferns und Glendalough, gegründet. Von dem einstmals großen und einflußreichen Kloster blieben nur die Grundmauern zweier Kirchen, der Stumpf eines Rundturms, ein beschädigtes Hochkreuz und einige andere Ruinen erhalten. Das »Book of Moling«, in dem lateinische Kopien frühchristlicher Gesänge enthalten sind, befindet sich heute im Trinity College in Dublin. Am Eingang zum Friedhof fällt ein sogenannter »Mote« auf, ein künstlich aufgeschütteter Hügel, auf dem die Normannen einen kleinen Wehrturm errichteten.

Bis **New Ross** zieht sich der breite Mündungstrichter des River Barrow vom Meer her in das grüne Land und ermöglicht es auch großen Schiffen, den Hafen der Stadt anzulaufen. Abgesehen von St. Marie's Church und den Ruinen einer Klosterkirche mit wundervollen Fensterbögen hat New Ross wenig Historisches zu bieten. Und doch weiß die Stadt mit ihren bunten Ladenzeilen, mit dem geschäftigen Hafen und mit dem Duft des Meeres inmitten sanftwelliger Hügellandschaft zu gefallen.

Streckenbeschreibung

In *Carlow* fahren wir in südlicher Richtung auf die *N9*, die sich nach wenigen hundert Metern ganz eng an den River Barrow anlehnt. Hier zweigt *links*, direkt vor einer *Shell-Tankstelle*, ein schmales Sträßchen ab, in das wir einbiegen. Ein kurzes Stück weiter stoßen wir auf eine vorfahrtberechtigte Straße, der wir nach *rechts* folgen. In leichtem Auf und Ab führt die stille Nebenstraße durch reiches Farmland oberhalb des River Barrow nach Süden. Nachdem wir zum zweiten Mal unter der Eisenbahnlinie hindurchgefahren sind, die Carlow mit Kilkenny verbindet, leitet eine kurze Abfahrt nach rechts zur *R705* hinab (in Gegenrichtung ist der Abzweig vor einem großen, grauen Gebäude zum Dunleckny Manor ausgeschildert).

Die Häuser von Muine Bheag liegen nun zum Greifen nahe vor uns auf einer Anhöhe über dem still dahinfließenden River Barrow. Nach einer kurzen Fahrt am Fluß entlang radeln wir *links* nach *Muine Bheag* hinauf, auf der ersten Querstraße nach *rechts* und kurz darauf am Marktplatz *links* auf die *R705* (Wegweiser nach Borris). Nach vier Kilometern verlassen wir die R705, bevor sie linkshaltend ansteigt, nach *rechts* (Wegweiser Goresbridge). Auf dem schmalen Nebensträßchen geht es anschließend zu einer *Kreuzung*, an der wir *rechts* hinunterfahren (Wegweiser nach Goresbridge). Durch sanftwelliges Gelände, zumeist leicht bergab, radeln wir auf der kaum befahrenen Straße bis zur R702 (Vorsicht in Gegenrichtung! Kurz nach der R702 an einer Straßengabelung links).

Auf der *R702* wenden wir uns nach *links* (Wegweiser Borris, in Gegenrichtung Bagenalstown und Carlow). Nach zwei Hügeln verlassen wir die R702 wieder und lassen die Räder *rechts* auf der *R705* (Wegweiser Graiguenamanagh) zum *River Barrow* hinunterrollen. Am breiten, wundervoll behäbigen Fluß legen wir eine kleine Rast ein, bevor uns die R705 zwei Kilometer bergauf führt. Dann wechseln wir von der Hauptstraße bei erster Gelegenheit nach *links* auf eine schmale, unbeschilderte Nebenstraße, die uns zur einsamen Ruine der *Ullard Church* bringt.

Anschließend leitet uns das schmale Sträßlein in anstrengendem Auf und Ab durch die Hügel oberhalb des River Barrow nach *Graiguenamanagh*. Im Ortszentrum treffen wir auf die *R703* (in Gegenrichtung zweigt die unbeschilderte Straße unmittelbar hinter der Kirche rechts von der R703 ab), die *links* durch den hübschen Ort über die alte Barrowbrücke führt. Hinter der *Brücke* biegen wir, der Beschilderung nach St. Mullins folgend, *rechts* ab. Nach einer scharfen Linkskurve steigt das Sträßlein steil zu einem Plateau hinauf, auf dem sich wieder angenehmer radeln läßt. An zwei Straßengabelungen folgen wir immer der Beschilderung nach St. Mullins, und bald liegen unter uns der Klosterbezirk und die Häuser von *St. Mullins*, von denen uns nur noch eine steile Abfahrt trennt. An einer *Kreuzung* zwischen den wenigen Häusern beginnt der kurze Abstecher nach *rechts* zur *Klosteranlage* mit den Resten der alten Abtei.

Nach der Besichtigungstour radeln wir zurück zur nahen *Kreuzung* und dort nach *rechts*, in Richtung New Ross. Ein steiler An-

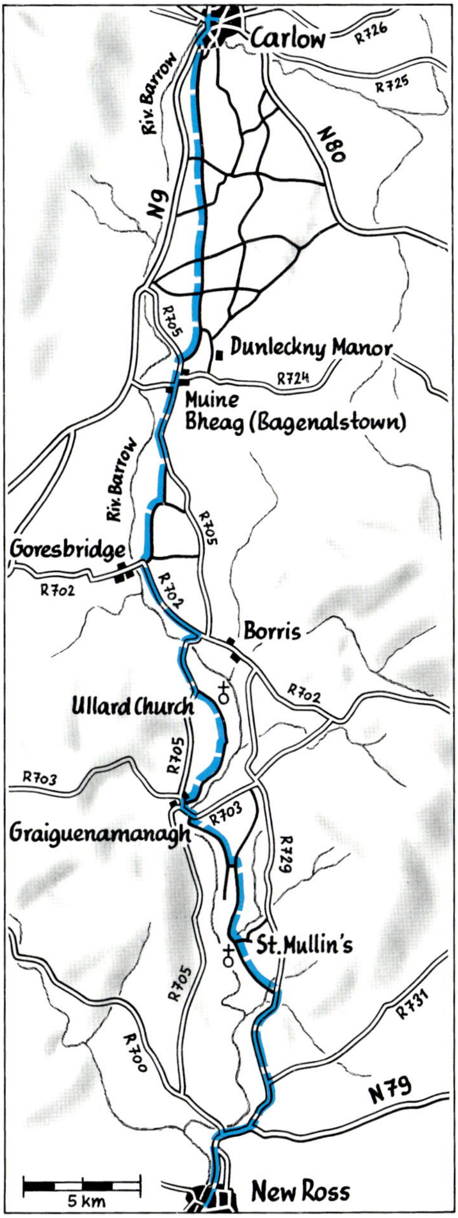

stieg führt uns wieder in radfreundliches Gelände, in dem bald die *R729* erreicht ist. *Rechts* (Wegweiser New Ross, in Gegenrichtung St. Mullins) leitet diese Straße in einigem Auf und Ab zur *N79*, die uns nach *rechts* (Wegweiser New Ross, in Gegenrichtung Borris) entlang des River Barrow nach New Ross bringt.

Nützliche Informationen

Entfernung: Carlow – Muine Bheag: 17 km; Carlow – Graiguenamanagh: 40,5 km; Carlow – New Ross: 64,5 km.
Unterkunft: Eine Pension in *Muine Bheag* (Tel. 0503/21253); eine Pension in *Graiguenamanagh* (Tel. 0503/24207 oder 24457); vier Hotels in *New Ross* (Tel. 051/21703; 051/28386 oder 28436; 051/21457; 051/21719 oder 22053).
Jugendherbergen: Eine An-Oige-Jugendherberge in *Graiguenamanagh*, Tel. 0503/24177 (nur Juli und August); eine Independent-Jugendherberge in *New Ross*, Tel. 051/21383.
Fahrräder: *New Ross*, E. Prendergast, 22 The Quay, Tel. 051/21600 (auch Fahrradverleih).
Auskunft: *New Ross*, The Quay, Tel. 051/21857 (Juli und August).
Karte: OS-Karte 1:250000, Blatt 3 (East).

11 Von New Ross nach Tramore

Über den Mündungstrichter des River Barrow in die Grafschaft Waterford

Tourencharakter: Zumeist angenehmes Fahrradgelände, unterbrochen von einigen etwas steileren Anstiegen und einer erholsamen Überfahrt mit der Fähre.
Länge der Tour: 43 km.

An einem Seitenarm des Waterford Harbour liegt die **Dunbrody Abbey**, ein Zisterzienserkloster, das 1210 von dem normannischen Heerführer Herzog Montemorisco gegründet wurde, der dann auch der erste Abt wurde. Noch heute strahlt der dunkle, riesige Gebäudekomplex etwas von der Macht aus, die die einstigen Äbte dank königlicher Privilegien besaßen. Wie unumschränkte Herrscher geboten sie über die riesigen Ländereien der Abtei. In der verworrenen Geschichte wechselte das begehrte Kloster des öfteren den Besitzer. Der letzte Abt wurde zugleich der bekannteste. Heinrich VIII. hatte sich des Besit-

Die Kirche von Tramore hebt sich markant vom Abendhimmel ab.

zes bemächtigt und übertrug ihn an Alexander Devereux, den ersten reformierten Bischof Irlands. Was bis heute erhalten blieb, ist der Kernbereich der Anlage mit der kreuzförmigen Kirche, die noch aus der Gründungszeit des Klosters stammt. Im 16. Jahrhundert wurden dann Gebäude wie der Kapitelsaal und die Bibliothek sowie der riesige, viereckige Turm angefügt.

Den langen, schmalen Mündungstrichter, in den die beiden Flüsse Barrow und Suir fließen, teilen sich die Grafschaften Wexford im Osten und Waterford im Westen. Die Fährverbindung über den Meeresarm startet auf der Ostseite in der Nähe von **Ballyhack**, dessen kleiner Hafen von einer mächtigen Turmburg aus dem 16. Jahrhundert überragt wird. Der hübsche, verschlafene Zwillingsort am Westufer, **Passage East**, erlebte vor 800 Jahren aufregende Zeiten. Hier ging der erste normannische Heerführer Strongbow, der sich bald zum König der irischen Südostprovinz Leinster aufschwang, an Land. Ein Jahr später folgte ihm an selber Stelle der englische König Heinrich II., der schon lange begehrliche Blicke auf den irischen Nachbarn geworfen hatte, mit einer Armee von 4000 Mann.

Tramore ist einer der meistbesuchten Badeorte an der irischen Küste. Ganz untypisch für Irland ist der fünf Kilometer lange Strand an schönen Tagen mit Tausenden von Urlaubern belegt, und am Abend herrscht im Ort mediterrane Betriebsamkeit.

Streckenbeschreibung

Zu Beginn leitet uns die *N25* entlang des Mündungstrichters des River Barrow von *New Ross* nach Süden (Wegweiser Wexford und Rosslare). Wo die Nationalstraße nach Osten umbiegt, zweigen wir *rechts* auf die *R733* ab (Wegweiser Arthurstown, Campile und John F. Kennedy Memorialpark).

Auf der breit ausgebauten Straße gilt es nun einen langen Anstieg zu überwinden, ehe die *R733* als Nebenstraße nach *rechts* abbiegt (Wegweiser Arthurstown und Campile). Vorbei am Eingang zum John F. Kennedy Memorialpark, in dem 4000 verschiedene Busch- und Baumarten zu bewundern sind, führt die *R733* bis kurz vor Campile zumeist bergab. Dann zweigt sie an einer *Kreuzung* in der Nähe einer Kirche als Nebenstraße *rechts* ab (Wegweiser Arthurstown und Dunbrody Abbey). Durch schönes Weidegelände windet sich die jetzt schmaler werdende Straße in vielen Kurven zur düsteren, mächtigen Ruine der *Dunbrody Abbey*.

Weiter auf der R733 können wir bald den Blick über den breiten Trichter des Waterford Harbour genießen, und schnell ist dann *Arthurstown* erreicht. In Arthurstown schwenken wir nach *rechts* (in Gegenrichtung Wegweiser New Ross) und befahren, vorbei an der Jugendherberge, die mit »Car Ferry« ausgeschilderte Zufahrtsstraße entlang des Waterford Harbour zum nahen *Fähranleger*.

Nach der Überfahrt wenden wir uns im verschlafenen *Passage East* nach *links* (Wegweiser zum Flughafen, nach Woodstown und Dunmore) und radeln entlang der hügeligen Küste nach Süden. Bald sind die wenigen Häuser von *Woodstown* erreicht, nach denen ein steiler Anstieg rechtshaltend auf einen Hügel führt. Anschließend bergab, geradewegs über eine erste Kreuzung, treffen wir auf die gut ausgebaute *R684* (in Gegenrichtung Wegweiser Woodstown). Auf der anderen Seite setzt die *R685* an, die uns bis nach Tramore bringen wird. Nach ungefähr drei Kilometern, in *Clohernagh*, folgen wir an einer unübersichtlichen Kreuzung der Beschilderung nach Tramore (in Gegenrichtung weist ein Schild den Weg zur Autofähre). Durch hügeliges Terrain und über einen abschließenden Anstieg erreichen wir kurz vor Tramore die *R675*.

Linkshaltend (in Gegenrichtung sind Dunmore East und der Flughafen von Waterford ausgeschildert) trennt uns noch ein Kilometer vom Ortszentrum von *Tramore*.

Nützliche Informationen

Entfernung: New Ross – Arthurstown: 20 km; New Ross – Tramore: 43 km.
Unterkunft: In *Tramore* fünf Hotels und eine Pension (Tel. 051/81414; 051/81244; 051/81723; 051/81246; 051/81761; 051/81605).
Jugendherberge: An-Oige-Jugendherberge in *Arthurstown*, Tel. 051/89186 (Mai bis September; keine Duschen).
Camping: Zwei Campingplätze an der R675 östlich von *Tramore* (Tel. 051/81968 oder 81466; 051/81610); ein Campingplatz westlich von *Tramore*, am Beginn der Etappe 12 (Tel. 051/81979 oder 86189).
Fahrräder: *Tramore*, Pickardstown Service Station, Tel. 051/81094.
Fährverbindungen: Regelmäßige Fährverbindung mit kurzen Intervallen zwischen Ballyhack und Passage East von morgens bis abends.
Auskunft: *Tramore*, Railway Square, Tel. 051/81572 (Juli und August).
Karte: OS-Karte 1:250000, Blatt 3 (East).

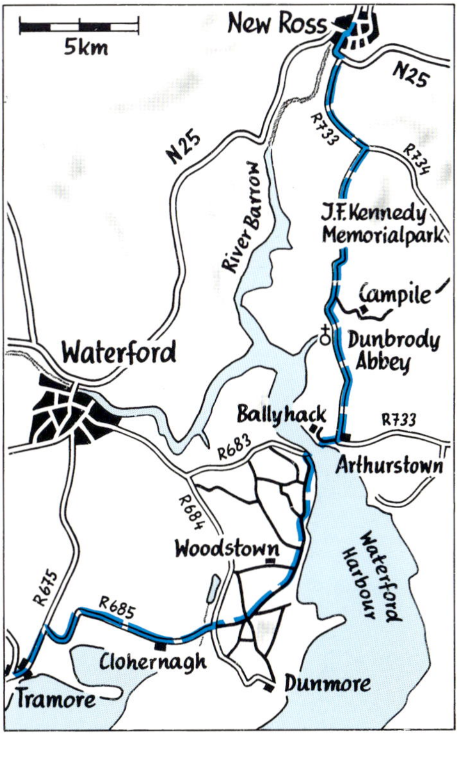

12 Von Tramore nach Dungarvan

Klippen und Strände im Südosten Irlands

Tourencharakter: Auf wenig befahrenen Nebenstraßen in häufigem Auf und Ab entlang der felsigen Küste.
Länge der Tour: 42 km.

Über kleine Orte wie **Fennor**, **Annestown** mit seinem schönen Strand und **Bunmahon** leitet die Etappe an der Küste entlang nach Westen. Wer genug Zeit und Spürsinn mitbringt, der kann im Küstenbereich der Grafschaft Waterford, der schon seit 6000 Jahren besiedelt ist, schöne Entdeckungen machen. Die verschiedenartigen Steinzeitgräber und die Promontory Forts an den Steilklippen sind allerdings zumeist nicht einfach zu finden, und auch die Einheimischen sind bei der Suche selten eine Hilfe.

Dungarvan ist die bedeutendste Stadt an der Küste der Grafschaft Waterford. Die Geschichte des Ortes begann wohl mit einer keltischen Siedlung, doch erst rund um eine normannische Burg entwickelte sich eine Stadt. Vom Normannenkastell ist leider wenig erhalten geblieben. Der heutige Ort wirkt modern. Was ihn vor allem attraktiv macht, ist seine Lage an einer weitgeschwungenen Bucht, hinter der die wilden Comeragh Mountains aufragen. Im Süden wird die Dungarvan Bay von einer Halbinsel begrenzt, auf der das Dorf An Rinn liegt. Hier, rund um An Rinn, blieb die einzige gälische Sprachinsel in weitem Umkreis erhalten.

Streckenbeschreibung

Auf der *R675* radeln wir teilweise steil bergauf durch den Ort nach Westen. Wellig ist das Gelände westlich von Tramore, und ständiges Bergauf und Bergab verlangt einige Kondition. Als Entschädigung ragt aber als Blickfang der steile Klotz der wilden Comeragh Mountains vor uns auf. Eine längere Abfahrt bringt uns einige Kilometer nach Tramore wieder hinunter zum Meer, zum Traumstrand von Annestown. Ein weiterer Anstieg leitet daraufhin zu den wenigen Häusern von *Annestown* hinauf, von denen wir einen hervorragenden Rundblick über die Küste haben. Hier beginnt der schönste Abschnitt unserer heutigen Etappe. Die nächsten Kilometer, bis Bunmahon, verläuft die Straße immer knapp oberhalb der Klifflinie und erlaubt uns berauschende Ausblicke auf das Meer.

In *Bunmahon* verlassen wir die R675, wo diese nach einer scharfen Rechtskurve in das Landesinnere läuft. Hier zweigt nach *links* eine schmale Straße ab, die bergauf nach Westen führt (Wegweiser Stradbally). Nach einigen Kilometern erreichen wir *Stradbally* und folgen, vorbei an der alten Abbey, der Beschilderung nach Dungarvan (in Gegenrichtung ist Bunmahon ausgeschildert). Nun bleiben wir immer auf der Hauptstraße, die teilweise durch Wald und in stetigem Auf und Ab in Richtung Dungarvan läuft. Vier Kilometer hinter Stradbally treffen wir wieder auf die *R675*, auf der wir *links* (in Gegenrichtung Wegweiser Stradbally) zum Meer hinunterfahren. Durch flaches Schwemmland radeln wir anschließend nach *Abbeyside*, einem

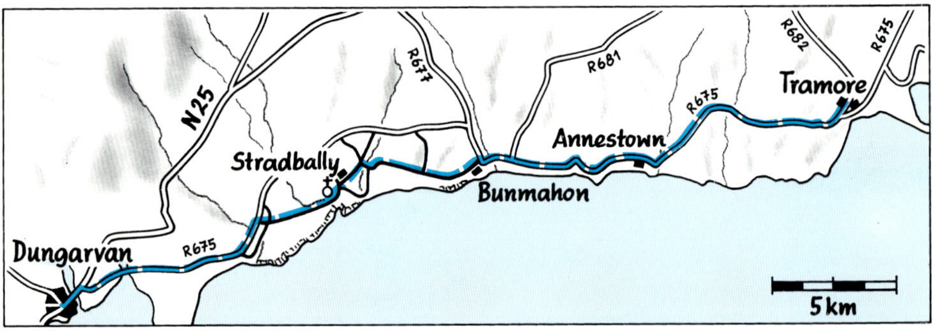

Vorort von Dungarvan. Hier stoßen wir auf die *N25* (in Gegenrichtung Wegweiser Stradbally und Tramore), die uns *links* nach einem Kilometer in das Stadtzentrum von *Dungarvan* bringt.

Nützliche Informationen

Entfernung: Tramore – Bunmahon: 20 km; Tramore – Dungarvan: 42 km.
Unterkunft: Ein Hotel an der *Clonea Bay* östlich Dungarvan (Tel. 058/42416 oder 41277); zwei Hotels und eine Pension in *Dungarvan* (Tel. 058/41056 oder 41122; 058/42969; 058/42280).
Camping: Ein Campingplatz bei *Bunmahon*, Tel. 051/92239 oder 92144 (Juni, Juli und August); ein Campingplatz an der *Clonea Bay* östlich Dungarvan (Tel. 058/41919).
Fahrräder: *Dungarvan*, Murphys Toys & Cycles, Main Street, Tel. 058/41376 (auch Fahrradverleih).
Auskunft: *Dungarvan*, The Square, Tel. 058/41741 (Juli und August).
Karte: OS-Karten 1:250000, Blatt 3 (East) und Blatt 4 (South).

Westlich von Annestown stoßen dunkle Klippen ins Meer.

Von der Südküste durch das Golden Vale zum Shannon

13 Von Dungarvan nach Cahir

Über die Berge in das Golden Vale

Tourencharakter: Auf dem ersten Teilstück ein nur zu Beginn anstrengender Aufstieg zu einem Paß, dann ohne Mühe auf ruhigen Nebenstraßen nach Cahir.
Länge der Tour: 50 km.

Der erste Teil des Weges führt uns durch den Berggürtel, der die irische Südküste überragt. Aufgebaut sind diese Berge zum großen Teil aus Sandsteinen, die vor ca. 350 bis 400 Millionen Jahren abgelagert wurden. Später wurden sie durch Kräfte aus dem Erdinneren gehoben, und es entstanden die heutigen Gebirge. Ein Blick auf die Karte zeigt, daß sie dabei wie Wellenkämme gefaltet wurden. Die langgezogenen Gebirgsrücken und die dazwischengeschalteten Mulden, in denen sich die Flüsse eingerichtet haben, verlaufen alle in Ost-West-Richtung. Will man also geradewegs nach Norden, muß man die Berge überwinden. Dabei hilft uns allerdings eine Schwächezone zwischen den Knockmealdown und Monavullagh Mountains, in der die Gebirgshebung weniger ausgeprägt war.

Zusätzlich dürften die Eiszeitgletscher, die sich in den Bergen ringsum eingenistet hatten, diese Schwelle weiter abgehobelt haben. Vor allem der Blick nach Osten in die Täler und Kare der Monavullagh und Comeragh Mountains zeigt uns während des ersten Abschnittes der Etappe, mit welcher Kraft die Gletscher der Eiszeit diese Berge verändert haben.

Der zweite Teil der Tour führt uns dann im fruchtbaren, weiten Becken, durch das der River Suir fließt, nach Norden. Verschlafene kleine Dörfer wie Newcastle und Ardfinnan liegen am ruhigen Fluß, bis wir **Cahir** erreichen. Am Fuße der Galty Mountains gelegen, ist diese Stadt seit alters her ein bedeutender Verkehrsknotenpunkt, in dem noch heute die Nationalstraßen zusammenlaufen. Auf der Ostseite des Flusses beginnen die Wege nach Waterford und, über Cashel und durch Zentralirland, nach Dublin. Von Westen laufen

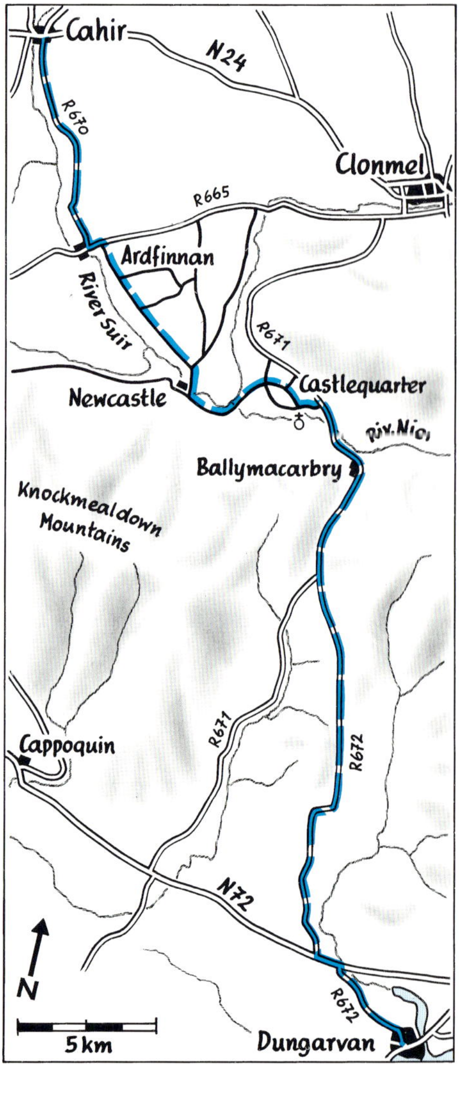

Kahle Berge umschließen im Süden die fruchtbare Ebene des »Golden Vale«.

die Straßen herein, die in den Metropolen im Südwesten der Insel, in Limerick und Cork, beginnen. All diese Wege treffen sich in einem leicht zu bewachenden Nadelöhr, der Brücke über den River Suir. Natürlich war dies ein Ort, den man gern unter seine Kontrolle brachte. Und so steht auf der Flußinsel, an der die Brücke vorbeiführt, eine der stärksten Festungen des Landes. Schon in keltischer Zeit wurde auf der felsigen Insel eine kleinere Wehranlage errichtet, doch erst die normannischen Eroberer erbauten die mächtige Burg, die noch heute zu sehen ist. Der Kern der Anlage stammt aus dem 13. Jahrhundert, erfuhr aber in den folgenden Jahrhunderten ständige Erweiterungen. 1599 wurde die Burg von elisabethanischen Truppen schwer beschossen und nach zehntägiger Belagerung erobert. Mitte des 17. Jahrhunderts wurde das Kastell von den Truppen Cromwells geschleift und die Reste der Anlage dem schleichenden Verfall preisgegeben, bis Mitte des 19. Jahrhunderts der Earl of Glengall seinen Besitz renovieren ließ. Heute erstrahlt die Burg mit ihren dicken, turmgekrönten Außenmauern und dem zinnenbewehrten Turm im Zentrum in altem Glanz. Ein Teil der Räume wurde wieder mit alten Möbeln ausgestattet und ist im Rahmen von Führungen zu besichtigen.

Streckenbeschreibung

Vom Ortszentrum von *Dungarvan* führt die *R672* in nordwestlicher Richtung nach vier Kilometern zur *N72* (Wegweiser Mallow, Clonmel und Cappoquin). Auf der Nationalstraße wenden wir uns nach *links* und biegen nach zirka 500 Metern *rechts* auf die Fortsetzung der *R672* ein. Anfänglich steigt die Straße noch gemächlich an, bis wir den Fuß eines Hügels erreichen. Hier bringt uns ein anstrengender, steiler Anstieg auf den Ausläufer der Monavullagh Mountains. Wie eine Panoramastraße leitet anschließend die R672 auf einem Höhenrücken in nunmehr sanftem Auf und Ab nach Norden. Bald rücken die Berge zu beiden Seiten immer näher zusammen und lassen nur noch einen engen Durchschlupf frei, durch den wir ohne weitere Mühen auf die Nordseite des Gebirgszuges hinüberwechseln können. Vorher zweigt links die untergeordnete *R671* ab, die aber im weiteren Verlauf unserer Straße die Nummer gibt (wer von Cahir kommt und in Richtung Cork weiterfahren will, kann ab der Kreuzung die R671 und anschließend die N72 als Kurzverbindung nach Cappoquin wählen).

Eine beschwingte Abfahrt bringt uns nach dem Paß zum kleinen Ort *Ballymacarbry* hinunter. Wir bleiben weiterhin auf der *R671*, die zwei Kilometer später auf das rechte Ufer des River Nier wechselt.

Einen Kilometer nach der Brücke zweigt *links* eine schmale Straße ab (Wegweiser Newcastle, in Gegenrichtung Dungarvan), die uns in die weite Ebene zwischen den Knockmealdown Mountains und den Galty Mountains, dem höchsten Gebirgszug im weiten Umkreis, hinabbringt. An der ersten Kreuzung halten wir uns *links* und erreichen nach kurzer Zeit die wenigen Häuser von *Castlequarter*. Hinter der Kirche wählen wir die *rechte* der beiden Straßen (in Gegenrich-

Von einer Insel im River Suir aus bewacht das wuchtige Cahir Castle einen wichtigen Verkehrsübergang.

tung links an der Kirche vorbei), die bis Newcastle als vorfahrtberechtigte Straße läuft. An der Kreuzung vor der Kirche im anheimelnden Ort *Newcastle rechts* (Wegweiser Ardfinnan und Clonmel, in Gegenrichtung Clonmel und Dungarvan) und anschließend auf der alten Steinbrücke über den *River Suir* sind wir endlich inmitten der weiten Ebene. Im zauberhaften Farmland erreichen wir bald nach der Brücke eine Kreuzung, an der wir nach *links* auf eine kleine Nebenstraße überwechseln (Wegweiser Ardfinnan, in Gegenrichtung Newcastle).

Geradeaus radeln wir auf der schmalen Straße, bis wir kurz vor Ardfinnan auf die *R665* stoßen, auf der wir nach *links* auf den nahen Ort zufahren (Wegweiser Ardfinnan und Clogheen, in Gegenrichtung Newcastle). Noch bevor wir in das Dorf gelangen, zweigt *rechts* hinauf in scharfem Winkel die *R670* ab (Wegweiser Cahir, in Gegenrichtung Clonmel und Newcastle). Die letzten zehn Kilometer bleiben wir immer auf dieser Straße, die durch wellige Landschaft nach Norden führt. In *Cahir* stoßen wir direkt auf den großen Hauptplatz inmitten des Ortes, an dessen südöstlicher Ecke die R670 endet (in Gegenrichtung startet man an der rechten, oberen Ecke des Hauptplatzes, ausgeschildert nach Ardfinnan).

Nützliche Informationen

Entfernung: Dungarvan – Ballymacarbry: 24 km; Dungarvan – Cahir: 50 km.
Unterkunft: Eine Pension in *Ballymacarbry* (Tel. 052/36141); zwei Hotels in *Cahir* (Tel. 052/41210 oder 41227; 052/41207 oder 052/41255).
Jugendherbergen: Eine Independent-Jugendherberge südlich *Cahir,* am Routenverlauf zwischen Ardfinnan und Cahir (Tel. 052/41963), Büro in Cahir, Condon's Shop, Church Street; einige weitere Jugendherbergen im Umkreis von Cahir.
Camping: An der Jugendherberge südlich *Cahir;* Campingplatz 6 Kilometer östlich Cahir an der *N24* (Tel. 052/41459).
Auskunft: *Cahir,* Castle, Tel. 052/41453 (Mai bis September).
Karte: OS-Karte 1:250000, Blatt 4 (South).

14 Von Cahir nach Thurles

Der Burgberg von Cashel und die Holycross Abbey

Tourencharakter: Erholsame Etappe durch das weite Becken des Golden Vale. Mit dem Burgberg von Cashel und der Holycross Abbey zwei historische Sehenswürdigkeiten ersten Ranges am Weg.
Länge der Tour: 42 km.

Die kleine Stadt **Cashel** mit ihrem 60 Meter hohen Kalksteinfelsen ist einer der Höhepunkte auf einer Reise durch Irland. Wie eine Gralsburg schweben die Gebäuderuinen auf der Spitze des Burgfelsens über der Ebene. Jedes der Bauwerke gehört mit zum schönsten der Stilepoche, in der es entstand. Das älteste Gebäude ist der 28 Meter hohe Rundturm aus dem 9. oder 10. Jahrhundert. 1134 wurde Cormac's Chapel, eine Mischung irischer und kontinentaler Romanik, eingeweiht. Das architektonische Gesamtkonzept der Kirche zeigt zentraleuropäische Einflüsse, die wahrscheinlich Mönche aus dem von Iren in Regensburg gegründeten Schottenkloster mitbrachten. In der ornamentalen Verzierung bewiesen dagegen irische Handwerker ihre unübertroffene Kunstfertigkeit.

Überragt wird Cormac's Chapel von der mächtigen Kathedrale aus dem 13. Jahrhundert, die zu den schönsten gotischen Bauwerken in Irland zählt. In die Wände des zentralen Chors wurden nachträglich die filigranen Fenster und die Rosette eingefügt. Seitenschiffe und Vierungsturm wurden im 14. Jahrhundert angefügt und im 15. Jahrhundert der Bischofspalast angebaut. Ebenfalls aus dem 15. Jahrhundert stammt die »Hall of the Vicar's Choral« in der Nähe des heutigen Eingangs zur Anlage, in der das einzigartige St. Patrick's Cross, ein Hochkreuz aus dem 12. Jahrhundert, aufbewahrt wird.

Der Sage nach besteht der Rock of Cashel aus einem Felsbrocken, den der Teufel aus einem Berg nördlich der Ebene gebissen hatte, der noch heute den Namen Devilsbit Mountain trägt. Als der Teufel dann mit dem Fels im Mund nach Süden flog, entdeckte er

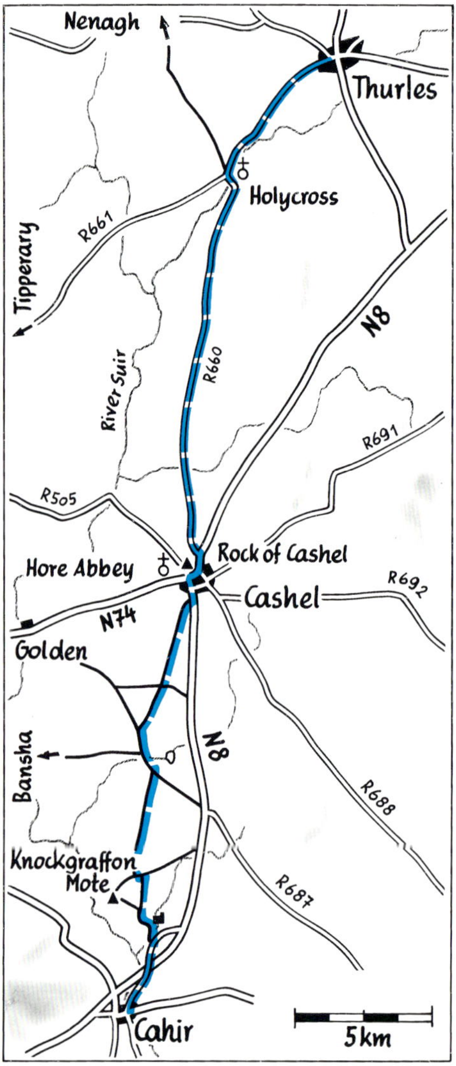

auf der Ebene den streitbaren Nationalheiligen der Iren, St. Patrick, und ließ vor Schreck den Stein fallen. In Wirklichkeit befand sich wohl auf dem Rock of Cashel schon seit langem ein keltischer Wohnsitz, als er 370 n. Chr. Sitz der Könige von Munster, einer der vier irischen Provinzen, wurde. St. Patrick gelang es hier im 5. Jahrhundert, den König Aengus zum christlichen Glauben zu bekehren, wobei er anhand eines Kleeblattes, noch heute ein Nationalsymbol Irlands, die Dreifaltigkeit erklärt haben soll.

Bald wurde ein Bischofssitz eingerichtet, und bis ins 11. Jahrhundert teilten sich Könige und Bischöfe den Berg. Ende des 11. Jahrhunderts wurde der Rock of Cashel endgültig der Kirche übergeben, und unter den Bischöfen entstanden die meisten der Bauwerke, die noch heute zu sehen sind. In den politischen und religiösen Wirren der folgenden Jahrhunderte überstand die Bergfestung einige Überfälle und Brandschatzungen, bis sie im 18. Jahrhundert verlassen und dem Verfall preisgegeben wurde.

Wer dem Rummel auf dem Rock of Cashel entgehen will, der sollte den kurzen Abstecher zur **Hore Abbey** machen, deren Überreste unübersehbar am Westfuß des Burgberges inmitten einer grünen Wiese liegen. Sie entstand als Zisterzienserkloster Ende des 13. Jahrhunderts an Stelle einer Benediktinerabtei und war das letzte Tochterkloster der einflußreichen Mellifont Abbey im Boyne Valley nördlich von Dublin. Die dunkle Ruine hat zwar keine besonderen Kunstschätze zu bieten, dafür hat man von hier aber den vielleicht schönsten Blick hinauf zum alles überragenden Rock of Cashel.

Einige Kilometer südlich von Thurles liegt an einer Brücke über den River Suir die **Holycross Abbey**. Den Namen erhielt das Kloster von einem Splitter des heiligen Kreuzes, das der Papst dem König von Munster um 1100 zum Geschenk machte. 1180 erbaute man um diese Reliquie herum, die sich heute in Cork befindet, das Kloster, das bald zu einem bedeutenden Wallfahrtsort wurde. Die meisten Bauwerke, die heute zu sehen sind, wurden allerdings erst im 15. Jahrhundert von den Zisterziensern errichtet. Obwohl sich die Abtei bis weit in das 17. Jahrhundert hinein der Säkularisation durch die Briten entziehen konnte, verfiel es in den folgenden Jahrhunderten weitgehend. Daß Kirche und Kreuzgang heute fast wieder in altem Glanz erstrahlen, verdanken wir den hervorragenden Restaurierungsarbeiten, die sich von 1971 bis 1985 hinzogen. So kann man sich heute erneut anhand der wundervollen gotischen Kirche mit ihren verzierten Bögen und den seltenen Malereien ein Bild vom Leben der Mönche machen.

Thurles, eine normannische Gründung, ist eine Stadt ohne große Attraktionen. Ein normannisches Turmhaus bewacht eine Brücke, und am belebten Hauptplatz der Stadt ver-

Wie ein Scherenschnitt zeichnet sich die Silhouette der Burg von Cashel gegen den Abendhimmel ab.

stecken sich hinter Geschäftshäusern die spärlichen Überreste einer weiteren normannischen Wehranlage.

Streckenbeschreibung

Vom weiten Hauptplatz in *Cahir* fahren wir auf der früheren *N8* (Wegweiser Cashel und Dublin), die nunmehr als Zubringerstraße zur autobahnähnlich ausgebauten Ortsumgehung der neuen N8 dient, in nördlicher Richtung aus der Stadt. Kurz bevor die Straße nach rechts in die breite Nationalstraße einschwenkt, bewahrt uns ein schmales, unbeschildertes Sträßlein, das *links* abzweigt, vor der verkehrsreichen Straße.

Vorbei an der Ruine einer alten Turmburg können wir nun völlig ungestört nach Norden hinauf radeln. Schon nach kurzer Zeit zweigt *links* ein zum *»Knockgraffon Mote«* ausgeschildertes Sträßlein ab, dem wir folgen. Bald ragt vor uns der 18 Meter hohe Hügel auf, der die sanftwellige Landschaft ringsum beherrscht. Ein kurzer Anstieg, vorbei an einem efeuüberwucherten Turmstumpf, bringt uns auf die aussichtsreiche Kuppe, auf der in keltischen Zeiten die Könige von Munster gekrönt worden sein sollen. Vom Mote radeln wir zur letzten Kreuzung *zurück* und setzen unseren Weg *links* fort. Bald stoßen wir auf eine vorfahrtberechtigte Straße. Hier *200 Meter nach links* (in beide Richtungen keine Beschilderung), bis bei einem alten Schulhaus und einem Brunnen mit gußeisernem Pumpenschwengel *rechts* ein weiteres Sträßlein abzweigt (an der zweiten Kreuzung Wegweiser rechts nach Golden, in Gegenrichtung nach Cahir). Die nächsten vier Kilometer folgen wir dem ruhigen Sträßlein, bis es auf eine vorfahrtberechtigte Straße trifft.

Hier halten wir uns *links* (Wegweiser Bansha, in Gegenrichtung Knockgraffon Mote) und fahren am nächsten Abzweig vorbei, der links nach Bansha führt, *geradeaus* in Richtung Golden. Einen knappen Kilometer weiter führt zum ersten Mal *rechter Hand* ein Sträßlein von unserer zweispurigen Straße weg. Auf dieser Seitenstraße können wir nun bis zum Ortsrand von Cashel radeln (geradeaus auf der Hauptstraße Richtung Golden folgt nach einer Meile ein Hostel). Geradeaus über eine querende Straße wird der Weg nun bald breiter und läuft in einer Rechtskurve zwischen den ersten Häusern von *Cashel* zur *N8.* Auf der breiten Nationalstraße radeln wir links in das nahe Stadtzentrum (in Gegen-

richtung zweigt die unbeschilderte Nebenstraße am südlichen Ortsende gegenüber einer Esso-Tankstelle und eines Fordhändlers rechts ab). Geradeaus über die große Kreuzung im Ort führt die R505 zur nahen Hore Abbey, die links in einer Wiese steht.

Wir bleiben jedoch auf der *N8,* fahren also an der Kreuzung *rechts* durch die kleine Stadt. Nach einer Besichtigung des Rock of Cashel radeln wir auf der N8 nach Norden und wechseln noch vor der Stadtgrenze auf die *R660,* die links zum Fuße des Burgfelsens hinabführt (Wegweiser R660, Rock of Cashel und Holycross). Die gut ausgebaute Straße leitet uns durch offenes, nahezu baumloses Weideland nach Norden. 14 Kilometer hinter Cashel überquert im kleinen Ort *Holycross* die Straße den *River Suir.* Am westlichen Ufer des Flusses erwartet uns dann die berühmte *Holycross Abbey,* deren graue Mauern das dunkle Wasser überragen. Kurz nach der Abbey zweigen links zwei Straßen ab. Die erste führt in das nahe Tipperary, und die zweite ist nach Nenagh ausgeschildert (Abkürzungsmöglichkeit, wenn man gleich nach Nenagh durchfahren will). Wir halten uns aber *rechts* und radeln auf der *R660* die letzten Kilometer nach *Thurles,* unserem heutigen Ziel (in Gegenrichtung ist die R660 in Thurles zur Holycross Abbey und nach Tipperary ausgeschildert).

Nützliche Informationen

Entfernung: Cahir – Cashel: 18 km; Cahir – Thurles: 42 km.
Unterkunft: Ein teures Hotel und eine Pension in *Cashel* (Tel. 062/61411; 062/62038); drei Hotels in *Thurles* (Tel. 0504/22122; 0504/21799; 0504/22305).
Jugendherberge: Ein Independent-Hostel *südlich Cashel* nahe der Route in Richtung Golden (Tel. 062/72223).
Auskunft: *Cashel,* Town Hall, Tel. 062/61333 (ganzjährig).
Karte: OS-Karte 1:250000, Blatt 4 (South) oder Blatt 3 (East).

Einst befand sich auf dem von Menschenhand aufgeschütteten Knockgraffon Mote eine normannische Turmburg.

15 Von Thurles nach Scarriff

Über die Hügel zum großen Shannonsee Lough Derg

Tourencharakter: Vor allem im Hügelland rund um das Südende des Lough Derg einiges Auf und Ab.
Länge der Tour: 81 km.

Nenagh liegt an der Hauptverbindung von Limerick nach Osten, der N7. Auf Radfahrer wirkt das Verkehrsgewühl in den Straßen wenig einladend, und man ist froh, die Stadt hinter sich zu haben. Nur ein Gebäude lohnt einen kurzen Zwischenstop. Ein mächtiger, runder Turm, der 30 Meter hoch aufragt und dessen Wände bis zu sechs Meter dick sind. Ehemals formten drei dieser Türme ein normannisches Kastell, das zu den wehrhaftesten im ganzen Land zählte.

Am Südende des Lough Derg leitet eine alte Steinbrücke vom Ort Ballina in der Grafschaft Tipperary nach **Killaloe** in der Grafschaft Clare. Schon seit alters war hier ein wichtiger Shannon-Übergang, und am Westufer gründete im 6. Jahrhundert St. Molua ein bedeutendes Kloster. Ganz in der Nähe der Brücke steht die St. Flannan's Cathedral, benannt nach einem Abt aus dem 7. Jahrhundert. Die Kathedrale ist ein einfacher romanischer Kirchenbau aus dem 12. Jahrhundert. Interessant ist vor allem ein wundervoll gearbeitetes Portal im Innern des Gebäudes, dessen irisch-romanischen Ornamente einst einen älteren, reicheren Kirchenbau zierten, der an derselben Stelle stand. Eine kleinere romanische Kirche, St. Flannans Oratory, mit gut erhaltenem Steindach, steht im Kirchhof.

Vor allem aber ist der Thorgrim's Stone, ein großer Granitstein mit zweisprachigen Inschriften, interessant. Er ist der einzige bekannte Stein, auf dem sich sowohl Zeichen der irischen Ogham-Schrift als auch die Runen der Wikinger finden. Thorgrim, der den Stein fertigte, bittet darauf um ein Gebet für seine Person. Neben dem Stein steht ein altes Hochkreuz, das 1821 von Kilfenora hierhergebracht wurde. Heute ist Killaloe einer der wichtigsten Ausgangspunkte für die Freizeitkapitäne auf den Kabinenkreuzern, die den Lough Derg und den Shannon erkunden wollen.

Streckenbeschreibung

Am nordwestlichen Ende des großen Hauptplatzes im Zentrum von *Thurles* setzt die *R498* an, die nach Nenagh ausgeschildert ist. Geradeaus nach Westen führt uns die Straße aus dem Ort. Nach drei Kilometern gabelt sie sich. Der linke Ast führt über die Silvermine Mountains nach Limerick. Wir halten uns jedoch *rechts* und radeln auf einer langen Geraden auf die Berge zu, die uns vom Tal des Shannon trennen. Wie in einem englischen Park lockern Baumgruppen das Weideland auf, das sich bis zum Fuß der Berge hinzieht. In *Borrisoleigh* erreichen wir den Rand der weiten Ebene, die *R498* steigt sanft in die Hügel hinauf. Vom höchsten Punkt leitet uns die Straße durch das Tal des Nenagh River bis nach *Nenagh*, dessen hoher Kirchturm die Ebene überragt.

Im Stadtzentrum stoßen wir auf die *N7* (in Gegenrichtung ist die R498 nach Thurles ausgeschildert), auf der wir ein kurzes Stück nach *links* (in Richtung Limerick) fahren, um dann nach *rechts* auf die *R494* überzuwechseln (Wegweiser Drominoor und Youghal), die uns zum Ufer des Lough Derg leiten wird. Nach zirka drei Kilometern zweigt rechts die R495 nach Dromineer ab, wir fahren jedoch geradeaus auf der Hauptstraße, der *R494*, weiter (Wegweiser Portroe, Ballina und die alte Straßennummer L152). Ab dem kleinen Dorf *Newtown* wird die Landschaft wieder hügelig. Einige Anstiege verlangen hier von uns mehr Kraft als das flache Gelände zuvor. Steil bergauf radeln wir durch *Portroe*, ehe wir von der anschließenden langen Abfahrt aus zum ersten Mal auf die Wasserfläche des *Lough Derg* hinabblicken können. Hoch über dem See schneidet die Straße nun durch einen steilen Wiesenhang, und der traumhaft schöne Ausblick lohnt die vorangegangenen Mühen.

Sanft fällt anschließend der Weg nach *Ballina* hin ab. Im Ort überqueren wir *rechter Hand* (Wegweiser Killaloe, in Gegenrichtung Portroe und Lough Derg Drive) auf einer langen Brücke den Südzipfel des Lough Derg, an dessen Westufer die Häuser von Killaloe stehen (Wegweiser Killaloe und Scarriff, in Gegenrichtung Lough Derg Drive und Portroe). In *Killaloe* wenden wir uns auf der *R463* nach *rechts* (Wegweiser Scarriff und Lough Derg Drive, in Gegenrichtung Nenagh) und radeln immer nahe dem See über *Ogonnelloe* nach *Tuamgraney*. Am südlichen Ortsrand stoßen wir auf die *R352*, der wir nach *rechts* folgen (Wegweiser Portumna und Feakle, in Gegenrichtung Killaloe und Limerick). Vorbei an einer langen Häuserzeile ist das nahe *Scarriff* schnell erreicht.

Nützliche Informationen

Entfernung: Thurles – Nenagh: 37 km; Thurles – Killaloe: 63 km; Thurles – Scarriff: 81 km.
Unterkunft: Zwei Hotels in *Nenagh* (Tel. 067/33100; 067/31404); ein Hotel in *Killaloe* (Tel. 061/376122); ein Hotel in *Mount-*

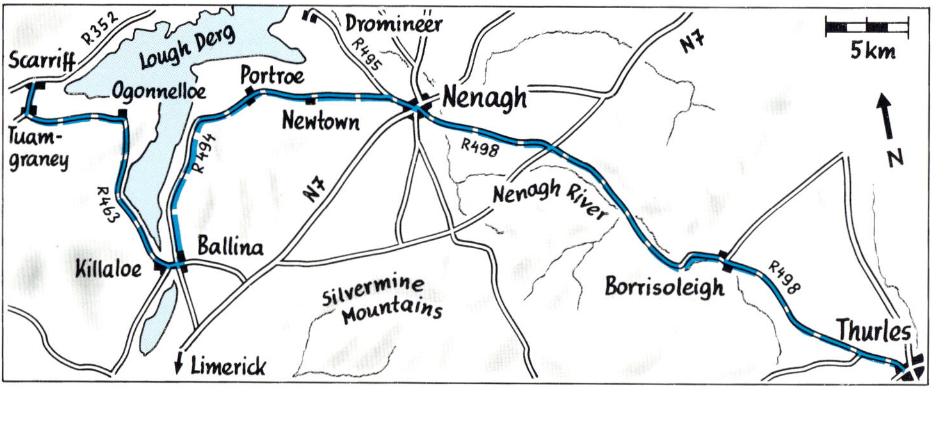

shannon, einige Kilometer nördlich Scarriff an der Etappe 16 (Tel. 0619/27162).
Jugendherberge: Ein Independent-Hostel in *Killaloe* (Tel. 061/76466); ein Independent-Hostel in *Mountshannon*, einige Kilometer nördlich Scarriff an der Etappe 16 (Tel.0619/27225).
Camping: Ein Campingplatz 5 Kilometer *nördlich Killaloe* an der beschriebenen Etappe (Tel. 061/76329); Campingmöglichkeit an der Jugendherberge in *Mountshannon*.
Fahrräder: *Nenagh*, Raymond Moynan, 61 Pearse Street, Tel. 067/31293 (auch Fahrradverleih).
Killaloe, Michael McCarthy, Hotel Road, Tel. 061/46983 (auch Fahrradverleih); *Scarriff*, Treacy's Filling Station (zugleich Fahrradverleih).
Auskunft: *Nenagh*, Kickham Street, Tel. 067/31610 (ganzjährig).
Karte: OS-Karte 1:250 000, Blatt 3 (East) oder Blatt 4 (South) und Blatt 2 (West).

Am Westufer des Lough Derg in der Nähe von Scarriff.

Durch das Shannonbecken nach Norden

16 Von Scarriff nach Birr

Am Lough Derg entlang in die Grafschaft Offaly

Tourencharakter: Zumeist angenehmes Radgelände mit nur kurzen, sanften Bergaufstrecken.
Länge der Tour: 64 km.

Am Westufer des Lough Derg liegt das nette, kleine Dorf **Mountshannon**. Von einem Großgrundbesitzer im 18. Jahrhundert gegründet, hat sich der Ort seinen ruhigen Charme bewahrt und ermöglicht mit dem kleinen Hafen vor allem Wassersportlern einen angenehmen Aufenthalt.

Hier kann man sich ein Boot leihen, um zum zwei Kilometer südlich gelegenen **Holy Island** zu paddeln. Iniscealtra hieß das bedeutende Kloster, das auf der kleinen Insel im 7. Jahrhundert vom heiligen Caimin gegründet wurde. Die Überreste mehrerer Kirchen, darunter eine, die vom berühmten König Brian Boru errichtet worden sein soll, sind zu besichtigen. Außerdem blieben die unteren Stockwerke eines Rundturms erhalten. Im 14. Jahrhundert wurde das Kloster aufgelassen, blieb aber bis in unsere Zeit Wallfahrtsort, und bis heute finden auf der »Heiligen Insel« Bestattungen statt. Mögen auch die erhaltenen Bauwerke nicht so eindrucksvoll sein wie anderswo, so macht doch die Ruhe und Abgeschiedenheit einen Besuch auf dieser alten Klosterinsel zu einem Erlebnis.

Nördlich von Mountshannon, nun schon in der Grafschaft Galway, werden die Hügel immer niedriger, und am Nordende des Lough Derg liegt **Portumna** inmitten der flachen Schwemmebene des River Shannon. Hier, an einer wichtigen Shannon-Brücke, konnte sich der Ort zu einer geschäftigen Marktstadt entwickeln. Heute bestimmt vor allem der Tourismus mit den vielen Shannonurlaubern das Leben der Stadt. Am Ufer des Lough Derg wurde 1254 im Park am Südrand der Stadt von Zisterziensermönchen die Portumna Priory errichtet. Das interessante gotische Erscheinungsbild, das man heute bewundern kann, stammt allerdings aus dem 15. Jahrhundert, als das Kloster von Dominikanern umgestaltet wurde. Nicht weit entfernt von der Priory, ebenfalls im wunderschön ruhigen Parkgelände, liegt das Portumna Castle. 1609 errichtet, fiel es 1826 einem Brand zum Opfer. Da es seit einigen Jahren renoviert wird, ist es zur Zeit leider nicht zu besichtigen. Doch auch ein Blick von außen auf diese seltsame Mischung von Burg und Landhaus mit ihren filigranen Giebeln, massigen Ecktürmen und dem Renaissanceeingang lohnt allemal.

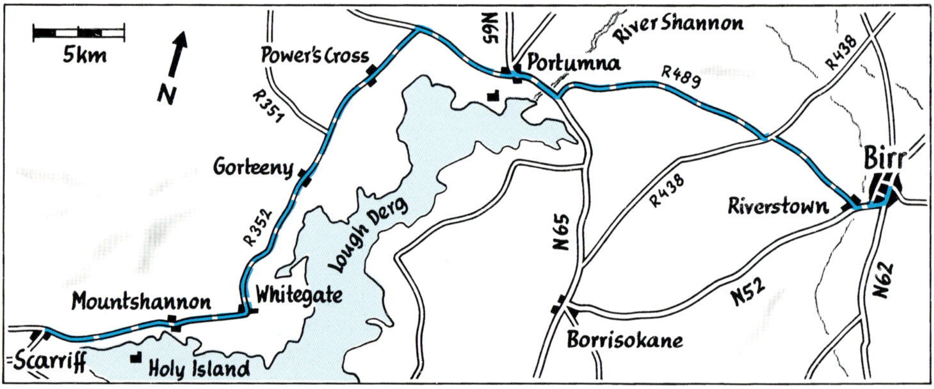

Bei Portumna überqueren wir den breiten River Shannon, den längsten Fluß in Irland.

Streckenbeschreibung

In *Scarriff* fahren wir auf die *R352,* den westlichen Abschnitt des sogenannten Lough Derg Drive, und wenden uns auf dieser Straße nach Nordosten (Wegweiser Mountshannon und Portumna). Immer ein Stück vom Seeufer entfernt radeln wir auf der angenehmen Straße unter alten Eichen nach Mountshannon. Einige Inselchen liegen rechts von uns in einer weiten Bucht des Lough Derg. Die meisten sind dicht bewaldet, doch auf einer, auf Holy Island, erkennen wir die Reste eines Rundturms, der die Stelle einer alten Klosteranlage markiert. Ab *Mountshannon,* einem hübschen, kleinen Dorf, das sich mit seinem Segelboothafen voll auf den Shannontourismus eingestellt hat, schwenkt die Streckenführung der *R352* vom Ufer des Lough Derg weg in das Landesinnere. Orientierungsprobleme bestehen hier für uns nicht. Wir folgen immer der Hauptstraße, die über *Whitegate* nach Norden läuft.

Zwischen dem kleinen Dorf *Gorteeny* und den wenigen Häusern von *Power's Cross* geht von unserer Straße links die R351 ab, die über Loughrea die Verbindung nach Galway herstellt. Wir bleiben jedoch auf der *R352,* auf der wir weiterhin in angenehm ebener Landschaft nach Norden radeln. Am Nordende des Lough Derg schwenkt unsere Straße nach Osten (hier Abzweig der R353 nach Gort am Rande der Burren). Vorbei an dem dichten Stadtwald, in dem die Burg von *Portumna* liegt, stoßen wir am Westrand des Ortes geradewegs auf die *N65,* die uns zum *Shannon* hinunterleitet (Wegweiser nach Borrisokane, in Gegenrichtung Woodford, Gort, Mountshannon und Scarriff). Über einen Seitenkanal, der mit Shannonbooten voll belegt ist, und anschließend auf einer langen Brücke über den breiten Fluß wechseln wir zum *Ostufer* hinüber. Hier verlassen wir die N65 und fahren auf der *R489 links* in hügeliges Gelände hinauf (Wegweiser nach Birr, in Gegenrichtung nach Portumna).

Geradewegs über die querende R438 leitet uns die Straße nach *Riverstown,* wo wir *linkshaltend* auf die *N52* einbiegen (Wegweiser nach Birr, in Gegenrichtung nach Portumna). Auf einer schmalen, alten Steinbrükke überqueren wir inmitten des Dorfes den von mächtigen Bäumen beschatteten *Little Brosna River*. Im nahen Stadtgebiet von *Birr* zweigt rechts die N62 ab (in Gegenrichtung der Beschilderung nach Nenagh folgen), wir folgen aber der Beschilderung nach Athlone und Tullamore und erreichen nach wenigen hundert Metern den säulengeschmückten Hauptplatz von *Birr*.

Nützliche Informationen

Entfernung: Scarriff – Mountshannon: 8,5 km; Scarriff – Portumna: 41 km; Scarriff – Birr: 64 km.
Unterkunft: Ein Hotel in *Mountshannon* (Tel. 0619/27162); ein Hotel in *Portumna* (Tel. 0509/41121); zwei Hotels in *Birr* (Tel. 0509/20032; 0509/20791 oder 20193).
Jugendherberge: Ein Independent-Hostel in *Mountshannon* (Tel. 0619/27225).
Camping: An der Jugendherberge in *Mountshannon*; ein Campingplatz 15 Kilometer *südlich Portumna* in *Ballinderry*, am Ostufer des Lough Derg (Tel. 067/22026).
Fahrräder: *Portumna*, Tony Cunningham, Dominick Street, Tel. 0905/41070 (auch Fahrradverleih); *Birr*, P.L. Dolan, Main Street, Tel. 0509/20006 (auch Fahrradverleih).
Auskunft: In *Birr*, Tel. 0509/20110 (Mai bis Ende September).
Karte: OS-Karte 1:250000, Blatt 2 (West) und Blatt 3 (East).

17 Von Birr über Clonmacnoise nach Athlone

Der River Shannon und die Klostersiedlung Clonmacnoise

Tourencharakter: Auf ruhigen, meist flachen Nebenstraßen durch die Ebenen des Shannonbeckens. Nur rund um Clonmacnoise etwas hügeliger.
Länge der Tour: 58 km.

Noch heute beherrscht in den Senken, in denen es nicht gelungen ist, die Shannon-Ebene zu entwässern und urbar zu machen, dunkles Moorland das Bild. In früheren Zeiten boten sich in dieser sumpfigen Gegend nur der Fluß oder die sogenannten »Esker«, niedrige, trockene Hügelkämme, als Verkehrswege an. Entstanden sind diese Esker während der Eiszeit aus Schuttablagerungen von Flüssen, die am Boden von langgezogenen Gletscherspalten unter dem damaligen Eisschild flossen. Als die Gletscher abschmolzen, erhoben sich die langgezogenen Schuttwälle über der feuchten Ebene und wurden schon in vorgeschichtlicher Zeit als ideale Verkehrswege entdeckt. Einer dieser Eskerkämme läuft von Shannonbridge nach Norden. An einer Stelle führt er ganz nahe an den Fluß, und dort, wo sich der Schnittpunkt der beiden Hauptverkehrsrouten früherer Zeiten befand, entstand das größte Kloster des frühchristlichen Irland.

Der Heilige Ciaran gründete 545 das Kloster von **Clonmacnoise**, dessen Geschichte in zwei alten Handschriften, dem »Book of Tighernach« und dem »Book of Dun Cow«, aufgezeichnet ist. Von seiner Gründung bis ins 12. Jahrhundert hinein erlebte das Kloster seine Blütezeit. Bis zu 6000 Mönche sollen um die Jahrtausendwende hier gelebt und in einer Art Universität studiert haben. Hier entstanden bedeutende Kunstwerke, und von hier wurden Mönche ausgeschickt, um die heidnischen Teile Europas zu christianisieren. Der Reichtum weckte natürlich Begehrlichkeiten, und so wurde die Anlage nicht weniger als 46mal überfallen und geplündert. 13 mal schlugen die Wikinger zu und sechsmal die Normannen. Daß die meisten Kämpfe jedoch mit den eigenen Landsleuten, meist Mönchen konkurrierender Klöster, ausgefochten wurden, wirft ein bezeichnendes Licht auf die Stellung der damaligen Klöster und auf die berühmte keltische Streitsüchtigkeit.

Ab dem 13. Jahrhundert begann der Stern des Klosters zu sinken, und 1552 versetzte ein englischer Überfall Clonmacnoise den Todesstoß. Neun Kirchen sind auf dem Gelände noch erhalten und drei sehr schöne Hochkreuze. Zwei schlanke Rundtürme heben sich vom Blau des Shannon ab, und eine Unmenge interessanter Grabplatten ist über

Die Klosteranlage von Clonmacnoise blickt von einem Hügel auf den River Shannon.

die gesamte Anlage verstreut. Ein gepflasterter Weg führt aus dem Kernbereich hinaus zur Nun's Church, einem gediegenen Bau in romanischem Stil. Man sollte sich im Besucherzentrum die kleine Broschüre in deutscher Sprache besorgen und dann zwischen den Ruinen auf Entdeckungsreise gehen. Vor allem vormittags und in den Abendstunden, wenn nur wenige Ausflügler durch die Ruinen streifen, besitzt das Kloster am majestätischen Shannon eine unvergleichliche Ausstrahlung.

Wo der River Shannon den Lough Ree nach Süden verläßt, liegt **Athlone**. Schon die gälischen Worte Ath Luain, zu deutsch die Furt des Luan, aus denen der Name der Stadt entstand, beschreibt ihr Wesen. Im Zentrum Irlands gelegen, verband die Furt und später die Brücke, um die sich Athlone entwickelte, den Westteil der Insel mit dem Osten. Zu allen Zeiten war dieser Ort heftig umkämpft. Im 13. Jahrhundert setzten hier die Normannen eine mächtige Burg an das Flußufer, die noch heute, trotz vieler An- und Umbauten, das Bild der Stadt beherrscht. Im Krieg der Könige 1690/91 fand in Athlone eine der heftigsten Schlachten statt. Mit Tausenden von Kanonenkugeln erzwangen sich die protestantischen Truppen des Wilhelm von Oranien den Übergang über den Shannon und hinterließen die Stadt als Trümmerhaufen. Kein Wunder also, daß in Athlone bis auf die Burg, in der sich ein interessantes Regionalmuseum befindet, kein historisch interessantes Gebäude erhalten blieb.

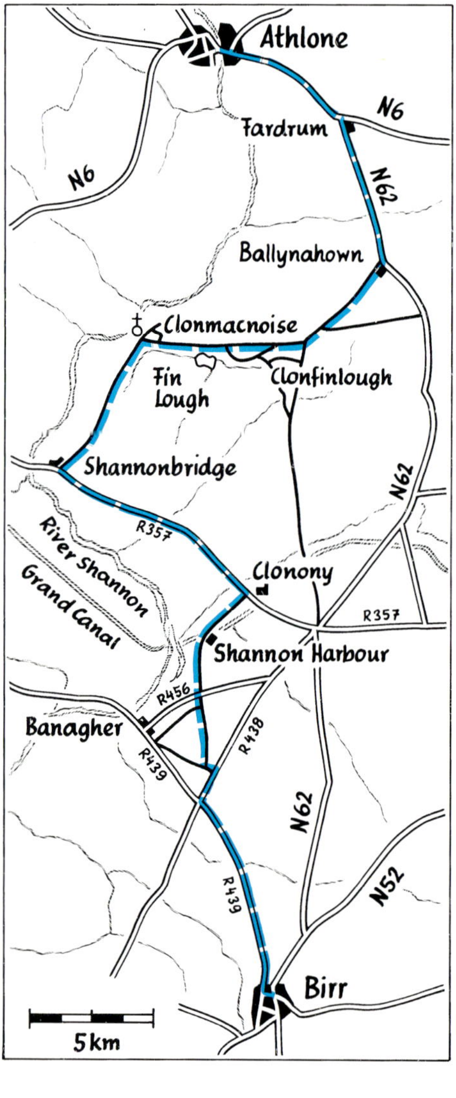

Streckenbeschreibung

Vom Stadtzentrum von *Birr* aus fahren wir auf der *N52* nach Norden (Wegweiser Athlone und Tullamore). Schon nach wenigen hundert Metern, noch im Stadtgebiet, verlassen wir die Hauptstraße und biegen nach links auf die *R439* ein (Wegweiser Banagher und R439). Vor der Mauer, die den Park des Kastells von Birr umgibt, schwenkt unsere Straße nach Norden. Über viele kleine Kuppen läuft die R439 in Richtung River Shannon. Noch bevor wir den Fluß erreichen, zweigt an einer großen Kreuzung *rechts* die *R438* ab (Wegweiser Athlone, in Gegenrichtung Birr), auf die wir überwechseln. Nur zirka einen Kilometer folgen wir dieser Straße, ehe wir bei *erster Gelegenheit links* abbiegen. Unmittelbar darauf wechseln wir nach *rechts* auf eine weitere schmale Straße, die durch einen armseligen, kleinen Wald geradeaus nach Norden läuft (beide Abzweigungen unbeschildert). Unser Weg führt nun über einige niedrige Hügelkuppen zur R456. Geradewegs über diese Straße und etwas später, bei *Shannon Harbour*, auf einer steilen Brücke über den Grand Canal stoßen wir in *Clonony* auf die *R357*. Im kleinen Ort, der von einer efeuüberwachsenen Turmburg aus dem 16. Jahrhundert überragt wird, radeln

Ein Hochkreuz mit biblischen Szenen aus dem 10. Jahrhundert und ein Rundturm in der Klostersiedlung von Clonmacnoise.

wir auf der Hauptstraße nach *links* (Wegweiser Ballinasloe und Shannonbridge, in Gegenrichtung Shannon Harbour).

Zumeist schnurgerade läuft die *R357* durch die Shannonebene bis nach *Shannonbridge*, wo wir noch vor dem Ortszentrum rechts auf eine schmale Nebenstraße einbiegen (Wegweiser nach Clonmacnoise, in Gegenrichtung nach Cloghan, Birr und Tullamore). Die schmale Straße läuft in leichtem Auf und Ab über den trockenen Kamm eines Eskers, von dem aus der Blick auf das moorige Tal des majestätisch dahinfließenden Shannon geht. Ganz nahe rückt nach einigen Kilometern der breite Fluß zur Linken, und plötzlich liegen vor uns die Ruinen einer normannischen Burg und dahinter die berühmte Klosteranlage von *Clonmacnoise*. Unser Weg biegt hier in einer scharfen Kurve nach Osten um (Wegweiser Athlone und Moate, in Gegenrichtung Shannonbridge und Birr). Auf den nächsten Kilometern führt die Straße in zumeist gerader Linienführung über einige Hügelchen. Nach zehn Kilometern erweckt ein Hinweisschild unsere Aufmerksamkeit, das nach *rechts* zum *»Clonfinlough Stone«* weist. Wir folgen dem schmalen Sträßlein, das uns nach einigen hundert Metern bergauf zu einer Kirche bringt. Rechts leitet ein ausgeschilderter Pfad auf einen Hügel, auf dem der wahrscheinlich in der Bronzezeit mit Ornamenten verzierte Stein liegt. Nach den vielen Touristen in Clonmacnoise erscheint uns dieser Ort als Oase der Ruhe und bietet uns zusätzlich einen weiten Ausblick über die Ebenen ringsum und zum kleinen Fin Lough unter uns.

Zurück an der Stelle, an der wir unseren kleinen Abstecher begannen, setzen wir unseren Weg nach *rechts* fort. In *Ballynahown* stoßen wir an einer scharfen Kurve auf die *N62*, auf der wir nach links fahren (Wegweiser Athlone, in Gegenrichtung Clonmacnoise). Mangels geeigneter Alternativstrecken müssen wir auf dem letzten Abschnitt unserer heutigen Etappe bis nach Athlone Nationalstraßen benutzen. Die nächsten sechs Kilometer bleiben wir auf der N62, die gottlob vergleichsweise wenig Verkehr aufweist. In Fardrum wechseln wir dann auf die stark befahrene *N6*, die uns *links* nach Athlone bringt (Wegweiser Athlone und Galway, in Gegenrichtung Birr, Ballynahown und Clonmacnoise).

Nützliche Informationen

Entfernung: Birr – Athlone: 58 km.
Unterkunft: Fünf Hotels in *Athlone* (Tel. 0902/72626; 0902/72924 oder 75394; 0902/92601; 0902/89130; 0902/72070).
Camping: Ein Campingplatz fünf Kilometer nordöstlich von Athlone an der N55 in *Ballykeeran* (Tel. 0902/78561); ein Campingplatz fünf Kilometer nordwestlich von Athlone an der N61 (Etappe 18) nahe *Kiltoom* (Tel. 0902/92448).
Fahrräder: *Athlone,* Hardiman's, 48 Connaught Street, Tel. 0902/78679 (auch Fahrradverleih).
Auskunft: *Athlone,* Church Street, Tel. 0902/72866 (ganzjährig).
Karte: OS-Karte 1:250000, Blatt 3 (East).

18 Von Athlone nach Carrick on Shannon

Durch die ruhige Grafschaft Roscommon

Tourencharakter: Anfänglich auf nicht allzu stark befahrenen Nationalstraßen, dann auf stillen Nebenstraßen über viele kleine Hügel durch die Grafschaft Roscommon.
Länge der Tour: 78 km.

Die Grafschaft Roscommon ist das einzige County des alten Königreiches Connaught im Westen Irlands, das weder an den Ozean grenzt noch mit wilden, einsamen Berglandschaften aufwarten kann. Selbst großartige historische Sehenswürdigkeiten fehlen, und so verwundert es nicht, daß sich nur selten Touristen hierher verirren. Doch gerade mit dem Rad läßt sich diese stille Landschaft mit den vielen niedrigen Hügelchen, den Sümpfen, die ein Drittel des Landes bedecken, und den Seen wunderbar entdecken.

Roscommon, die zentral gelegene Hauptstadt der gleichnamigen Grafschaft, ist ein verschlafenes Nest mit kaum 2000 Einwohnern. Der Name Roscommon entschlüsselt uns die Anfänge der Stadt. »Ros« ist die Bezeichnung für einen bewaldeten Hügel, und »Coman« ist der Name eines irischen Heili-

An der kleinen Tankstelle von Knockcroghery werden auch Räder repariert.

gen, der hier im 6. Jahrhundert ein Kloster gründete und der erste Bischof des Ortes wurde. Von dem frühchristlichen Kloster, das enge Beziehungen zur berühmten Klosterstadt Clonmacnoise unterhielt, ist nichts erhalten geblieben. Nur eine Kirche, die Mitte des 13. Jahrhunderts vom Dominikanerorden errichtet wurde, läßt noch auf die einstige religiöse Bedeutung des Ortes schließen.

Das eindrucksvollste Gebäude der Stadt, das Roscommon Castle, liegt unbeachtet am Nordausgang des Ortes auf einer sattgrünen Kuhweide. Ende des 13. Jahrhunderts erbauten die Normannen diese mächtige Anlage mit ihren meterdicken Mauern und den bulligen Türmen. Die filigranen Steinfenster, die das Bild der Ruine so unverwechselbar machen, sind eine spätere Ergänzung.

Das Bild der Hauptstraße von Roscommon wird von gediegenen Steingebäuden bestimmt. Das Haus, in dem heute die Bank Of Ireland residiert, war in früheren Zeiten das Gerichtsgebäude. In einem benachbarten heutigen Geschäftshaus war damals das Gefängnis untergebracht, in dem ein seltsamer Henker seiner Arbeit nachging. Lady Betty hieß die Dame, die einstmals als Verbrecherin selbst zum Tode verurteilt wurde und der Hinrichtung nur entging, indem sie unbezahlt ihr Leben lang die blutige Henkersarbeit verrichtete.

Wie an der überbreiten Hauptstraße abzulesen ist, entstand der Grundriß von **Strokestown** auf dem Reißbrett. Geplant wurde der Ort von den Besitzern des Strokestown House, dem riesigen Landgut, an dem die Hauptstraße endet. 1696 wurde mit dem Bau dieses Herrenhauses begonnen. Doch von der ursprünglichen Bausubstanz blieb nur wenig erhalten, als im 18. Jahrhundert die Besitzer durch einen mächtigen Neubau in georgianischem Stil ihren zunehmenden Reichtum zum Ausdruck bringen wollten. Von dem riesigen Hauptgebäude mit den beiden Seitenflügeln wurde dann das Gut, eines der größten weit und breit, verwaltet.

Traurige Berühmtheit erlangte der Herr des Strokestown Houses während der Hungerjahre Mitte des 19. Jahrhunderts. Er war einer der ersten Großgrundbesitzer, der verarmte Pächter auswies und sie auf morschen Seelenverkäufern nach Amerika verfrachten ließ. Ob die Iren auf den wackligen Schiffen die Neue Welt erreichten, ist nicht bekannt. Auf alle Fälle stimmt es wohl nicht besonders traurig, daß dieser Großgrundbesitzer 1847 auf seinen Ländereien erschossen wurde.

Heute ist der kleine Ort **Elphin** das Zentrum für die Bauern aus dem fruchtbaren Umland, die hier zum Viehmarkt und anschließend im Pub zusammenkommen. Doch eine neue Kathedrale der Church of Ireland, an Stelle einer älteren, die 1964 zerstört wurde, und die Grundmauern einer alten Kirche bezeugen, daß Elphin seit 1500 Jahren Bischofssitz ist. Der heilige Patrick gründete diese Diözese und setzte den heiligen Assicus, der noch heute ihr Schutzpatron ist, als ersten Bischof ein.

Streckenbeschreibung

Von *Athlone* bringt uns die *N61* (Wegweiser Roscommon und Sligo) in nordwestlicher Richtung über den Hügelrücken, der nach Westen hin den Lough Ree begrenzt, nach *Roscommon*. Auf der Hauptstraße durch die kleine Stadt (Wegweiser nach Boyle, Sligo und Castlebar, in Gegenrichtung nach Athlone); dann baut sich am nördlichen Ortsausgang linker Hand die imposante Burg auf. Weiterhin auf der *N61*, also an der Kreuzung am Nordrand der Stadt *geradeaus*, biegen wir zehn Kilometer nach Roscommon bei Four Mile House *rechts* in die *R368* ein (Wegweiser Strokestown, in Gegenrichtung Roscommon und Athlone). Auf der ruhigen Nebenstraße radeln wir durch ein Gewirr von Hügeln, das die Eiszeitgletscher hinterlassen haben, bis zur *N5*, auf die wir kurz vor *Strokestown* treffen. Auf der *N5* fahren wir *links* die wenigen Meter zum nahen Ort.

Am Ortsrand biegt die Nationalstraße in einer scharfen Kurve nach links, wir jedoch fahren auf der Fortsetzung der *R368 geradeaus* durch Strokestown (Wegweiser Carrick on Shannon, in Gegenrichtung geradewegs auf die N5 und bei erster Gelegenheit, gegenüber einem Pub, von der N5 nach rechts). Nach zehn Kilometern, im Ort *Elphin*, halten wir uns an der ersten Querstraße *rechts* (in Gegenrichtung Wegweiser Strokestown und Longford) und kurz darauf, gegenüber den Grundmauern der Kathedrale, gleich wieder

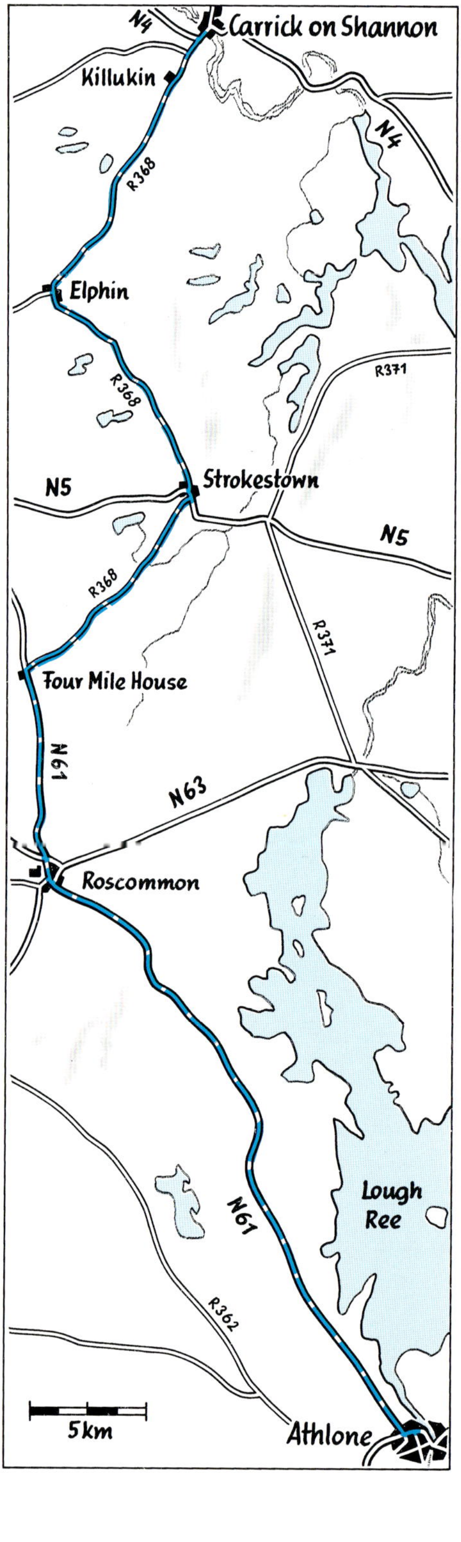

scharf *links* (Wegweiser Carrick on Shannon und Croghan). Vorbei an den Hallen, in denen der wöchentliche Viehmarkt abgehalten wird, biegt die *R368* scharf nach rechts, um durch hügeliges Weideland nun endgültig auf Carrick on Shannon zuzulaufen.

Durch *Killukin* hindurch. Nach einer Unterführung unter der Eisenbahn endet die R368 in den westlichen Vororten von *Carrick on Shannon* an der *N4* (in Gegenrichtung Roscommon, Elphin und Knock ausgeschildert), auf der wir *rechts* über den *Shannon* in das Stadtzentrum radeln.

Nützliche Informationen

Entfernung: Athlone – Roscommon: 31 km; Athlone – Strokestown: 53 km; Athlone – Elphin: 63 km; Athlone – Carrick on Shannon: 78 km.
Unterkunft: Zwei Hotels in *Roscommon* (Tel. 0903/26240; 0903/26317 oder 26112); ein Hotel in *Strokestown* (Tel. 078/33300); eine Pension in *Elphin* (Tel. 078/35439 oder 35424); ein Hotel und zwei Pensionen in *Carrick on Shannon* (Tel. 078/ 20550 oder 20042; 078/20313; 078/20032).
Jugendherberge: Ein Independent-Hostel in *Carrick on Shannon,* Main Street (Tel. 078/20068).
Camping: Ein Campingplatz an der N61 südöstlich von Roscommon bei *Knockcroghery* (Tel. 0903/7058 oder 7059); in *Carrick* an der Shannonbrücke Camping erlaubt.
Fahrräder: *Roscommon,* P. McCrann, Castle Street, Tel. 0903/6195; *Carrick on Shannon,* Fred Holt, Bridge Street, Tel. 078/20184 (auch Fahrradverleih).
Auskunft: *Roscommon,* The Old Jail, Tel. 0903/6356 (Juni bis September); Carrick on *Shannon,* Bridge Street, Tel. 078/20170 (Juni bis August).
Karte: OS-Karte 1:250000, Blatt 2 (West) und Blatt 3 (East).

Der südliche Abschnitt der Tour 19 führt immer am Fuße des eigenartigen Tafelberges Benbulben entlang.

Von Sligo in den Norden (Donegal)

19 Von Sligo nach Donegal Town

Zwischen Tafelbergen und der Donegal Bay nach Norden

Tourencharakter: Fast durchgehend hügeliges Gelände, aber kaum steile Anstiege. Bis Ballyshannon auf vielbefahrener, meist breit ausgebauter Nationalstraße, anschließend ruhige Nebenstraßen.
Länge der Tour: 70 km.

Einige Kilometer nördlich von Sligo, ganz nahe an den steilen Hängen und zerfurchten Wänden des Tafelberges Benbulben, liegt der kleine Ort **Drumcliff**. Im 6. Jahrhundert gründete der bekannte irische Heilige Columbcille an diesem Ort eines seiner Klöster. Von der Anlage sind heute nur noch der Stumpf eines Rundturms und ein schönes Hochkreuz aus dem 10. Jahrhundert mit biblischen Szenen erhalten.

Welche Dickschädel die frühchristlichen Heiligen waren, bezeugt eine Schlacht, die im Jahr 561 n. Chr. in der Nähe von Drumcliff stattfand. Auf der nicht weit entfernt gelegenen Insel Inishmurray, zu deren sehenswerter Klosterruine übrigens von Sligo aus ab und an Schiffe fahren, lebte im 6. Jahrhundert der heilige Finnian. Dieser Mann besaß wundervoll gearbeitete, seltene Handschriften. Als St. Columbcille bei einem Besuch heimlich Abschriften anfertigte, kam es zwischen den Heiligen zu einem Streit, der in der sogenannten »Battle of the Books« gipfelte, bei der 3000 Männer ihr Leben ließen. Obwohl Columbcille siegte, wanderte er anschließend von schlechtem Gewissen geplagt nach Schottland aus.

Die zweite Sehenswürdigkeit von Drumcliff ist das schlichte Grab des Literaturnobelpreisträgers W.B.Yeats links neben der Kirche, dessen letzter Wunsch es war, im Schatten seines geliebten Benbulben beerdigt zu werden. »Schaue mit kühlem Blick auf das Leben und den Tod und dann, Reiter, ziehe weiter«, lautet die Übersetzung des berühmten Verses, den Yeats für seinen eigenen Grabstein verfaßte.

Nördlich des kleinen Ortes Cliffony, direkt an der N15, liegt die Grabanlage von **Creevykeel**. Vor über 5000 Jahren, im Neolithikum, wurde dieses Grab errichtet. Durch einen engen Eingang gelangt man in den offenen, zentralen Innenhof, der von großen, aufrecht stehenden Steinen umgeben ist. Gegenüber dem Eingang befinden sich zwei Grabkammern, die ursprünglich überdacht waren. Neben menschlichen Knochen wurden in ihnen einige Grabbeigaben gefunden. In den Hügel, der den überdachten Teil der Anlage überdeckte, wurden später zwei kleinere Steinzeitgräber eingelassen. In keltisch-frühchristlicher Zeit wurde der Innenhof als Eisenschmelze genutzt.

Bundoran ist der südlichste Ort des County Donegal und eines der bekanntesten Seebäder Irlands. Hauptsächlich Touristen aus Nordirland beleben die Straßen, Spielhallen und Strände. Nur wer der einsamen irischen Landschaft überdrüssig ist und etwas Abwechslung sucht, sollte hier für längere Zeit vom Rad steigen.

Viel mehr Flair besitzt das nächste Städtchen auf unserer Route, **Ballyshannon** an der Mündung des fischreichen River Erne. Bunte Fassaden altehrwürdiger Gebäude und heimelige Pubs, aus denen häufig Folkmusikklänge dringen, verführen zum Anhalten. Vor 5500 Jahren soll auf einer kleinen Insel im nahen Fluß das erste irische Dorf entstanden sein. Daher behaupten die Einwohner von Ballyshannon, in der ältesten Stadt Irlands zu leben. Heute zieht vor allem ein Ereignis Tausende von Menschen in das Städtchen: um den 1. August treffen sich hier bekannte und unbekannte Musiker zu einem der bedeutendsten Folkmusik-Festivals in Irland.

Rund um den dreieckigen Marktplatz »The Diamond« liegt das Tor zum irischen Nordwesten, **Donegal Town**. Trotz des klingenden Namens ist die Stadt kein Ort, an dem man länger verweilen wird. Viel Verkehr zwängt sich durch die Straßen, und nur wenig historisch Interessantes ist zu entdecken.

Das Donegal Castle, eine malerische Burgruine, liegt mitten in der Stadt. Von der Burg der O'Donnells, die vom 13. bis ins 16. Jahrhundert die Gegend beherrschten und die 1607 aus Irland flohen, blieb nur der Turm erhalten. 1610 baute dann Sir Basil Brooke, der neue englische Herr, um diesen Turm seine Burg, die in ihrer Mischung aus Wehrhaftigkeit und Eleganz besticht.

Ein hübscher Spaziergang führt am Ufer des River Eske zu den Ruinen eines 1474 gegründeten Franziskanerklosters. Trotz der spärlichen Überreste nimmt dieser Ort einen festen Platz in der irischen Geschichte ein. Zumindest teilweise entstanden hier zwischen 1632 und 1636 die berühmten »Annals of the Four Masters«, ein historisches Werk besonderer Art. Alle bekannten irischen Geschichtsdokumente der damaligen Zeit wurden dafür gesichtet und daraus eine Geschichte Irlands und der Iren gefertigt. Das Buch beginnt mit dem Jahr 2958 v. Chr., als eine Enkelin von Noah Irland besuchte, und endet im Jahre 1616 n. Chr.

Streckenbeschreibung

Vom Stadtzentrum von *Sligo* folgen wir der guten Beschilderung nach Donegal und zur *N15*, auf die wir am nördlichen Stadtrand treffen. Auf der breit ausgebauten Nationalstraße überwinden wir einen langgezogenen Hügel und radeln dann immer zwischen der Donegal Bay zur Linken und den eigenwilligen Tafelbergen im Landesinneren über *Drumcliff, Grange* und *Bundoran* bis in das schmucke Städtchen *Ballyshannon*. Wir schieben unsere Räder die steile Ortsdurchfahrt hoch, und am höchsten Punkt der Straße gibt uns die *R231* endlich die Möglichkeit, die N15 *linkshaltend* zu verlassen (Wegweiser Rossnowlagh). Nun folgen wir immer der *R231*, die uns vom Weideland über der blauen Donegal Bay weite Blicke nach Norden erlaubt. Vorbei an Rossnowlagh mit seinem schönen Strand bleiben wir weiterhin auf der nach Ballintra ausgeschilderten Hauptstraße.

Leicht bergauf überqueren wir geradewegs die N15 und halten uns an der Kreuzung in *Ballintra links* (Wegweiser Donegal und T18, in Gegenrichtung Rossnowlagh und L24). Auf einer ruhigen Nebenstraße, auf der die Nationalstraße vor ihrem Neubau verlief, über viele kleine Hügel und durch das kleine Dorf *Bridgetown* erreichen wir nach sechs Kilometern die *R232*, die rechts zum Lough Derg mit seiner berühmten Wallfahrtsinsel führt. Wir radeln jedoch *geradeaus* (Wegwei-

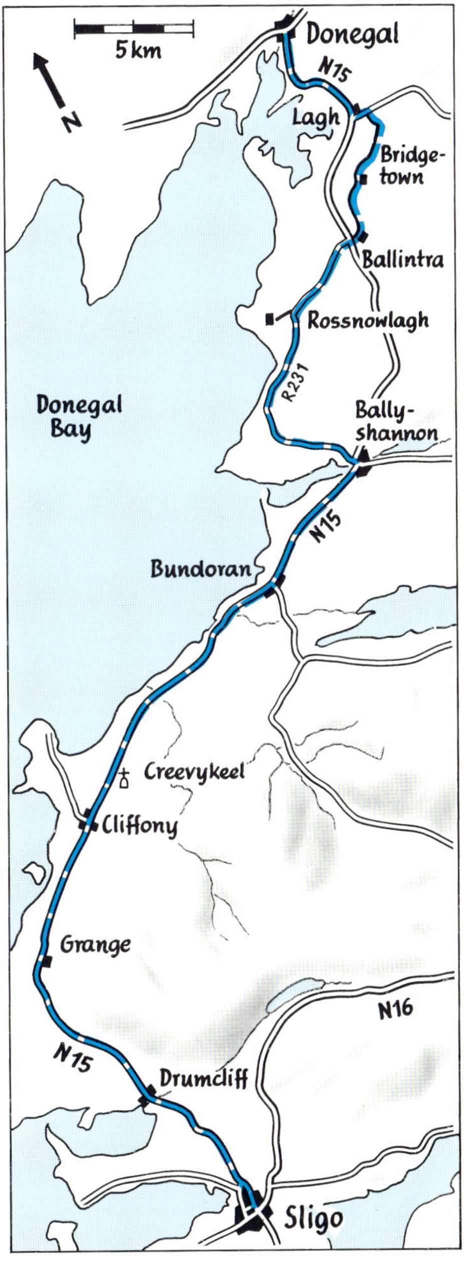

ser Donegal, in Gegenrichtung Ballintra) zu den nahen Häusern von *Lagh*, die unmittelbar an der N15 liegen. Gleich an der ersten Kreuzung halten wir uns, vorbei an einem Steinbruch, *links* und erreichen nach hundert Metern die *N15* (in Gegenrichtung der zweite Abzweig von der N15 nach Lagh, ausge-

Ein altes Hochkreuz auf dem Friedhof von Drumcliff, auf dem der irische Literaturnobelpreisträger W. B. Yeats beerdigt wurde.

schildert nach Pettigoe und zum Lough Derg). Auf der breiten, verkehrsreichen Nationalstraße *(rechts)* bewältigen wir die letzten fünf Kilometer bis nach Donegal Town.

Nützliche Informationen

Entfernung: Sligo – Bundoran: 37 km; Sligo – Ballyshannon: 43 km; Sligo – Donegal Town: 70 km.

Unterkunft: *Sligo*, siehe Tour 5; sieben Hotels und eine Pension in *Bundoran* (Tel. 072/41204; 072/41075; 072/41232; 072/41336; 072/41507; 072/41234 oder 41381; 072/41339; 072/41296 oder 41237); ein Hotel und eine Pension in *Ballyshannon* (Tel. 072/51147 oder 51557; 072/51138); zwei Hotels und zwei Pensionen in *Donegal Town* (Tel. 073/ 21027; 073/21014; 073/21187; 073/21035).

Jugendherberge: Ein Independent-Hostel in *Drumcliff* bei der Yeats Tavern (Tel. 071/63117); ein Independent-Hostel nördlich von *Grange* nahe der N15 (Tel. 071/63337); ein Independent-Hostel in *Bundoran*, Bayview Avenue (Tel. 072/41288); ein Independent-Hostel in *Ballyshannon*, Donegal Road (Tel. 072/51535); ein Independent-Hostel in *Donegal Town*, Bridge End (Tel. 073/22030) und ein An-Oige-Hostel fünf Kilometer *westlich Donegal Town* südlich der N56 (Tel. 073/21174).

Camping: *Sligo*, siehe Tour 5; ein Campingplatz in *Bundoran* (Tel. 072/41794); ein Campingplatz in *Rossnowlagh* nördlich Ballyshannon (Tel. 072/51477); in *Donegal*

Town Campingmöglichkeit am An-Oige-Hostel westlich der Stadt.
Fahrräder: In *Sligo* siehe Tour 5; *Ballyshannon*, P.B. Stephens, Castle Street, Tel. 072/65178; *Donegal Town*, C.J. Doherty, Main Street, Tel. 073/21119.
Auskunft: *Sligo,* Temple Street, Tel. 071/61201 (ganzjährig); *Bundoran,* The Bridge, Tel. 072/41350 (Juni bis September); *Donegal,* Quay Street, Tel. 073/21148 (Juni bis September).
Karte: OS-Karte 1:250000, Blatt 1 (North).

20 Von Donegal Town nach Carrick (An Charraig)

Die Südküste der Grafschaft Donegal

Tourencharakter: Viel anstrengendes Bergauf und Bergab entlang der nach Westen hin zunehmend gebirgigen, aber auch immer eindrucksvolleren Küste.
Länge der Tour: 47 km.

Auf der ersten Hälfte der Etappe entlang der Donegal Bay zeigt sich die Grafschaft Donegal noch von ihrer zahmen Seite. Sanfte Hügelketten laufen von den wilden Blue Stack Mountains zur blauen Bucht hinab. Kleine Ortschaften wie das im 17. Jahrhundert entstandene **Mountcharles** mit dem schönen georgianischen Herrenhaus »The Hall« sowie die Fischerdörfer **Inver** und **Dunkineely** liegen am Weg.

Killybegs beherrscht eine schmale, tiefeingeschnittene Bucht. Der Ort hat sich in den letzten Jahrzehnten zum wichtigsten Fischereihafen in Irland entwickelt. Am besten schaut man unten am Hafenkai, dort wo die Stadt am intensivsten nach Fisch riecht, ein wenig dem bunten Treiben zu. Um die einlaufenden Fischkutter schwirren Schwärme schreiender Möwen, und aus der Fischauktionshalle dringt das Geschrei der Händler. In den einfachen Kneipen rund um den Hafen treffen sich nach dem Fang die Seeleute, und schnell ist hier ein Gespräch angeknüpft. Wer sich für Geschichte interessiert, der sollte zur großen St. Cathrins Church auf dem Hügel über dem Hafen hinaufsteigen. In der Nähe des Kirchturms steht der Grabstein von McSweeney mit seltenen keltischen Ornamenten.

Westlich von Killybegs wird die Landschaft rauher und schöner, so wie man sich die wilde Küste von Donegal vorstellt. Bald schon merkt man an den Wegweisern, daß man in eines der irischen Ghaeltacht-Gebiete vordringt. An diesen zumeist abgelegenen und unfruchtbaren Gegenden waren die Engländer nicht sonderlich interessiert. Deshalb konnte dort, ohne die sonst üblichen Repressionen, das altirische Gälisch bis in unsere Zeit überleben.

Carrick, das Ziel der Etappe, liegt in dieser gälischen Sprachinsel, und wie so häufig kann man auch hier feststellen, daß die Engländer gerade jene Landschaften mieden, die uns heute am meisten anziehen. So weist mitten im Ort ein Schild mit den gälischen Namen »Teileann« und »Sliabh League« zu einer der aufregendsten Landschaften in Europa, den berühmten, 600 Meter hohen Klippenabbrüchen der Slieve League. Mit dem Rad ist man dann schnell im drei Kilometer entfernten Teelin (gäl. Teileann), wo rechts hinauf ein kleines Schild mit der Aufschrift

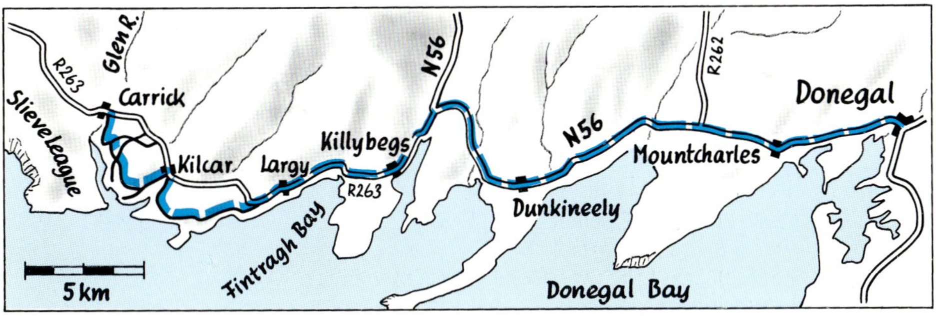

»Bunglass« den Weiterweg anzeigt. Was folgt, ist eine anfangs steile, später schwindelerregende Straße, die unmittelbar am über 200 Meter hohen Klippenabbruch des Bunglass endet. Die acht Kilometer lange Mauer der Slieve League liegt zum Greifen nahe, und wer nach den steilen Bergen noch genug Kraft verspürt, der kann auf dem schmalen »One Man's Path« von hier aus den Gipfel erwandern.

Streckenbeschreibung

Vom Stadtzentrum von *Donegal Town* radeln wir, vorbei an der Burgruine, auf der *N56* (Wegweiser Killybegs, Glenties, Dunglow und Ardara) nach Westen. Über viele kleine Hügel und den steilen Berg von *Mountcharles* weist uns die Nationalstraße, vorbei am Anglerzentrum *Dunkineely,* bis kurz vor Killybegs den Weg. Die N56 biegt hier rechts in das Bergland von Donegal ab, wir fahren jedoch *geradeaus* auf der *R263* entlang des Killybegs Harbour nach *Killybegs.* Die R263 führt als Hauptstraße durch den Ort (Wegweiser Carrick, Kilcar und Glencolumbkille) und quert anschließend zwischen rotleuchtenden Fuchsienhecken in die Hänge oberhalb der traumhaft schönen Fintragh Bay hinauf. Kurz nach den wenigen Häusern von *Largy* wechseln wir nach *links* auf eine schmale Nebenstraße (Wegweiser Scenic Road to Kilcar). Sehr anstrengend bergauf und bergab läuft nun das Sträßlein durch die steilen Hänge oberhalb einer der schönsten Küstenlinien in Irland.

In *Kilcar* (gäl. Cill Charthaigh) fahren wir nicht auf die R263, die von hier wieder in das Landesinnere läuft, sondern bei erster Gelegenheit *links* (in Gegenrichtung Wegweiser Coast Road). Über einen Hügel erreichen wir das Tal, in dem sich ein schmaler Fjord bis fast nach Carrick zieht. In nördlicher Richtung, vorbei an einem Hostel, nähern wir uns

Eine schmale Straße schwindelt sich an den Steilhängen des Muckros Head entlang.

Das Muckros Head westlich von Kilcar beschützt diesen einsamen Traumstrand.

schnell unserem heutigen Ziel, dem ruhigen Dorf *Carrick* (gäl. An Charraig). Kurz vor dem Ort treffen wir auf die *R263* (in Gegenrichtung Wegweiser Coast Road), auf der wir *links* über den *Glen River* die letzten Meter in das Dorf fahren (in Gegenrichtung vom Ortszentrum auf der R263 anfänglich Richtung Killybegs).

Nützliche Informationen

Entfernung: Donegal Town – Killybegs: 27 km; Donegal Town – Carrick: 47 km.
Unterkunft: Eine Pension in *Killybegs* (Tel. 073/31518).
Jugendherberge: Ein Independent-Hostel kurz vor *Killybegs* (Tel. 073/31118); ein Independent-Hostel kurz vor *Carrick* (Tel. 073/38079).
Camping: An den beiden Jugendherbergen in *Killybegs* und *Carrick*.
Karte: OS-Karte 1:250000, Blatt 1 (North).

21 Von Carrick (An Charraig) nach Portnoo

Glencolumbkille und das wilde Bergland im Südwesten des Donegal

Tourencharakter: Auf kaum befahrenen Nebenstraßen durch eine einsame Landschaft. Zwischen Carrick und Ardara anstrengendes, bergiges Gelände.
Länge der Tour: 47 km.

Die Anfänge der Besiedlung des abgelegenen, von wilden Bergen und dem stürmischen Atlantik eingekreisten Tales von **Glencolumbkille** reichen weit in die Geschichte zurück. Eine große Anzahl von Steinzeitgräbern aus unterschiedlichen Epochen weist darauf hin, daß dieser Landstrich zu jener Zeit relativ dicht besiedelt war. Spätere Funde aus keltischer Zeit belegen die Kontinuität

In einem Fenster in Glencolumbkille spiegelt sich die kahle Landschaft des Donegal.

der Besiedlung, bis dann endlich im 6. Jahrhundert jener Mann die Bühne der Geschichte betrat, dessen Namen das Tal bis heute trägt. Columbkille suchte sich als typischer Vertreter der asketischen, frühchristlich-irischen Heiligen das abgelegene Tal aus, um hier ein Kloster zu gründen. Einige interessante Überreste wie das Steinbett des Heiligen, die Ruinen alter Kirchen und Steine mit frühchristlichen Symbolen sind aus dieser Zeit erhalten geblieben. Jedes Jahr werden am 9. Juni, dem Tag des Heiligen, diese Mosaiksteine der Geschichte auf einer fünf Kilometer langen Wallfahrt aufgesucht. Niemand stört sich daran, daß neben den Erinnerungen an die frühchristliche Zeit ein Steinzeitgrab als eine der 14 Wallfahrtstationen miteinbezogen ist. In den Jahrhunderten nach Columbkille verschlechterte sich das Klima zusehends, und der fruchtbare Boden wurde mehr und mehr von den Mooren aufgezehrt, die über die Berghänge herabwucherten. Das Tal am Ende der Welt konnte immer weniger Menschen ernähren und geriet in Vergessenheit. Die Hungerkatastrophe des 19. Jahrhunderts und die Landflucht des 20. Jahrhunderts schienen die Gegend endgültig auszubluten und dem Dorf ein ähnliches Schicksal zu bescheren wie der Ruinensiedlung Port einige Kilometer weiter nördlich. Doch vor nunmehr vierzig Jahren überzeugte der örtliche Geistliche, Father McDyer, die verbliebenen Bewohner davon, das Schicksal ihres Gemeinwesens in die eigenen Hände zu nehmen. Bald wurden genossenschaftlich organisierte Betriebe gegründet und der Fremdenverkehr angekurbelt. Dank des tatkräftigen Priesters, der sich in Irland den Ruf eines Retters des armen Westens erwarb, konnte die Abwanderung gestoppt werden. Heute sind neben der munteren Pubszene mit guter Musik die drei Bauernkaten des Folk Village die Attraktionen des Dorfes. Ein empfehlenswerter Radausflug führt nach Süden zum Traumstrand von Trabane, einer goldgelben, von dunklen Felsen eingerahmten Sandsichel. Und wer in die 5000jährige Geschichte am Westzipfel der Grafschaft Donegal eintauchen möchte, der sollte sich im Dorf den ausgezeichneten Führer »Gleanncholmcille« von Michael Herity besorgen.

Zwei Dinge sind es, die die kleine Stadt **Ardara** bekannt gemacht haben. Zum einen ist der Ort eines der wichtigsten Herstellungszentren für Donegal-Tweed und Strickwaren. Wer Interesse hat, kann in den kleinen Tweedfabriken den Webern bei der Arbeit über die Schulter schauen und in den Verkaufsräumen so manches Schnäppchen machen. Zum anderen ist Ardara bekannt für seine lebhafte Pubszene. Während der Sommermonate treffen sich in den vielen Kneipen Musiker aus ganz Irland mit den einheimischen Größen.

An einem langgezogenen Sandstrand an der Nordküste der Dawros-Head-Halbinsel liegt der kleine Touristenort **Portnoo**. Wurde dieses Dorf auch erst im 19. Jahrhundert gegründet, so hat doch das Umland neben einsamer Landschaft vor allem für geschichtsinteressierte Reisende einiges zu bieten. Vor dem Ort, draußen in der Gweebarra Bay, finden sich auf Iniskeel Island die Reste zweier Kirchen und mehrere Grabsteine aus dem 12. Jahrhundert, die an Stelle einer alten

Siedlung errichtet wurden. Ein besonderes Erlebnis ist der Spaziergang, wenn man bei Ebbe diesen verwunschenen Ort zu Fuß erreichen kann.

Südlich von Portnoo liegt in der einsamen, heide- und moorüberzogenen Landschaft neben vielen anderen Seen der Doon Lough. Die kleine Insel im See trägt eine archäologische Sehenswürdigkeit ersten Ranges, zu der überraschenderweise nur wenige Besucher kommen. Eine Fluchtburg mit vier Meter hohen und bis zu vier Meter dicken Mauern, mit Treppen und Unterständen trotzt hier seit 2000 Jahren den Stürmen. Neben dem vermutlich von Kelten errichteten Doon Fort gibt es in ganz Irland nur drei ähnliche Insel-Ringforts. Wer die Anlage besichtigen will, der fragt sich am besten zur Farm von Mr. McHugh durch, der auf dem nahen See ein Boot liegen hat und Interessierte für wenig Geld zur Insel rudert.

Streckenbeschreibung

In *Carrick* fahren wir auf der *R263* in westlicher Richtung (Wegweiser nach Gleann Cholm Cille), vorbei an der Kirche, den Berg hinauf. Nach dem ersten, steilen Anstieg legt sich das Gelände zurück und führt uns durch einsames Moorland zu einer Kreuzung neben dem kleinen Lough Inna, an der wir uns, weiterhin auf der *R263, rechts* halten (Wegweiser Gleann Cholm Cille).

Nach einigen Kilometern durch wildes Moorland bringt uns eine steile Abfahrt zum Dorf *Glencolumbkille* (gäl. Gleann Cholm Cille), das in einem grünen Tal über der Glen Bay liegt. An der *ersten Kreuzung* am Ortsrand fahren wir *geradeaus* (Wegweiser Ard an Rátha, in Gegenrichtung An Carraigh) und biegen nach einigen hundert Metern *rechts* in eine vorfahrtberechtigte Straße ein (Wegweiser Ardara, Ard an Rátha und Glengesh). Vorbei am Abzweig zum verlassenen Dorf Port radeln wir auf der zunehmend steileren Straße durch das Tal von Glencolumbkille nach Osten in das Bergland hinauf. Vom Bergkamm folgt eine schwungvolle Abfahrt zu einer Kreuzung zwischen den wenigen Häusern von *Meenaneary*, von der aus wir *links* im Tal hochfahren (Wegweiser Ard an Rátha, in Gegenrichtung Gleann Cholm Cille).

Ein langgezogener, aber diesmal sanfterer Anstieg führt auf einen weiteren Bergkamm, von dem aus wir bald in das tief eingefräste Tal des *Glengesh*, durch das sich in der Eiszeit ein Gletscher nach Norden zwängte, hinabblicken können. Eine der steilsten Straßen Irlands (Vorsicht, bis zu 20 % Gefälle) bringt uns mit Hilfe einiger Kehren schnell aus den unwirtlichen Bergen in das Tiefland hinab, in dem wir auf die *N56* stoßen.

Links sind es nur noch wenige Kilometer bis nach *Ardara* (Wegweiser Ardara, Ard an Rátha, in Gegenrichtung Carrick und Glen-

Völlig unbeachtet steht nahe der kleinen Ortschaft Kilclooney einer der elegantesten Dolmen Irlands.

columbkille). Auf der Hauptstraße linkshaltend, durch das geschäftige, hübsche Dorf, biegt die N56 am nördlichen Ortsende scharf nach rechts.

Hier wechseln wir *geradeaus* auf die *R261* (Wegweiser nach Portnoo und Narin), die uns nach einigen Kilometern in den kleinen Ort *Kilclooney* bringt.

Bevor wir jedoch weiterfahren, besuchen wir einen der schönsten Dolmen in Irland, der hier abseits der Touristenpfade ein unbeachtetes Dasein führt. Dazu fahren wir auf einer Seitenstraße links an der Kirche vorbei und wechseln nach wenigen Metern rechts auf eine schmale Nebenstraße, die kurz darauf an einigen Häusern endet. Ein Feldweg leitet uns anschließend zum einsamen *Dolmen.*

Zurück an der Kirche überqueren wir auf der *R261* das kleine Flüßchen und bleiben auf dieser Straße, bis nach einigen Kilometern an einer Kreuzung nach *links* Narin und Portnoo ausgeschildert sind. Zwei Kilometer sind es nun noch bis *Portnoo.*

Nützliche Informationen

Entfernung: Carrick – Glencolumbkille: 10 km; Carrick – Ardara: 36 km; Carrick – Portnoo: 47 km.
Unterkunft: Drei Kilometer außerhalb *Glencolumbkille* ein Hotel (Tel. 073/30003); ein Hotel und zwei Pensionen in *Ardara* (Tel. 075/41103; 075/41112; 075/41200); in der Nähe von Portnoo, in *Clooney* und in *Narin* ein Hotel und eine Pension (Tel. 075/45123; 075/45122).
Jugendherberge: Ein Independent-Hostel in *Glencolumbkille* (Tel. 073/30130).
Camping: Campingmöglichkeit am Hostel in *Glencolumbkille*; Campingplatz in *Portnoo* (Tel. 075/45121).
Fahrräder: *Ardara*, Donal Byrne, West End, Tel. 075/41156 (auch Fahrradverleih).
Karte: OS-Karte 1:250000, Blatt 1 (North).
Tourenskizze: Siehe Seite 86.

Der perfekt geformte Mount Errigal gilt als schönster Berg in Irland (Tour 22).

22 Von Portnoo nach Dunlewy

Durch die Küstenlandschaft »The Rosses« zum majestätischen Errigal Mountain

Tourencharakter: Teilweise auf relativ wenig befahrener Nationalstraße, teilweise auf ruhigen Nebenstraßen durch die Felsbuckellandschaft der Rosses.
Länge der Tour: 62 km.

The **Rosses** heißt der Küstenabschnitt, durch den die heutige Etappe führt. Ein Felsbuckel reiht sich hier an den anderen, und dazwischen liegen verträumte kleine Seen und dunkle Moorsenken. Die Eiszeitgletscher, die aus dem Bergland von Donegal zum Meer flossen, haben diese Gegend rundgeschliffen und nach ihrem Abschmelzen die unzähligen Findlingsblöcke hinterlassen. Unfruchtbar, vermoort und steinig sind die armseligen Felder, und so blieb dieser Landstrich von all den Eroberern, die sich in Irland tummelten, weitgehend unbehelligt. Kein Wunder also, daß hier eines der ausgedehntesten Gaeltacht-Gebiete liegt. An den manchmal schwer zu lesenden gälischen Wegweisern ist die Ausdehnung dieser Sprachinsel leicht zu bemerken.

Der Hauptort der Rosses ist **Dunglow**, auf manchen Karten auch Dungloe geschrieben (gäl. An Clochán Liath). Trotz der vielen Pubs und der hübschen, bunten Ladenfronten wird einen das Provinznest auf dem Weg nach Norden nicht lange aufhalten. Nur wenn Ende Juli rund um das Festival »Mary of Dunglow« die Stadt zwei Wochen lang kopfsteht, in den Straßen überall Musik erklingt und die Sperrstunde der Pubs weit in die Nacht hinein verschoben ist, lohnt ein längerer Aufenthalt.

Ein kurzer Abstecher von der beschriebenen Route führt einige Kilometer nördlich von Dunglow zum seltsam stillen Hafenort **Burtonport**. Von hier starten die Fähren nach **Aranmore**, der größten Insel vor der Küste der Grafschaft Donegal. Der südliche Teil dieser Insel ist relativ dicht besiedelt und dank dem Fehlen von Polizisten, die das Ein-

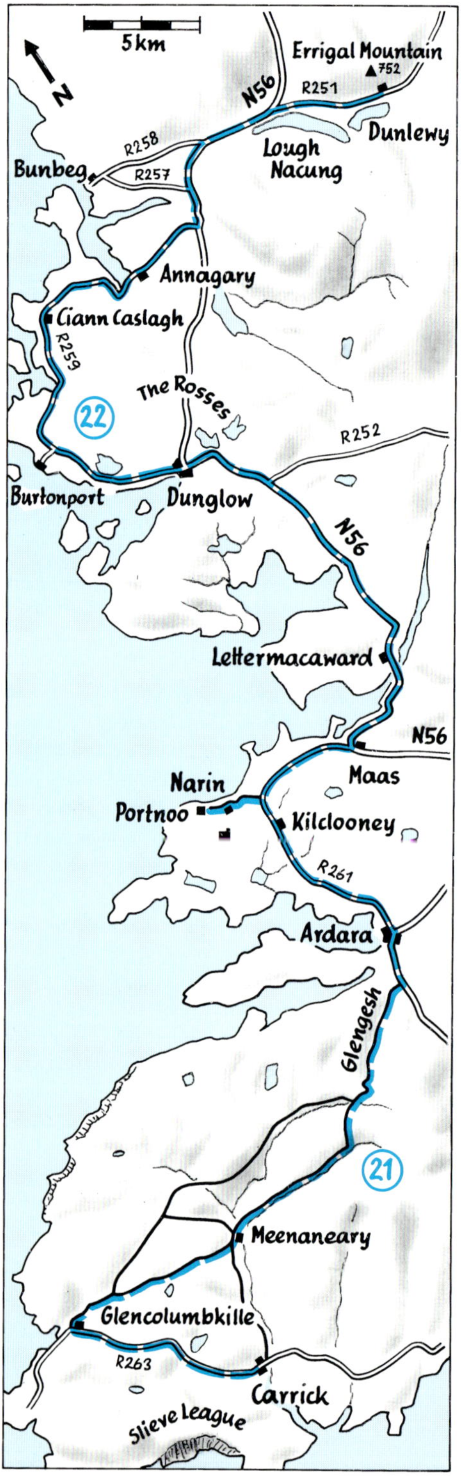

halten der Sperrstunde überwachen könnten, ein heißer Tip für Freunde langer Pubnächte. Ganz anders zeigt sich der West- und Nordteil der Insel. Hier leuchten auf der einsamen Hochebene kleine, blaue Seen, und das Meer schlägt an bizarre, himmelhohe Klippen. Zu Fuß und im Fahrradsattel läßt sich die Insel am besten erkunden.

Obwohl das Dorf **Crolly** nur aus wenigen Häusern besteht, ist es eines der Zentren für irische Folkmusik im Donegal. Will man hier einen Zwischenstop einlegen, sollte man nach den Wegweisern zu »Leo's Tavern« Ausschau halten. Fast jeden Abend wird hier Folkmusik gespielt, und der Besitzer, Leo Brennan, ist meistens mit von der Partie. Er ist sozusagen der Stammvater einer mittlerweile weltbekannten Musikerfamilie. Die Gruppe »Clannad«, bestehend aus Töchtern, Söhnen und Schwiegersöhnen, ist in allen englischsprachigen Ländern eine gern gehörte Folkrock-Band, und die Tochter Enya ist auch in Deutschland mit ihrem Song »Orinoco Flows« bekannt geworden.

Vorbei am Lough Nacung leitet ein tief in die Berge geschnittenes Tal nach **Dunlewy**. Das kleine Bergnest hat nur eine Attraktion zu bieten, die Landschaft. Direkt über dem Ort erhebt sich einer der schönsten Berge Irlands, der Errigal Mountain. Im Süden, hinter einem dunklen See, ragt der mächtige, granitgraue Elefantenrücken des Slieve Snaght in den Himmel und wird vom dunklen »Poisoned Glen« gespalten. Seinen Namen verdankt das von Eiszeitgletschern in den Fels geschürfte Tal giftigen Sauergräsern, die auf dem versumpften Talboden wachsen. Den Einheimischen erscheint dieser dunkle, geheimnisumwitterte Ort so lebensfeindlich, daß nach ihren Erzählungen sogar Vögel das Tal meiden.

Streckenbeschreibung

Von *Portnoo* fahren wir *zurück* zur *R261* und auf dieser nach *links* (Wegweiser Maas und Dunglow). Nach einigen Kilometern treffen wir auf die *N56*, auf der wir *links* (Wegweiser Dunglow, in Gegenrichtung Narin) entlang des Mündungstrichters des Gweebarra River und abschließend über eine lange Brücke zur kleinen Ortschaft *Lettermacaward* (gäl. Leitir

Seen, Moore und unzählige Felsblöcke hinterließen die Gletscher der Eiszeit in den »Rosses«.

Mhie an Bhaird) radeln. Durch rundbuckliges, seengesprenkeltes Weideland leitet uns die *N56* in einigem Auf und Ab bis zur Ortsgrenze von *Dunglow* (gäl. An Clochán Liath). Hier knickt sie in einer scharfen Kurve nach Norden, wir jedoch radeln *geradewegs* in das Ortszentrum. In rechtem Winkel treffen wir, kurz vor dem Meer, auf die Hauptgeschäftsstraße von Dunglow. Wir lassen die Räder *rechts* hinunterrollen, bis sich am nördlichen Ortsausgang die Straße verzweigt. Der *linke* Ast ist die *R259*, auf der wir unseren Weg nach Norden durch die »The Rosses« genannte Landschaft fortsetzen (Wegweiser Ailt an Chorráin und Arainn Mhór). Vorbei am Abzweig nach Burtonport (gäl. Ailt an Chorráin) biegt die Straße im Dorf *Ciann Caslagh* nach Osten um (an allen Kreuzungen nach Annagaire ausgeschildert, in Gegenrichtung nach Ailt an Chorráin und An Clochán Liath).

Durch die Streusiedlung *Annagary* (gäl. Annagaire) bringt uns die *R259* schließlich wieder vom Meer weg zurück zur *N56*. Auf der Nationalstraße wenden wir uns nach *links* (in Gegenrichtung Wegweiser Aer Phort, Annagaire und Ailt an Chorráin) und erreichen, durch *Crolly* (gäl. Croithli) radelnd, jene Kreuzung, an der die N56 nach rechts in das Bergland schwenkt (in Gegenrichtung am Talausgang nicht geradeaus nach An Bun Beag, sondern links nach An Clochán Liath). Vorbei am *Lough Nacung Upper* wechseln wir an einer Kreuzung unter dem Westhang des Errigal Mountain nach *rechts* auf die *R251* (Wegweiser Glenveagh National Park, Dún Lúiche, Leitir Ceanainn), auf der wir nach wenigen Kilometern das kleine Dorf *Dunlewy* erreichen.

Nützliche Informationen

Entfernung: Portnoo – Dunglow: 27 km; Portnoo – Burtonport: 34 km; Portnoo – Dunlewy: 62 km.

Unterkunft: Zwei Hotels und eine Pension in *Dunglow* (Tel. 075/21033; 075/21088; 075/21251); eine Pension in *Burtonport* (Tel. 075/42017); drei Hotels und eine Pension in *Bunbeg* (Wegweiser An Bun Beag) westlich der

Kreuzung, an der die N56 nach Osten in das Bergland schwenkt (Tel. 075/31177 oder 31188; 075/31159 oder 31076; 075/31149 oder 31380; 075/31305).
Jugendherberge: An-Oige-Hostel am *Crohy Head* acht Kilometer südwestlich von Dunglow (Tel. 075/21330); ein An-Oige-Hostel auf *Aran Island,* Fähren ab Burtonport (kein Telefon); ein An-Oige-Hostel in *Dunlewy* (Tel. 075/31180).
Camping: Am südlichen Ortsrand von *Dunglow* (Tel. 075/21021).
Fährverbindungen: Mehrmals täglich Fähren von Burtonport zum Aran Island.
Auskunft: *Dunglow,* Main Street (Juli und August).
Karte: OS-Karte 1:250000, Blatt 1 (North).

Über der Meeresbucht des »Sheep Haven« steht das dunkle Dunboy Castle.

23 Von Dunlewy nach Carrickart

Vorbei am Glenveagh Nationalpark zu den Stränden der Rosguill-Halbinsel

Tourencharakter: Gleich zu Beginn ein langer, kraftraubender Anstieg. Anschließend auf freien Straßen ohne größere Anstrengungen durch eine der schönsten Landschaften des Donegal.
Länge der Tour: 40 km.

Vor über 400 Millionen Jahren türmten Kräfte aus dem Erdinneren an der Nordwestspitze Irlands Berge auf, deren Kämme von Nordosten nach Südwesten ausgerichtet wurden. In den folgenden Jahrmillionen nutzten Flüsse und später die Gletscher der Eiszeit Mulden zwischen den Gebirgsketten und Bruchzonen im Gestein, um tiefeingeschnittene Täler anzulegen.

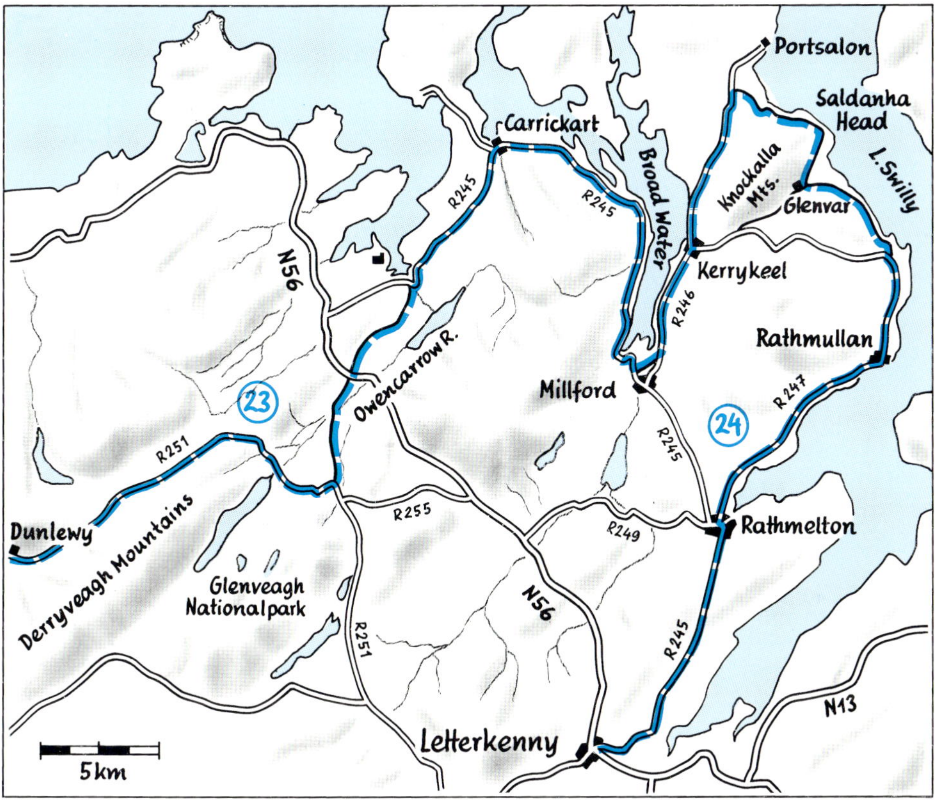

Die auffälligste dieser Tallinien durchzieht schnurgerade das gesamte Hochland von Donegal und zerschneidet in ihrem Kernbereich die Granitberge des **Glenveagh Nationalparks**. Natürlich nutzten auch die Eiszeitgletscher diese vorgegebene Linie. Nach ihrem Abschmelzen hinterließen sie im Tal eine ausgehobelte Wanne, in der sich das Wasser des schmalen, acht Kilometer langen Lough Beagh sammeln konnte. Steile Granithänge, über die Wasserfälle rauschen, begleiten zu beiden Seiten das Seeufer, und an einer günstigen Stelle ließ ein reicher Amerikaner 1870 ein Schloß, das Glenveagh Castle, errichten. Rund um das Gebäude entstand ein wuchernder tropischer Garten, der in seltsamem Kontrast zu den kahlen Bergen steht. Als 1981 Schloß und See der Republik Irland vermacht wurden, entstand rings um diesen Kernbereich der Nationalpark. Am nordöstlichen Eingang zum Tal wurde ein informatives Nationalparkzentrum errichtet und einige Lehrpfade ausgewiesen. Von Jahr zu Jahr tummeln sich in den Sommermonaten rund um das Schloß, zu dem ein regelmäßiger Buspendelverkehr eingerichtet wurde, mehr Touristen. Doch schon wenige Meter abseits ist man allein und kann ungestört diese großartige Landschaft mit den steilen Berghängen, den tropischen Rhododendronwäldern und dem tiefblauen See genießen.

Carrickart ist ein netter kleiner Erholungsort im Süden der Rosguill-Halbinsel, die weit nach Norden ins Meer vordringt. Bis zum Ende der Eiszeit lagen nur drei felsige Inseln vor der Küste. Doch Wind und Wellen häuften über Jahrtausende Sand zwischen diesen Inseln an und verbanden sie nach und nach durch Dünenwälle. So entstanden die langen Sandstrände, für die die Halbinsel bekannt ist. Vor allem die einsamen Strände entlang der schmalen Nordspitze sind einen Besuch wert. Hier draußen, im Hang über der traumhaften Tranarossan Bay, steht eine der am schönsten gelegenen Jugendherbergen Irlands.

Streckenbeschreibung

Von *Dunlewy* bringt uns die *R251* über eine vier Kilometer lange Steigung nach Osten in ein Tal, das im Norden von eleganten Quarzitbergen und im Süden vom langgezogenen Granitrücken der Derryveagh Mountains überragt wird. Durch das einsame Tal können wir ohne Anstrengung hinabfahren, bis die R251 um den Ostfuß der Derryveagh Mountains zum Eingang des *Glenveagh Nationalparks* schwenkt.

Durch wildes, kuppiges Moorland erreichen wir zirka vier Kilometer hinter dem Nationalpark eine *scharfe Kurve*, von der aus die R251 nach Süden zu einem Paß hochläuft. Genau in der Kurve verlassen wir die R251 nach *links* (Wegweiser An Craoslach). Eine schmale Nebenstraße leitet uns in das Tal des *Owencarrow River*. Nach einer kleinen Brücke treffen wir auf eine Straßengabelung vor einer einsamen Farm, an der wir uns *rechts* halten und zur nahen *N56* radeln.

Geradeaus über die Nationalstraße beginnt auf der anderen Seite eine weitere Nebenstraße, auf der wir immer *geradeaus* bis zur *R245* fahren. Wir biegen *rechts* auf die R245 ein und überqueren anschließend den Lackagh River (in Gegenrichtung der unbeschilderte erste Abzweig links nach der Brükke). Bald erreichen wir eine schlickige Bucht, über die das dunkle Gemäuer des Dunboy Castle zu uns herüberschaut. Nun sind es nur noch wenige Kilometer bis *Carrickart*.

Nützliche Informationen

Entfernung: Dunlewy – Carrickart: 40 km.
Unterkunft: Ein Hotel in *Carrickart* (Tel. 074/55114); zwei Hotels in *Downies*, vier Kilometer nördlich von Carrickart (Tel. 074/55301; 074/55303 oder 55542).
Jugendherberge: Ein An-Oige-Hostel auf der *Rosguill-Halbinsel*, acht Kilometer nördlich von Carrickart (Tel. 074/55374).
Camping: Ein Campingplatz in *Downies* vier Kilometer nördlich von Carrickart (Tel. 074/55376).
Fahrräder: Am westlichen Ortsrand von *Carrickart*, Charlie Coyle Cycles, Tel. 074/55427 (auch Fahrradverleih).
Karte: OS-Karte 1:250000, Blatt 1 (North).

24 Von Carrickart nach Letterkenny

Rund um die Fanad-Halbinsel

Tourencharakter: Zumeist angenehm sanftwelliges Gelände, das von einigen anstrengenden Bergen unterbrochen wird; wenig Verkehr.
Länge der Tour: 72 km.

Vom Meer zerfetzt und aufgelöst in langgezogene Halbinseln, so zeigt sich die Nordküste der Grafschaft Donegal. Die **Fanad-Halbinsel** ist die zweitgrößte und einsamste dieser Landzungen. Im Westen trennt sie die zerfranste Mulroy Bay von der Rosguill-Halbinsel, und an ihrer Ostküste schneidet die fjordartige Bucht des Lough Swilly 40 Kilometer tief in das Land. Entlang der Küstenlinie der Fanad-Halbinsel ist auf schmalen Straßen der 72 Kilometer lange »Fanad Drive« ausgewiesen, der bis zur Nordspitze führt. Unsere Route schneidet diesen ausgeschilderten Weg auf halber Strecke ab. Wer jedoch etwas Zeit mitbringt, sollte die ganze Runde ausfahren. Sanfte Dünenlandschaft, das felsige Fanad Head und der riesige Naturbogen »Great Arch«, zu dem südlich des Kaps eine kurze Wanderung ausgeschildert ist, lohnen diesen Umweg.

Rathmullan an der Ostküste der Fanad-Halbinsel ist ein behäbiger kleiner Ort mit bunten Häusern entlang der Strandpromenade. Die eindrucksvolle Ruine einer Kirche, die 1516 für den Karmeliterorden erbaut wurde, ist hier zu sehen. Eine Ausstellung erinnert an die Ereignisse, die dem Ort einen festen Platz in der Geschichte Irlands einbrachten. 1607 verließ ein Schiff den Hafen, das 90 Mitglieder führender irischer Familien ins Exil brachte.

Vorangegangen war ein neunjähriger Aufstand gegen die Truppen von Elisabeth I., der mit der Niederlage der irischen Seite endete. Die anschließende Flucht der Anführer, unter dem Namen »Flight of the Earls« in die Geschichte eingegangen, beraubte Irland seiner Führungsschicht und festigte die Herrschaft der Engländer über die Insel.

Über Ramelton, einer britischen Gründung

aus dem 17. Jahrhundert, bringt uns der Weg entlang des Lough Swilly nach **Letterkenny**, Bischofssitz und Hauptstadt der Grafschaft Donegal. Die Stadt entwickelte sich, seit das nahe Derry (im britischen Sprachgebrauch Londonderry) durch die Grenzziehung vom Donegal getrennt wurde, zum wichtigsten Handelsplatz im Nordwesten Irlands. Letterkenny ist der beste Ausgangspunkt für Ausflüge in den Nordteil des Donegal, hat aber selbst, abgesehen von einem Folk-Festival Mitte August, wenig zu bieten.

Streckenbeschreibung

Auf der verkehrsarmen *R245* verlassen wir *Carrickart* in östlicher Richtung und fahren entlang der schmalen Bucht mit dem Namen Broad Water bis kurz vor *Millford*. Noch vor dem Ortskern zweigt *links* eine Straße ab (Wegweiser Kerrykeel), auf der wir nach zwei Kilometern die *R246* erreichen. *Links* (Wegweiser Fanad Drive, in Gegenrichtung Millford) führt diese Straße in den hübschen Ort *Kerrykeel* (auch Carrowkeel geschrieben). Hier verlassen wir die breite Hauptstraße nach *links* (Wegweiser Portsalon, in Gegenrichtung Millford) und fahren entlang des Broad Water nach Norden. Nach drei Kilometern zweigt links der »Fanad Drive« ab, wir radeln jedoch *geradeaus* in das hügelige Landesinnere, bis kurz vor *Portsalon* neben einer Gaststätte eine Straße nach *rechts* abzweigt (Wegweiser Knockalla und Rathmullan, in Gegenrichtung Kerrykeel). Durch Dünengelände fahren wir auf den steilen Nordhang der Knockalla Mountains zu, durch den wir unsere Räder auf der steilen Serpentinenstraße zum Traumaussichtspunkt am Saldanha Head hinaufschieben. Anschließend bleiben wir bis Rathmullan immer auf der Hauptstraße (Wegweiser Rathmullan, in Gegenrichtung Portsalon und Fanad Drive).

Durch *Rathmullan* folgen wir der Beschilderung nach Rathmelton (in Gegenrichtung Wegweiser Portsalon) und fahren dann entlang des Lough Swilly nach Süden. In dem hübschen Städtchen *Rathmelton* stoßen wir auf die *R245*, auf der wir *links* den Leannan River entlangradeln (Wegweiser Letterkenny, in Gegenrichtung Rathmullan). Nach wenigen hundert Metern knickt die *R245* scharf nach *rechts* ab und überquert einen langgezogenen Hügelkamm, an dessen Südfuß wir auf die *N13* stoßen. Auf der Nationalstraße nach *rechts* erreichen wir nach einem Kilometer *Letterkenny* (in Gegenrichtung auf der N13 in Richtung Londonderry aus der Stadt und dann links, den Wegweisern nach Rathmullan und Millford folgend, auf die R245).

Die alten Hafengebäude in Rathmelton.

Nützliche Informationen

Entfernung: Carrickart – Portsalon: 31 km; Carrickart – Glenvar: 38 km; Carrickart – Rathmullan: 50 km; Carrickart – Letterkenny: 72 km.
Unterkunft: Eine Pension in *Ballyhernan,* in der Nähe von Portsalon (Tel. 074/59057); drei Hotels in *Rathmullan* (Tel. 074/58188 oder 58117; 074/58100; 074/58115 oder 58178); zwei Hotels und eine Pension in *Letterkenny* (Tel. 074/22700; 074/22066; 074/51118).
Jugendherberge: Ein Independent-Hostel in *Glenvar* (Tel. 074/50122); zwei Independent-Hostels in *Letterkenny,* Rosemount Terrace und High Road (Tel. 074/21181; 074/25238).
Camping: Ein Campingplatz an der Strecke südlich *Portsalon* (Tel. 074/59108 oder 53213).
Fahrräder: *Rathmelton,* Hugh Whoriskey, Tel. 074/51022 (auch Fahrradverleih).
Auskunft: *Letterkenny,* Derry Road, Tel. 074/21160 (ganzjährig).
Karte: OS-Karte 1:250000, Blatt 1 (North).
Tourenskizze: Siehe Seite 89.

25 Von Letterkenny nach Donegal Town

Durch das einsame Bergland im Herzen der Grafschaft Donegal

Tourencharakter: Auf einsamen Straßen durch das Hochland von Donegal; langgezogene, sanfte Anstiege wechseln mit erholsamen Abfahrten.
Länge der Tour: 74 km.

Der Name Donegal ist vor allem auf dieser Etappe ein Synonym für »Einsamkeit«. In den Bergen trifft man nur selten auf Menschen, und nur alle paar Kilometer verliert sich ein Haus in der Weite.

Selbst Schafe scheinen auf den moorigen Hängen mit der mageren Vegetation kein Auskommen zu finden.

So bringen schon die wenigen Häuser von **Fintown** einen unerwarteten Tupfer Leben in diese feindliche Landschaft. Der langgezogene, dunkle Lough Finn streckt sich zu Füßen der düsteren, felsigen Aghla Mountains. In der Eiszeit wurde sein Becken in den Fels ge-

Bäume schützen die einsamen Farmen in den Bergen des Donegal vor den stürmischen Winden.

schürft, und am See-Ende dient die dort aufgehäufte Gletschermoräne als natürlicher Damm.

Erst nach 35 Kilometern, in **Glenties**, wechselt die Farbe der Landschaft wieder von Braun zu fruchtbarem Grün.

Kleinindustrie und der von Jahr zu Jahr zunehmende Tourismus sind die beiden Beine, auf denen der bescheidene Wohlstand, der in den gepflegten Häuserzeilen seinen Ausdruck findet, steht.

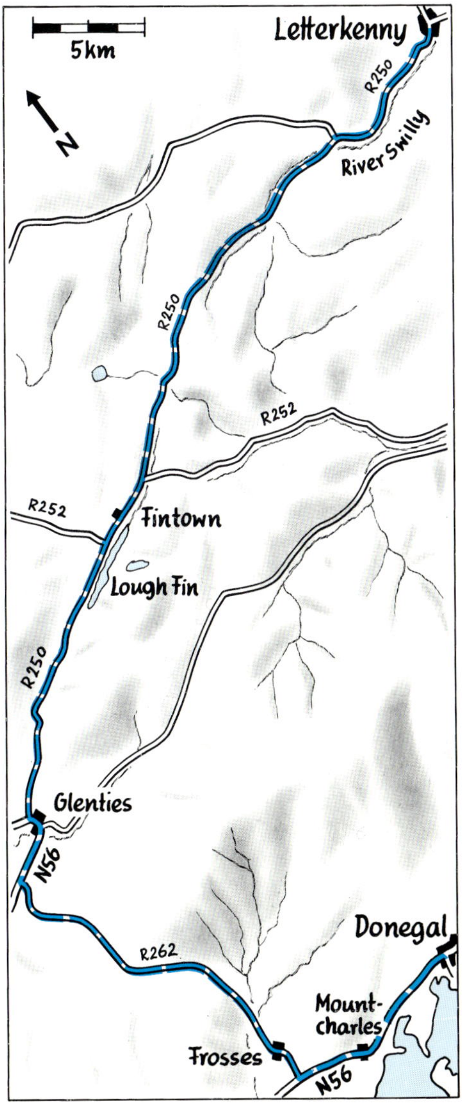

Streckenbeschreibung

Am südwestlichen Stadtrand von *Letterkenny* beginnt die *R250* (Wegweiser Glenties, Church Hill und Dunglow), die uns im Tal des River Swilly nach Westen bringt. Nach zirka sieben Kilometern zweigt die *R250*, jetzt als Nebenstraße, *links* ab (Wegweiser Fintown, Glenties und Dunglow) und führt uns in langen, aber meist sanften Anstiegen auf einen Hügelzug, der weite Ausblicke über das Bergland von Donegal gewährt. Anschließend führt die R250 nach Westen fast durchgehend leicht bergab, bis wir drei Kilometer vor Fintown auf die *R252* stoßen. *Rechts* (Wegweiser Fintown, in Gegenrichtung Letterkenny) sind die wenigen Häuser von *Fintown* schnell erreicht, und am Lough Finn entlang und später durch ein Tal führt uns die angenehme Straße, die ab Fintown wieder die Nummer *R250* trägt, nach Glenties hinunter. Am nördlichen Ortsende von *Glenties* stoßen wir auf die *N56*, auf der wir *links* durch den Ort fahren (Wegweiser Donegal, in Gegenrichtung Letterkenny und Ballybofey) und weiter Richtung Ardara, bis *links* hinauf die *R262* abzweigt (Wegweiser Donegal, in Gegenrichtung Glenties).

Durch ein Tal radeln wir auf der sanft ansteigenden Straße auf einen Hügelkamm hinauf, von dem uns eine schwungvolle Abfahrt nach Süden in den kleinen Ort *Frosses* bringt. An der nahen *N56* wenden wir uns nach *links* (in Gegenrichtung Wegweiser Frosses, Glenties und Dunglow), und über den Hügel von Mountcharles erreichen wir nach neun Kilometern *Donegal Town*.

Nützliche Informationen

Entfernung: Letterkenny – Glenties: 43 km; Letterkenny – Donegal Town: 74 km.
Unterkunft: Ein Hotel in *Glenties* (Tel. 075/51111 oder 51222); Hotels in *Donegal Town*, siehe Tour 19.
Jugendherbergen und Camping: *Donegal Town*, siehe Tour 19.
Fahrräder: In *Donegal Town* (siehe Tour 19).
Auskunft: *Donegal Town*, Quay Street, Tel. 073/21148 (Juni bis September).
Karte: OS-Karte 1:250000, Blatt 1 (North).

Von Sligo durch Nord-Mayo nach Westport

26 Von Sligo nach Ballina

Durch die Ox Mountains nach Nord-Mayo

Tourencharakter: Die ersten Kilometer auf vielbefahrener Nationalstraße, dann auf ruhigen Nebenstraßen durch angenehm flaches Fahrradgelände; nur vor dem Lough Talt ein anstrengender Anstieg.
Länge der Tour: 64 km.

Im Westen der Grafschaft Sligo liegen die **Ox Mountains**, ein 50 Kilometer langer Bergzug. Im Gegensatz zu den aus jüngeren Kalken aufgebauten, markanten Tafelbergen weiter nördlich bestehen die Ox Mountains aus bis zu 600 Millionen Jahre alten Schiefern, Gneisen und Graniten. Jahrmillionen hatte die Erosion Zeit, um diese Berge abzuschleifen und zu runden. Zurück blieben nur sanfte Felsrücken. Ein wenig Abwechslung brachte die Eiszeit in diese strenge Landschaft. Kleine Gletscher konnten sich an einigen Hängen festbeißen und Becken aushobeln, in denen heute so idyllische Bergseen wie der Lough Talt liegen.

Am südlichsten Zipfel der Killala Bay liegt **Ballina**, die größte Stadt der Grafschaft Mayo und Sitz des Bistums Killala. Neben einer Anzahl von Pubs und dem gemächlichen Leben einer irischen Provinzstadt hat der Ort wenig zu bieten. Die Attraktionen liegen im Umland.

Streckenbeschreibung

Aus *Sligo* folgen wir der vielbefahrenen *N4* (Wegweiser Dublin), die über einen Hügel nach *Ballysadare* leitet. Hier biegt sie vor den Ox Mountains scharf nach Süden und bringt uns schnell nach *Collooney*.

In dem kleinen Ort wechseln wir nach *rechts* (Wegweiser Coolaney) auf eine schmale Nebenstraße, die uns entlang einer alten Bahntrasse, die wir bald in einer scharfen Kurve überqueren, nach Westen bringt.

Ballina ist die wichtigste Stadt im Norden der Grafschaft Mayo.

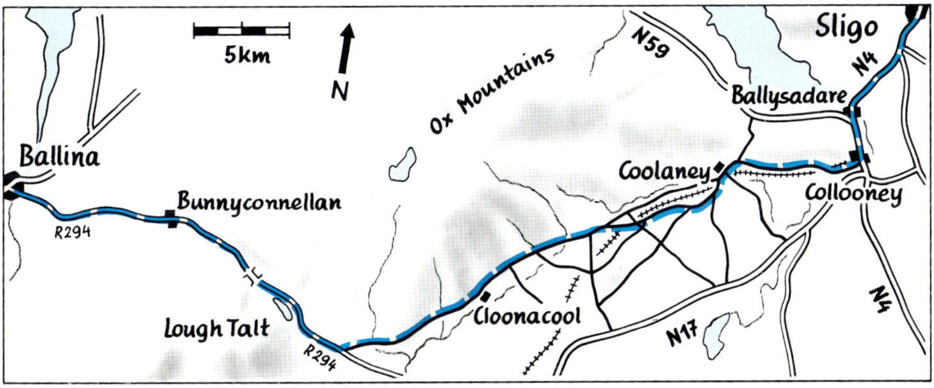

Nach einigen Kilometern treffen wir auf eine vorfahrtsberechtigte Straße, auf der wir *links* in das hübsche Dorf *Coolaney* gelangen (Wegweiser Coolaney, in Gegenrichtung Collooney). Geradewegs durch den Ort und am Ortsausgang an einer Straßengabelung *links* (Wegweiser Ballymote und Cloonacool, in Gegenrichtung Collooney), biegen wir dann hinter den nahen Bahngleisen in einem Wäldchen *rechts* ab (Wegweiser Cloonacool, in Gegenrichtung Coolaney).

An der nächsten Straßengabelung fahren wir geradeaus und überqueren dann ein letztes Mal die Bahnlinie. Die Straße schwenkt anschließend leicht nach links (Vorsicht in Gegenrichtung, hier nicht dem Wegweiser zur Mountain Lodge geradeaus zu einem Gehöft auf einem Hügel folgen, sondern leicht rechts halten!) und läuft ohne Orientierungsprobleme über die weltvergessene Ortschaft *Cloonacool* immer geradeaus nach Westen. Bald stoßen wir auf die *R294*, die *rechts* hinauf anstrengend zum beeindruckenden Lough Talt führt (Wegweiser Ballina, in Gegenrichtung Cloonacool und Lough Easky). Vorbei am See erreichen wir einen Paß, von dem die R294 durch das kleine Dorf *Bunnyconnellan* bis in das Stadtzentrum von *Ballina* läuft (in Gegenrichtung im Stadtzentrum Wegweiser R294 und Tobercurry).

Nützliche Informationen

Entfernung: Sligo – Ballina: 64 km.
Unterkunft: Hotels in *Sligo*, siehe Tour 5; drei Hotels und eine Pension in *Ballina* (Tel. 096/21338: 096/21677; 096/22200; 096/21350).
Jugendherbergen: In *Sligo*, siehe Tour 5.
Fahrräder: In *Sligo*, siehe Tour 5; *Ballina*, W.J. Kearney, Abbey Street, Tel. 096/21249 (auch Fahrradverleih); Gerry's Cycle Centre, Crossmolina Road, Tel. 096/70455 (auch Fahrradverleih).
Auskunft: *Sligo*, Temple Street, Tel. 071/61201 (ganzjährig); *Ballina*, Aran Street, Tel. 096/21544 (Juni bis September).
Karte: OS-Karte 1:250000, Blatt 2 (West).

27 Von Ballina nach Westport

Vorbei am Lough Conn und durch das Glen Nephin zur Clew Bay

Tourencharakter: Hauptsächlich auf ruhigen Nebenstraßen ohne große Steigungen durch angenehmes Fahrradgelände.
Länge der Tour: 61 km.

Auf dieser Etappe steht die Landschaft im Mittelpunkt. Vier Seen liegen am Weg. Der größte von ihnen, der Lough Conn, ist ein ausgezeichnetes Fischgewässer. Über den blauen Wasserflächen ragen der elegante Quarzitkegel des Nephin und die dunklen Hänge der Nephin Beg Range auf. Die Seen mit den Findlingsblöcken, die das Wasser durchstoßen, und die Berge mit den ausgeschürften Karen und Tälern sind von den Gletschern der Eiszeit modelliert.

Ihre Spuren hat die Eiszeit auch entlang der Clew Bay hinterlassen. Spuren, deren

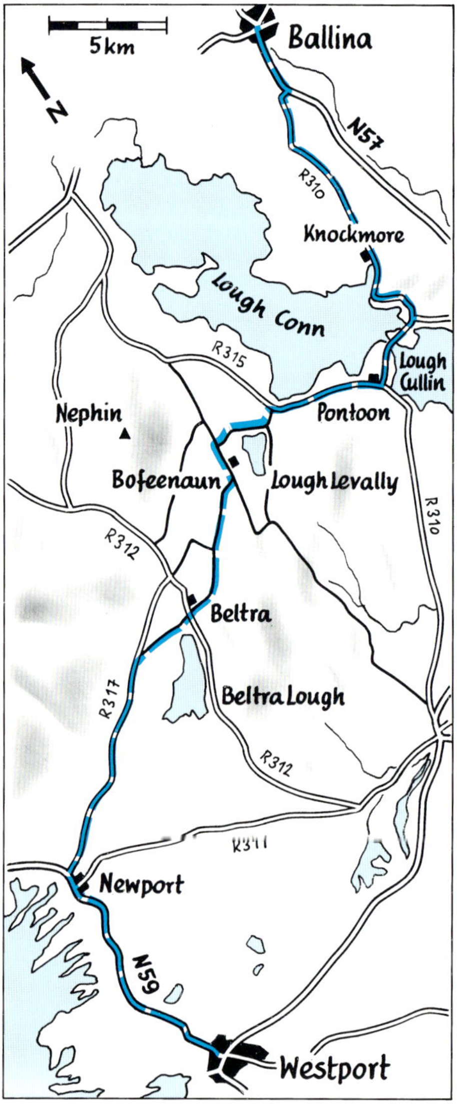

Auswirkungen man in den Beinen bemerken wird. Ein Hügel reiht sich hier an den anderen, und die Nationalstraße weicht nicht allen aus. Entstanden sind die stromlinienförmigen Kuppen während der Eiszeit, als ein mächtiger Gletscher das Land überfuhr und loses Gesteinsmaterial zu sogenannten Drumlins formte. Diese Hügel wurden nach der Eiszeit, als durch das Wasser der abschmelzenden Gletscher der Meeresspiegel wieder anstieg, teilweise überflutet und bilden heute die vielen kleinen Inseln, die die Wasserfläche der Clew Bay durchstoßen. Angeblich sollen es 365 sein, für jeden Tag eine.

Am südöstlichen Winkel der Clew Bay liegt **Westport.** Wer aufmerksam durch die Straßen der Stadt schlendert, dem wird nicht entgehen, daß sie auf dem Reißbrett entstand. Zwei parallele Straßen laufen zu beiden Seiten des Carrowbeg River, der von mehreren Brücken überspannt wird, und formen die Hauptstraße »The Mall«. Knorrige Bäume verdecken hier die gediegenen Fassaden der Häuser aus dem 18. Jahrhundert, als die Stadt angelegt wurde. Von der »Mall« läuft eine belebte Straße bergauf zum achteckigen Marktplatz, dem »Octagon«, mit der Säule im Zentrum, von dem weitere Straßen sternförmig wegführen.

Viele der georgianischen Häuser aus der Zeit der Gründung sind erhalten geblieben, und zusammen mit dem lebhaften Treiben in den Gassen ergibt sich das Bild einer junggebliebenen Stadt, in der man gerne länger bleibt.

Etwas außerhalb der Stadt, in einem Park an der Clew Bay, liegt das »Westport House«. Im Laufe des 18. Jahrhunderts entstand dieser schloßartige Herrensitz, der zu den beeindruckendsten Bauwerken in georgianischem Stil in ganz Irland gehört. Ausgestattet mit edlen Möbeln, wertvollem Silber und Porzellan ist es heutzutage die Hauptattraktion von Westport und leider dementsprechend überlaufen.

Streckenbeschreibung

Wir verlassen *Ballina* auf der *N57* nach Süden (Wegweiser Castlebar) und biegen nach zwei Kilometern *rechts* auf die *R310* ab (Wegweiser Castlebar, Pontoon und Knockmore). Über *Knockmore* erreichen wir entlang des Lough Conn die schmale Landbrükke, die den Lough Cullin abtrennt und über die uns die aussichtsreiche R310 nach *Pontoon* bringt. Die R310 knickt hier nach links um, wir wechseln jedoch nach *rechts* auf die *R315* (Wegweiser Crois Mhaoiliona und Lahardane, in Gegenrichtung Ballina), die uns durch dichten Mischwald nach Norden auf einen Hügel bringt. Bald führt uns die Straße wieder zum Lough Conn hinunter, an dessen

Ufer wir ein kurzes Stück entlangradeln. Dann verlassen wir die Hauptstraße nach *links* (Wegweiser Newport und Bofeenaun, in Gegenrichtung Pontoon und Castlebar) und fahren in die breite Talmulde hinauf, in der der Lough Levally liegt. An der nächsten Kreuzung *rechts* Richtung Newport (in Gegenrichtung Pontoon) leitet uns die Straße bald am Nordufer des Sees entlang, bis wir auf eine vorfahrtberechtigte Straße stoßen. Hier halten wir uns *links* (Wegweiser Newport, in Gegenrichtung Pontoon), fahren durch den kleinen Ort *Bofeenaun* und zweigen kurz nach dem Dorf *rechts* ab (Wegweiser Newport und Castlebar, in Gegenrichtung Pontoon und Crossmolina). Diese Straße leitet uns geradewegs über einen Hügel nach Südwesten.

Bei dem verlassenen Nest *Beltra* stoßen wir auf die *R312,* auf der wir nur wenige Meter nach *links* fahren, um dann *rechts* hinunter zum nahen Beltra Lough zu gelangen (Wegweiser Newport, in Gegenrichtung Pontoon, Crossmolina und Lahardane). In hügeligem Gelände nördlich am See vorbei führt uns die schmale Straße schnell zur *R317,* die uns *links* zur Clew Bay hinausbringt (Wegweiser Newport, in Gegenrichtung Beltra). Nach zehn Kilometern stoßen wir am nördlichen Ortsrand von *Newport* auf die *N59* (in Gegenrichtung Wegweiser Crossmolina), auf der wir *links* in den Ort fahren. Die letzten zwölf Kilometer bis *Westport* bleiben wir immer auf der *N59* (in Gegenrichtung Wegweiser N59, Newport und Achill Island).

Nützliche Informationen

Entfernung: Ballina – Pontoon: 14 km; Ballina – Newport: 51 km; Ballina – Westport: 61 km.
Unterkunft: Ein Hotel in *Pontoon* (Tel. 094/56120 oder 56156); ein Hotel und eine Pension in *Newport* (Tel. 098/41222; 098/41249); fünf Hotels und eine Pension in *Westport* (Tel. 098/25122; 098/25444; 098/25166 oder 25090; 098/25438; 098/25027; 098/25461).
Jugendherberge: Ein Independent-Hostel in *Pontoon* (Tel. 094/56640); ein Independent-

»The Mall« heißt die georgianische Prachtstraße entlang des Carrowbeg River in Westport.

Hostel an der Strecke (R317) fünf Kilometer *nordwestlich Newport* (Tel.098/41500); ein An-Oige-Hostel an einem Bergsee, acht Kilometer *nördlich Newport* (Tel. 098/41358); in *Westport* zwei Independent-Hostels, The Quay und Rosbeg (beide am Stadtrand, Richtung Louisburgh) und ein Budget-Hostel, Altamount Street (Tel. 098/25903; 098/26831; 098/26644 oder 26717).
Camping: Zwei Campingplätze am westlichen Stadtrand von *Westport* (Tel. 098/25141; 098/25819).
Fahrräder: In *Westport*, J. P. Breheny & Sons, Castlebar Street, Tel. 098/25020 (auch Fahrradverleih); The Bike Store, Club Atlantic Hostel, Altamount Street, Tel. 098/26644 oder 26717 (nur Fahrradverleih).
Auskunft: *Westport*, The Mall, Tel. 098/25711 (ganzjährig).
Karte: OS-Karte 1:250000, Blatt 2 (West).

28 Von Ballina nach Bangor

Wilde Klippen, einsame Moore und 5000 Jahre irischer Geschichte

Tourencharakter: Wenig befahrene Straßen durch eine wilde Landschaft; vor allem im Mittelteil der Tour häufiges Bergauf und Bergab; an den Klippen ist die Strecke stark dem Wind ausgesetzt.
Länge der Tour: 72 km.

Der erste Abschnitt dieser Etappe läßt uns immer tiefer in die Geschichte Irlands eintauchen, je weiter wir durch das sanftwellige Farmland westlich der Killala Bay nach Norden vordringen.

Schon wenige Kilometer nördlich von Ballina weist ein Schild zu den Ruinen der **Rosserk Abbey** am Ufer der Killala Bay. Im 15. Jahrhundert vom Franziskanerorden gegründet, ist es heute das besterhaltene Kloster dieses Ordens in Irland. Dank der gotischen Fenster halten es viele Fachleute für das schönste Bauwerk, das die Franziskaner im Land hinterlassen haben.

Noch wuchtiger ist die **Moyne Abbey**, die einige Kilometer nördlich über der Killala Bay aufragt. Dieses Franziskanerkloster entstand ebenfalls im 15. Jahrhundert im spätgotischen Stil. Durch die an das Hauptschiff angefügte Kapelle erhält die Kirche eine luftige Weite. Die Überreste der Wirtschaftsgebäude rund um den Klostergarten lassen die einstige Größe der Anlage erahnen. Erst im 17. Jahrhundert wurde der charakteristische Turm über dem Kirchenschiff errichtet.

Das kleine, verwinkelte Hafenstädtchen **Killala** am Westufer der gleichnamigen Bucht, das noch heute der hiesigen Diözese den Namen gibt, war einst der wichtigste Ort dieser Region. Im 6. Jahrhundert soll an dieser Stelle der irische Nationalheilige, St. Patrick, eine Kirche gegründet haben. Später entwickelte sich ein frühchristliches Kloster, an das noch heute der 26 Meter hohe Rundturm erinnert, unter dem sich die Häuser von Killala ducken.

In ganz Irland bekannt wurde der Name der kleinen Stadt durch ein Ereignis, das hier im Jahre 1798 seinen Ausgang nahm. Im August dieses Jahres gingen drei Kriegsschiffe, getarnt mit englischen Flaggen, in der Nähe des Hafens vor Anker. In Wirklichkeit brachten die Schiffe ein französisches Expeditionsheer mit 1067 Soldaten unter der Leitung von General Humbert nach Irland. Beseelt vom Gedankengut der französischen Revolution, unterstützten sie einen irischen Aufstand gegen die Engländer. Trotz der miserablen Ausrüstung und Ausbildung der Iren hatte das zusammengewürfelte Heer einige Anfangserfolge zu verzeichnen und drang weit nach Süden vor. Doch am 8. September endete der Traum vom unabhängigen Irland in der Schlacht von Ballinamuck in der Grafschaft Longford, als ein weit überlegenes englisches Heer den entscheidenden Sieg über die Aufständischen errang. Die gefangengenommenen Franzosen wurden kurze Zeit später in ihr Heimatland zurückgeschickt. Weit schlechter erging es den überlebenden Iren, denn sie wurden allesamt am Galgen hingerichtet.

Über der Bunatrahir Bay mit ihrer weißen Sandsichel liegt, eingekreist von triefend nassen, vermoorten Hügeln, der kleine Ort **Ballycastle**. Westlich des Dorfes deuten zwei Steinzeitgräber an, daß diese Landschaft schon vor 5000 Jahren besiedelt war. Wer sich die Mühe macht, kann in dieser Gegend eine Vielzahl von Grabanlagen aus verschiedenen Epochen der Steinzeit entdecken. Einige dieser Gräber kamen beim Torfstich zu Tage und beweisen, daß erst eine spätere Klimaverschlechterung die Moore von den Bergen herabwuchern ließ. Nur so ist es zu erklären, daß die steinzeitlichen Farmer hier ihr Auskommen fanden und Nord-Mayo von Archäologen zu den in vorkeltischer Zeit am dichtesten besiedelten Gebieten in Irland gezählt wird.

Einige Kilometer nördlich von Ballycastle sticht die felsige Spitze des Downpatrick Head ins Meer. Ganz einsam steht die kleine St.-Patrick's-Kirche am Kap, und um die abgesprengten Felsspitzen und in den ausgehöhlten Kavernen tobt die Brandung.

War es auf der ersten Hälfte des Weges vor allem die Geschichte, die den Reiz dieser Etappe ausmacht, so ist es im zweiten Teil die ungeheuer wilde Landschaft von Nord-Mayo. Kurz nach Ballycastle führt uns die Straße an die sturmgepeitschte Steilküste, ehe sie bei **Belderg** wieder in das Landesinnere schwenkt. Wer hier sein Fahrrad mit Wanderschuhen vertauschen will, der kann eine Küste erleben, die an Einsamkeit und Dramatik selbst in Irland ihresgleichen sucht. Von Belderg kann man in ständigem Auf und Ab den bis zu 300 Meter hohen Klippen nach Westen bis zum Benwee Head folgen. Diese einsamen 20 Kilometer können allerdings nur erfahrenen und konditionsstarken Wanderern angeraten werden. Wesentlich einfacher ist einer der Höhepunkte dieser Landschaft zu entdecken, wenn man westlich von Glenamoy einer 15 Kilometer langen Stichstraße bis zur Hafenbucht des kleinen Ortes Portacloy folgt. Von dort führt entlang der vom Meer zerfressenen Klippen eine einfache Wanderung auf das **Benwee Head**. Der Blick vom Kap geht dann über die Stags of Broad Haven, sieben 100 Meter hohe Felstürme, die weit draußen das Meer durchstoßen, bis zu den Klippenbergen der Slieve League im Donegal.

Am Rand einer flachen, von großen Torfbaggern kahlgefressenen Landschaft liegt der kleine Ort **Bangor**. All die Weite, Leere und Einsamkeit ringsum geben den wenigen Häu-

Einsam und verlassen steht dieses Haus in den trostlosen Moorflächen Nord-Mayos.

sern eine größere Bedeutung, als ihnen eigentlich zukommt. Seit der großen Hungersnot im 19. Jahrhundert, die diesen kargen Landstrich besonders hart traf, blutete die Gegend aus. Landflucht und Auswanderung heißen die Schlagwörter, denen vor allem durch den erhofften Tourismus begegnet werden soll.

Streckenbeschreibung

Wir verlassen *Ballina* auf der *R314*, die uns durch grünes Weideland nach *Killala* bringt. An den zwei Kreuzungen im Städtchen halten wir uns jeweils *rechts* (Wegweiser Ballycastle, in Gegenrichtung Ballina), überqueren nach einigen Kilometern den Cloonaghmore River, der über breite Schlickbänke zum Meer hinausfließt, und dringen auf der *R314* weiter nach Westen vor.

Bald zweigt rechter Hand eine Nebenstraße (Wegweiser Rathfranpark) ab, die den Besuch der Ringforts von Rathfranpark und des steinzeitlichen Galeriegrabes von Carbad More ermöglicht.

Weiter auf der *R314* überqueren wir einen vermoorten Hügelzug, der uns vom Dorf *Ballycastle* trennt. Im Ort verzweigt sich die Straße, aber wir bleiben weiterhin auf der *R314*, die *rechts* in ein Tal hinabführt (Wegweiser Belmullet, in Gegenrichtung Killala und Ballina). Dort beginnt dann der Anstieg, der uns auf die einsamen Kliffs von Nord-Mayo hinaufbringt. Bis *Belderg* bleiben wir immer in der Nähe des Ozeans, der an die felsige Küste schlägt.

Dann leitet die *R314* in das beklemmend einsame Landesinnere hinauf. Von den vermoorten Hügelkuppen geht es anschließend, an den wenigen Häusern und der kleinen Kirche von *Gortleatilla* vorbei, hinab bis zum Ort *Glenamoy*. Entlang des Glenamoy River fahren wir auf der R314 am Abzweig vorbei, an dem die Straße nach Portacloy beginnt, und etwas später auch an dem, der zu den Jugendherbergen von Pollatomish führt.

Durch Wald und über einen niedrigen Hügel läuft die *R314* schnurgerade bis zu einer Kreuzung, an der jene Nebenstraße *links* abzweigt (Wegweiser Bangor), die uns entlang des hügeligen Südsaums des großen Carrowmore Lake nach Süden bringt. Bergauf und bergab führt die schmale Straße oberhalb des Sees, in dem sich die Abendsonne spiegelt, bis zur R313. Auf der *R313* (Wegweiser Bangor, in Gegenrichtung Glenamoy und Carrowmore Drive) wenden wir uns nach *links* und erreichen durch ausgedehnte Torfabbaugebiete nach drei Kilometern *Bangor*, den größten Ort in weitem Umkreis (in Gegenrichtung auf der R313 aus Bangor in Richtung Belmullet).

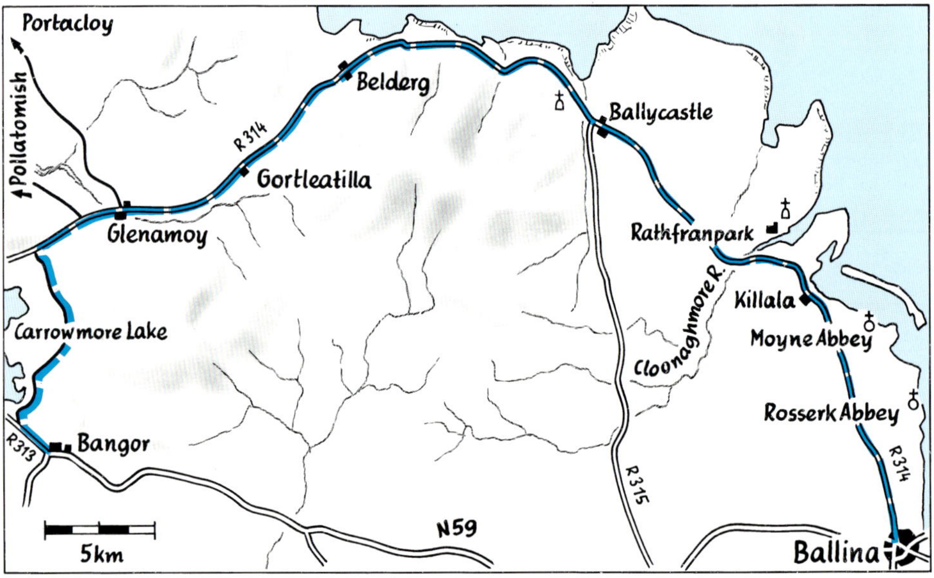

Nützliche Informationen

Entfernung: Ballina–Killala: 13 km; Ballina–Glenamoy: 53 km; Ballina–Bangor: 72 km.
Jugendherberge: In *Killala* ein An-Oige-Hostel (Tel. 096/32172); acht Kilometer westlich Glenamoy in *Pollatomish* ein Independent-Hostel (Tel. 097/84621) und ein An-Oige-Hostel (kein Telefon); ein Independent-Hostel in *Bangor* (Tel. 097/83497).
Camping: Campingmöglichkeit am Hostel in *Bangor*.
Karte: OS-Karte 1:250 000, Blatt 2 (West).

29 Von Bangor nach Keel

Zwischen Ozean und Bergen zur größten Insel vor der irischen Küste

Tourencharakter: Der erste Abschnitt auf sehr verkehrsarmer Nationalstraße mit wenigen, sanften Anstiegen; der zweite Abschnitt über die Corraun-Halbinsel und auf Achill Island hügeliger und anstrengender.
Länge der Tour: 60 km.

Achill Island, heute durch eine Brücke mit dem Festland verbunden, ist die größte Insel vor der irischen Küste. Ein »Irland im Kleinen«, so wird die Insel oft betitelt, und diese Charakterisierung ist nicht von der Hand zu weisen. Nahezu alles, was den Reiz der irischen Landschaft ausmacht, ist auf Achill Island versammelt.

671 Meter strebt der höchste Berg der Insel, der Slievemore, in den Himmel. Mit kleinen Booten kann man von Doogort die Felshöhlen an seinem Fuß erforschen, in denen sich Robben verstecken. In die ungeschützte Flanke seines westlichen Nachbarn, des Croaghaun, hat der Ozean 650 Meter hohe Steilklippen geschnitten, die höchsten in Europa. Senkrecht fallen die Minaun-Klippen zum fünf Kilometer langen Traumstrand von Keel ab, und im Norden verstecken sich kleinere, aber kaum weniger schöne Strände. Lagunenseen bieten Surfanfängern eine ungefährliche Alternative zum wellengepeitschten Meer, und Wanderer können im moorüberzogenen Bergland stille Seen entdecken. Abseits der Hauptstraße bieten kleine Nebenstraßen die Möglichkeit, auf dem »Atlantic Drive« die Südspitze der Insel zu umrunden oder mit dem Fahrrad nach Westen bis zur sehenswerten Keem Bay vorzustoßen.

Von Keel leitet ein schmales Sträßlein zu den Südhängen des **Slievemore**, an denen es Steinzeitgräber zu entdecken gibt und wo ein großes verlassenes Dorf, ausgeschildert als »Deserted Village«, langsam vom Moos verschlungen wird. Dieses Dorf beschrieb Heinrich Böll, der in den fünfziger Jahren die Sommer im nahen Doogort verbrachte, in seinem berühmten »Irischen Tagebuch« treffend als das »Skelett einer menschlichen Siedlung«. Obwohl Achill Island heute *das* Fremdenverkehrszentrum der Grafschaft Mayo ist, wird man auch hier auf der Suche nach Ruhe nicht enttäuscht werden.

Wer sich den weiten Weg rund um die Clew Bay ersparen und auf schaukelnden kleinen Booten etwas Atlantikluft schnuppern will, dem sei der Weg über **Clare Island** nach Süd-Mayo angeraten. In den Sommermonaten startet die Fähre vormittags von Cloghmore, einige Kilometer südlich von Achill Sound (genaue Abfahrtszeiten im TI-Office von Achill Sound erfragen oder den Anschlägen am Pier von Achill Sound entnehmen). Das kleine, gebirgige Clare Island mit seinen wilden Klippen und einsamen Stränden ist in Irland vor allem als Hauptquartier der berühmten Piratenkönigin Grace O'Malley bekannt, die im 16. Jahrhundert der britischen Königin Elisabeth I. die Stirn bot. Über dem kleinen Inselhafen ragt noch die Burg von Grace auf, und einige Kilometer westlich soll bei der Ruine einer alten Kirche ihr Grab liegen. Hat man die Stille dieser abgelegenen Insel zur Genüge ausgekostet, kann man die ganzjährige Fährverbindung nach Süden ausnutzen. Vormittags und abends starten die kleinen Boote von Roonagh Point, einige Kilometer westlich von Louisburgh, um nach kurzem Zwischenstop auf Clare Island die Rückfahrt anzutreten. In Louisburgh trifft man dann auf den Streckenverlauf der Etappe 31.

Auf der kaum befahrenen Nationalstraße südlich von Bangor tummeln sich die Kühe.

Streckenbeschreibung

Wir verlassen *Bangor* auf der *N59* in südlicher Richtung (Wegweiser Achill Sound und Newport) und fahren vom breiten Owenmore River auf der kaum befahrenen Nationalstraße in das einsame Moorland hinauf, das von den Hängen der Nephin Beg Range zum Meer hinabzieht. Die wenigen Anstiege sind sanft, und kein Haus stört hier den spröden Reiz der Landschaft. Nach der *Srahnamanragh Bridge* radeln wir zum ersten Mal etwas anstrengender auf einen Hügelzug hinauf, auf dessen Südseite wir die Räder in das gottverlassene Nest *Ballycroy* hinabrollen lassen. Vor uns bauen sich die Berge der Corraun-Halbinsel und Achill Island auf, und je weiter wir nach Süden vorstoßen, desto näher rückt das Meer an die Straße. Die Küstenlinie wird nun immer zerfranster, und viele Inseln schwimmen auf der blauen Wasserfläche. Bald leitet die *N59*, eingeklemmt zwischen den Bergen im Osten und einem engen Mee-

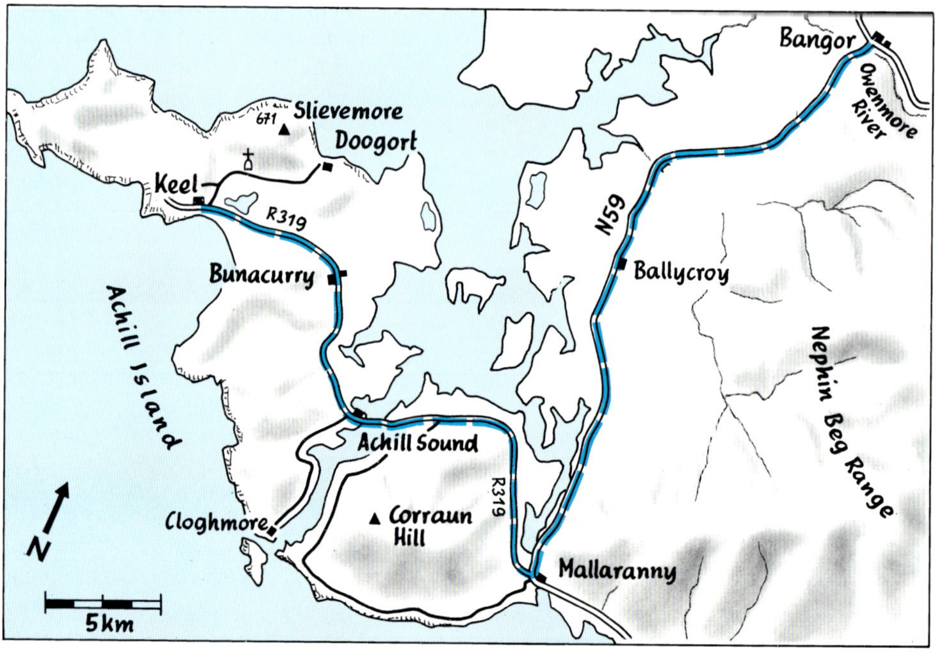

resarm, durch einen Steilhang zur schmalen Landbrücke hinauf, die die Corraun-Halbinsel mit dem Festland verbindet.

Hier treffen wir auf die *R319*, auf der wir nach *rechts* auf die Corraun-Halbinsel fahren (Wegweiser Achill, in Gegenrichtung N59 und Bangor; eine einsamere, wenn auch längere *Alternativroute* entlang der Südküste der Corraun-Halbinsel beginnt wenige hundert Meter weiter südlich in Mallaranny und ist als Atlantic Drive ausgeschildert). Entlang der Nordküste führt uns jetzt die Straße durch welliges Gelände nach *Achill Sound*, und auf der langen Brücke können wir zum Achill Island hinüberfahren.

Die *R319* bringt uns anschließend über einige Buckel durch den relativ dicht besiedelten Ostteil von Achill Island zum kleinen Ort *Bunacurry*. Nun gilt es noch einen sperrenden Hügelzug zu erklimmen, von dem wir die Räder bis zum kilometerlangen Strand von *Keel* hinunterrollen lassen.

Nützliche Informationen

Entfernung: Bangor – Achill Sound: 45 km; Bangor – Keel: 60 km.
Unterkunft: In *Mallaranny* (siehe Tour 30); ein Hotel in *Achill Sound* (Tel. 098/45245); ein Hotel in *Keel* (Tel. 098/43131 oder 43108); zwei Hotels und eine Pension westlich von Keel in *Dooagh* (Tel. 098/ 43239; 098/43115: 098/43119); drei Hotels und eine Pension in *Doogort* nördlich von Keel (Tel. 098/43254 oder 43224; 098/43148; 098/43241; 098/43244 oder 43315).
Jugendherberge: Ein Hostel in *Achill Sound* (Tel. 098/45392); ein Independent-Hostel in *Keel* (Tel. 098/43266); ein Independent-Hostel östlich Doogort in *Valley* (Tel. 098/47204).
Camping: Ein Campingplatz in *Keel* (Tel. 098/32054 oder 43211); zwei Campingplätze nördlich Keel bei *Doogort* (Tel. 098/43268; 098/47232 oder 47277).
Fahrräder: *Achill Sound*, Achill Sound Hotel, Tel. 098/45245 (nur Fahrradverleih); *Keel*, Post Office, O'Malley's Island Sports, Tel. 098/43125 (auch Fahrradvermietung).
Auskunft: In *Achill Sound* (Juni bis September).
Karte: OS-Karte 1:250000, Blatt 2 (West).

30 Von Keel nach Westport

Rund um die Clew Bay

Tourencharakter: Einige längere Anstiege auf Achill Island und auf der Corraun-Halbinsel; ab Mallaranny auf wenig befahrener Nationalstraße über viele kleine Hügel.
Länge der Tour: 59 km.

Mallaranny (auf einigen Karten auch Mulrany) ist ein kleiner Ort, der dank seiner traumhaften Lage über der inselübersäten Clew Bay von Jahr zu Jahr mehr Touristen anlockt.

Eingeklemmt zwischen den wilden Gipfeln und Tälern der Nephin Beg Range und der riesigen Bucht leitet uns anschließend die Straße nach Osten, bis ein Schild zur **Burrishoole Abbey** hinableitet. Wer den kurzen Abstecher zu diesem Dominikanerkloster aus dem 15. Jahrhundert auf sich nimmt, wird mit einem wunderschönen Anblick belohnt, den man nur selten mit anderen Besuchern teilen muß. Neben den Ruinen zwängt sich ein schmaler Meeresarm in die grünen Hügel, über denen die unnahbaren Höhen der Nephin Beg Range aufragen. Ein stiller Friedhof umgibt das brüchige Gemäuer des Kreuzganges und der Kirche mit ihren zierlichen Fensterbögen. Wer seine Reise durch Irland in Dublin beendet, der kann im dortigen Nationalmuseum den aufwendig verzierten Burgo-O'Malley-Kelch bewundern, der aus diesem Kloster stammt.

Streckenbeschreibung

Von *Keel* aus fahren wir auf demselben Weg (siehe Tour 29), auf dem wir auf die Insel gekommen sind, über *Achill Sound* und die Corraun-Halbinsel zurück. (Kurz nach Achill Sound beginnt die als Atlantic Drive ausgeschilderte *Alternativroute* entlang der Südküste der Corraun-Halbinsel, die in Mallaranny endet.)

An der schmalen Landenge, an der die *R319* von der *N59* abzweigt, halten wir uns rechts (Wegweiser Westport, in Gegenrichtung Achill). Nach wenigen Metern auf der

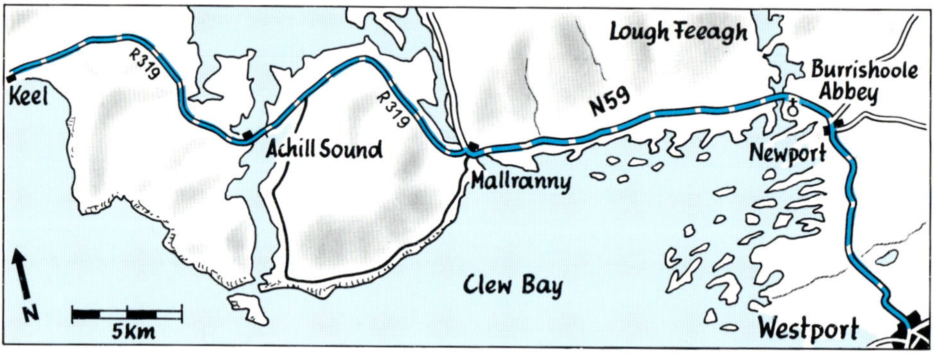

N59 erreichen wir den Touristenort *Mallaranny*, der uns mit einem weiten Blick über die Clew Bay verwöhnt. Die Nationalstraße leitet uns jetzt über viele kleine Hügel zwischen den kahlen Bergen der Nephin Beg Range und der inselübersäten Clew Bay nach Osten. Nach einer Brücke über einen Meeresarm zweigt rechts die Zufahrtsstraße zur *Burrishoole Abbey* (ausgeschildert) ab, und kurz darauf beginnt zur Linken die Straße zum einsamen Lough Feeagh mit der Jugendherberge an seinem Ufer. Noch vor *Newport* treffen wir bei der Einmündung der R317 auf den Verlauf der Etappe 27, mit der wir auf der *N59* nach *Westport* gelangen.

Nützliche Informationen

Entfernung: Keel–Mallaranny: 29 km; Keel–Newport: 46 km; Keel – Westport: 59 km.
Unterkunft: *Achill Sound*, siehe Tour 29; ein Hotel und eine Pension in *Mallaranny* (Tel. 098/36222; 098/36116); *Newport* und *Westport*, siehe Tour 27.
Jugendherbergen: *Achill Sound*, siehe Tour 29; *Newport* und *Westport*, siehe Tour 27.
Camping: *Westport*, siehe Tour 27.
Fahrräder: In *Westport* (siehe Tour 27).
Auskunft: *Westport*, The Mall, Tel. 098/25711 (ganzjährig).
Karte: OS-Karte 1:250000, Blatt 2 (West).

An einem schmalen Seitenarm der Clew Bay liegt die Burrishoole Abbey.

Die üppig wuchernden Fuchsienhecken an der Clew Bay bilden einen eigenartigen Kontrast zu den kahlen Flanken der Nephin Beg Range.

Von Westport durch Süd-Mayo und Connemara nach Galway (die Küstenroute)

31 Von Westport nach Leenane

Vorbei am heiligen Berg der Iren zum tief eingeschnittenen Fjord des Killary Harbour

Tourencharakter: Wenig anstrengende Etappe durch eines der einsamsten, wildesten und schönsten Berggebiete in Irland. Nur vor dem Doo Lough ein längerer, wenngleich sanfter Anstieg.
Länge der Tour: 53 km.

Einige Kilometer hinter Westport erreicht man einen großen Parkplatz, über dem der perfekte Quarzitkegel des **Croagh Patrick** aufragt. Jedes Jahr beginnt hier am letzten Julisonntag die Wallfahrt auf den heiligen Berg der Iren. Tausende gläubiger Katholiken bezwingen dann auf dem steilen, steinigen Weg jenen Gipfel, auf dem der irische Nationalheilige St. Patrick im Jahre 441 40 Tage lang gefastet haben soll. Den Berg kannte er wahrscheinlich aus seiner Jugend, denn er wurde als Knabe bei einem irischen Überfall aus Schottland verschleppt und mußte in dieser Gegend als Sklave Kühe und Schafe hüten. Nach gelungener Flucht kehrte er Jahre später als der katholische Bischof zurück, der die wilden Kelten Irlands christianisieren sollte. Da auf dem exponierten Croagh Patrick keltische Druiden ihren Kulten nachgingen, suchte sich Patrick wahrscheinlich diesen Berg aus, um die Überlegenheit seiner Religion zu demonstrieren.

In späterer Zeit rankten sich viele Sagen um jenen Aufenthalt des Heiligen auf dem Berg. So soll ihm Tag für Tag ein Engel erschienen sein, der dann Gott jene Bedingungen überbrachte, nach deren Erfüllung Patrick bereit war, seinen Hungerstreik abzubrechen. Er ertrotzte sich so die göttliche Zu-

Landschaft am Killary Harbour.

Leenane ist die einzige Ansiedlung an den Ufern des Killary Harbour, die den Namen Dorf verdient.

sage, daß er dereinst beim Jüngsten Gericht als alleiniger Richter über sein irisches Volk fungieren darf. So ganz nebenbei schleuderte er allen Drachen und allem übrigen Ungetier, das damals in Irland lebte, seine Glocke entgegen und verbannte es so von der Insel. Dank des heiligen Patrick kann man also ohne Angst vor Schlangen durch die irische Landschaft streifen.

Nur wenige hundert Meter unterhalb des Parkplatzes, nahe am Ufer der Clew Bay, liegt das dunkle Gemäuer der **Murrisk Abbey**, eines 1457 gegründeten Augustinerklosters.

Der hübsche Ort **Louisburgh**, der im 18. Jahrhundert gegründet wurde, besteht eigentlich nur aus einigen Häuserzeilen an einer Kreuzung. Doch dank seines geplanten Grundrisses und der georgianischen Hausfassaden erhält das Dorf fast städtischen Charakter. Lange Strände am nahen Meer und ein interessantes Umland machen den Ort von Jahr zu Jahr bei Urlaubern beliebter. Ein kleines Museum bringt den Besuchern die Piratenkönigin Grace O'Malley, die im 16. Jahrhundert diesen Teil der Küste beherrschte, näher. Zusätzlich kann man sich über die vielen archäologischen Fundstätten in der näheren Umgebung informieren und erhält einen Einblick in die lokale Heimatgeschichte.

Am westlichen Ortsrand zweigt von der Etappe nach rechts die sieben Kilometer lange Zufahrtsstraße zum Roonagh Point ab, wo die Fähren nach **Clare Island** ablegen (siehe Tour 29). Fährt man von Louisburgh nach Süden zum **Doo Lough** hinauf, verstellt eine mächtige Gebirgsmauer den Blick. Die Mweelrea Mountains, mit 817 Metern der höchste Bergstock der westirischen Provinz Connaught, die Sheeffry Hills und die Ben-Gorm-Gruppe versprechen einsame Wanderungen, lassen aber ein Vorwärtskommen mit dem Fahrrad nahezu unmöglich erscheinen. Doch die Eiszeitgletscher haben einen bequemen Weg durch diese Bergwelt gebahnt. Kaum 100 Meter über dem Meeresspiegel liegt der Scheitelpunkt der Doo-Lough-Paßstraße. Die stille Wasserfläche des einsamen Doo Lough liegt dem Paß zu Füßen und die

An dieser Statue des heiligen Patrick nahe der Straße beginnt der Wallfahrtsweg auf den Croagh Patrick.

Sheeffry Hills drängen die Straße nahe an das Seeufer. Wenn dann düstere Wolken über den Himmel ziehen und sich die dunklen, von den Eiszeitgletschern glattgeschliffenen Wände des Mweelrea Mountain im See spiegeln, ist der Zweitname des Sees, Black Lake, leicht zu erklären.

Am nächsten See, dem Fin Lough, liegen die wenigen Gebäude von **Delphi** inmitten eines Kiefernwaldes. Der ursprüngliche irische Name lautet Fionnloch, doch Anfang des 19. Jahrhunderts taufte der hiesige Landbesitzer, Lord Sligo, den Ort in Delphi um. Eine ausgiebige Griechenlandreise hatte ihn dazu bewogen, da er Parallelen zwischen der Landschaft des griechischen Originals und diesem Tal in den Bergen des County Mayo zu entdecken glaubte. Heute können Interessierte im »Delphi Adventure Centre« unter Anleitung Sportarten wie Bergsteigen und Kajakfahren erlernen.

Weit ist der Weg um den östlichen Zipfel der schmalen Bucht des Killary Harbour zum Dorf **Leenane** (auch Leenaun), das schon in der Grafschaft Galway liegt. Im hintersten Winkel des schmalen Killary-Fjordes fast allseitig von Bergen eingezwängt, hat sich der Ort in den letzten Jahren vor allem zu einem Treffpunkt für Bergsteiger und Naturliebhaber entwickelt.

Streckenbeschreibung

Vom Stadtzentrum von *Westport* folgen wir anfangs bergauf der Beschilderung nach Clifden. Noch im Stadtgebiet zweigt die N59 links ab. Wir fahren jedoch auf der *R335* geradeaus (Wegweiser Louisburgh und Croagh Patrick) zum kleinen Hafenquai hinunter (links Abzweig zu einer Jugendherberge und am Meer rechts zum Westport House und zu den Campingplätzen).

Ganz nahe am Meer führt die Straße nach *Murrisk*, wo am großen Parkplatz der unübersehbare Wallfahrtsweg zum Croagh Patrick beginnt.

Anschließend fahren wir auf der *R335* über *Leckanvy* weiter nahe der Küste nach Westen hinaus, bis uns das felsige Old Head in das Landesinnere zwingt. Auf der Hauptstraße radeln wir durch den hübschen Ort *Louisburgh* und biegen am westlichen Ende scharf nach *links* (Wegweiser Leenane und R335).

Durch grüne Weiden und später durch dunkles Moorland bringt uns die sanft ansteigende *R335* von der Kreuzung zum *Doo-Lough-Paß* hinauf. Ganz nahe drängen hier die Sheeffry Hills die Straße an den dunklen *Doo Lough,* und trotz der wilden Berge ringsum können wir, abgesehen von einem kurzen Berg an der Delphi Lodge, fast vollkommen eben durch das Tal von *Delphi* zur mächtigen Furche des Killary Harbour hinausradeln. Ein Seitental gestattet noch einen tiefen Einblick in das Massiv der Mweelrea Mountains, ehe wir die Räder entlang eines rauschenden Wildbaches in Richtung *Killary Harbour* hinunterlaufen lassen. Noch oberhalb der Wasserfläche schwenkt die Straße scharf nach links und führt uns in die letzte Ecke des Fjordes. Eine Brücke hilft dort über den rauschenden Erriff River, und wenig später stoßen wir auf die *N59,* auf der wir *rechts-*

haltend (Wegweiser Clifden, in Gegenrichtung Delphi, Louisburgh und Coast Road) nach vier Kilometern *Leenane* erreichen (in Gegenrichtung Wegweiser Westport).

Nützliche Informationen

Entfernung: Westport – Louisburgh: 21 km; Westport – Leenane: 53 km.
Unterkunft: *Westport*, siehe Tour 27; drei Hotels in *Louisburgh* (Tel. 098/68605; 098/66021; 098/66140); eine Pension in *Leenane* (Tel. 095/42265).
Jugendherberge: Ein An-Oige-Hostel elf Kilometer westlich Leenane in *Rosroe* am Ausgang des Killary Harbour (Tel. 095/43417).
Camping: *Westport*, siehe Tour 27; ein Campingplatz bei *Louisburgh* (Tel. 098/66021 oder 66022).
Fahrräder: *Louisburgh*, Harney's Garage, Tel. 098/66005.
Auskunft: *Westport*, The Mall, Tel. 098/25711 (ganzjährig).
Karte: OS-Karte 1:250000, Blatt 2 (West).
Tourenskizze: Siehe Seite 112.

Vom Südufer des Killary Harbour geht der Blick zu den wenigen Häusern von Leenane und zu den Partry Mountains.

32 Von Leenane nach Clifden

Berge, Seen, Meer und Strände am Weg zur Hauptstadt von Connemara

Tourencharakter: Großenteils auf wenig befahrener Nationalstraße, bei Cleggan auf schmalen Nebenstraßen durch die herbe Landschaft von Connemara; am Killary Harbour und kurz vor Clifden zwei anstrengende Berge.
Länge der Tour: 53 km.

Wirft man einen Blick auf die Landkarte von Connemara, fallen die vielen schmalen, langgezogenen Buchten auf, die vom Meer her in das Land vorstoßen. Sie alle entstanden, als der Ozean am Ende der Eiszeit durch das Wasser der weltweit abschmelzenden Gletscher aufgefüllt wurde und in die Furchen der Flußtäler eindrang.

Eine Ausnahme bildet nur der schmale, 16 Kilometer lange **Killary Harbour**, denn er ist der einzige Fjord in Irland. Kein Fluß hat dieses Tal geschaffen, sondern es wurde vom fließenden Gletschereis ausgehobelt. So ist die gleichbleibende Tiefe des Wassers zu er-

klären und so entstanden die blankpolierten Felshänge, die am Ausgang des Meeresarmes zu den bis zu 800 Meter hohen Gipfeln hinaufziehen. Kein Wunder also, daß der Killary Harbour aufgrund des tiefen Wassers und der hohen Berge ringsum, die ihn vor den Stürmen des Atlantiks schützen, zu den sichersten Ankerplätzen auf der Welt gehört. Dies nutzten im Ersten Weltkrieg die Engländer, deren Flotte an diesem geschützten Ort ohne Platzprobleme vor Anker ging.

Im Bergland südlich des Killary Harbour liegen mehrere große Seen, darunter der Kylemore Lough mit der **Kylemore Abbey** an seinem Ufer. Das Gebäude mit den unzähligen Zinnen, Türmchen und Erkerchen inmitten eines undurchdringlichen Rhododendrondschungels, eingeklemmt zwischen der schilfbewachsenen Wasserfläche des Sees und den Steilhängen eines kahlen Berges, gehört zu den meistfotografierten Ansichten in Connemara. Errichten ließ sich die Kylemore Abbey im 19. Jahrhundert ein reicher Reeder aus Liverpool. Heute wird in den Mauern ein Mädchenpensionat betrieben. Abgesehen von einem Restaurant und den Ausstellungsräumen einer Töpferei ist das Gebäude für Besucher nicht zugänglich.

Als Missionsgemeinde wurde im 19. Jahrhundert das kleine Dorf **Letterfrack** von Quäkern gegründet. Heute zieht der nahe **Connemara National Park**, der sich vom Dorf weit in die Bergwelt der Twelve Bens zieht, mehr und mehr interessierte Besucher an. Nur wenige Meter über Letterfrack liegt das Besucherzentrum des Parks, in dem wechselnde Ausstellungen Einblicke in Geologie, Flora, Fauna und Geschichte dieser Landschaft geben. Nicht nur Touristen, sondern auch die Einheimischen sollen vom ökologischen Wert der Hochmoore überzeugt werden. Zusätzlich wird ein sinnvolles Beispiel gegeben, wie der Tourismus, der gerade in Irland unberührte Natur erwartet, die ökonomische Situation in diesem kargen Landstrich zu verbessern hilft. Lehrpfade, geführte botanische Wanderungen und ausgeschilderte Wanderwege, auf denen man die

Kilometerweit zieht nördlich Clifden die schmale Streamstown Bay in das Landesinnere.

berühmten widerstandsfähigen Connemara-Ponies beobachten kann, ermöglichen hautnahe Einblicke in die Landschaft. Von hier kann man auch zu langen Touren in das wilde, weglose Bergland der Twelve Bens aufbrechen. Wie empfindlich diese Landschaft auf Eingriffe des Menschen reagiert, zeigt das Beispiel des Diamond Hill, der über Letterfrack aufragt. Von Jahr zu Jahr erstiegen mehr Besucher diesen phantastischen Aussichtsberg und gruben dabei mit ihren Füßen tiefe Narben in seine moorüberzogenen Hänge. Heute bittet die Nationalparkverwaltung darum, diese Bergtour, die in vielen Reiseführern als Geheimtip beschrieben ist, zu unterlassen.

Wer sich in einem ruhigen, beschaulichen Fischerdorf ein wenig ausruhen möchte, der wird an **Cleggan** seinen Gefallen finden. Nur wenige Häuser stehen über der Hafenmole, und der Duft des Meeres zieht durch die einzige Straße. Einsame Sandstrände liegen in der Nachbarschaft, die sanftwellige Landschaft mit den glattgeschliffenen Felsbuckeln und saftiggrünen Weiden lädt zu erholsamen Kurzausflügen ein.

Höhepunkt der trägen Erholsamkeit ist die nahe Insel **Inishbofin**, zu der von Cleggan aus eine tägliche Fährverbindung besteht. Wer es zeitlich einrichten kann, sollte einen Kurztrip zu dieser Insel nicht versäumen und die stille Gelassenheit von Inishbofin, wo die Uhren langsamer zu gehen scheinen, auf sich wirken lassen. Plant man einen längeren Aufenthalt, sollte man in Cleggan das kleine Büchlein »Inis Bó Finne« von David Hogan und Michael Gibbons besorgen, das eine perfekte Beschreibung der Landschaft und der Geschichte dieser Insel enthält.

Mit seinen 1500 Einwohnern ist **Clifden** das Zentrum in weitem Umkreis und wird daher häufig als Hauptstadt von Connemara bezeichnet. Die meisten Siedlungen im kargen, menschenleeren Connemara können kaum auf eine lange Geschichte zurückblikken, und auch Clifden wurde erst Anfang des 19. Jahrhunderts am Reißbrett entworfen. Traumhafte Strände und einsame Felsküsten liegen in der Nähe der Stadt. Hinter den beiden mächtigen Kirchtürmen ragen die nahen Bergkegel der Twelve Bens in den Himmel. Mag Clifden selbst auch wenig Sehenswertes bieten, so konnte es sich dank seiner Lage zum wichtigsten Fremdenverkehrszentrum in Connemara entwickeln. Am lebhaftesten ist die Stadt am dritten Donnerstag im August, wenn die »Connemara Pony Show« stattfindet. Auf Wettbewerben und dem anschließenden Pferdemarkt führen die Bauern aus dem Umland ihre gutmütigen und widerstandsfähigen Pferdchen vor. Ein Markt mit bunten Ständen sorgt für Betrieb.

Streckenbeschreibung

Von *Leenane* fahren wir auf der *N59* entlang des Killary Harbour nach Westen (Wegweiser Clifden und Letterfrack). Die Nationalstraße, in Wirklichkeit nur ein schmales Sträßlein, schwenkt bald nach links in die Berge hinauf und führt durch kuppiges Moorland. Rechts zweigt der ausgeschilderte Weg zur Jugendherberge von Rosroe ab, und bald läuft die Straße in ein langgezogenes, von felsigen Bergen eingeschlossenes Tal hinab. Entlang des *Kylemore Lough* mit der bekannten *Kylemore Abbey* an seinem Ufer und später durch ein Dickicht aus Rhododendron radeln wir in diesem Tal nach *Letterfrack* hinaus.

Bald nach dem Ort erreichen wir wieder das Ufer des Meeres und kurze Zeit später die wenigen Häuser von *Moyard*. Einige hundert Meter nach den Häusern verlassen wir die Nationalstraße nach *rechts* (Wegweiser Inishbofin, in Gegenrichtung Letterfrack und Westport) und fahren entlang des Garraunbaun Lough nach Westen. Am Ende des Sees treffen wir auf eine vorfahrtsberechtigte Straße, auf der wir *rechts* hinunterfahren. Nach einigen Metern bergauf schwenken wir bei erster Gelegenheit an einer kleinen Kreuzung scharf nach *links*. Im Hang oberhalb des Ballynakill Lough und dann entlang des Meeres bringt uns diese Straße bis kurz vor *Cleggan*.

Am Ortsrand, wenige Meter vor der Jugendherberge, treffen wir auf eine übergeordnete Straße, auf der wir *rechts* in das Zentrum radeln (in Gegenrichtung Wegweiser Letterfrack). Geradewegs durch den Ort fahren wir anschließend auf eine stille Halbinsel hinaus. Viele Sträßlein zweigen rechts zu kleinen Stränden und links in das Innere der

Halbinsel ab. Wir bleiben jedoch immer auf der Straße, die fast geradeaus über die vielen kleinen Buckel nach Westen leitet. Erst in *Aughrus More* biegt diese Straße linkshaltend um einen Hügel. In *Claddaghduff* ignorieren wir die beiden Straßen, die links in das Landesinnere führen, und radeln entlang der schmalen Streamestown Bay zurück zur *N59*.

Auf der Nationalstraße schieben wir das Rad *rechts* auf einen sperrenden Hügel hinauf (in Gegenrichtung die unbeschilderte zweite der beiden Straßen, die oberhalb der schmalen Bucht links abzweigen), von dem uns eine erholsame Abfahrt nach *Clifden* hinabbringt (in Gegenrichtung in Clifden Wegweiser Letterfrack, Leenane und Westport).

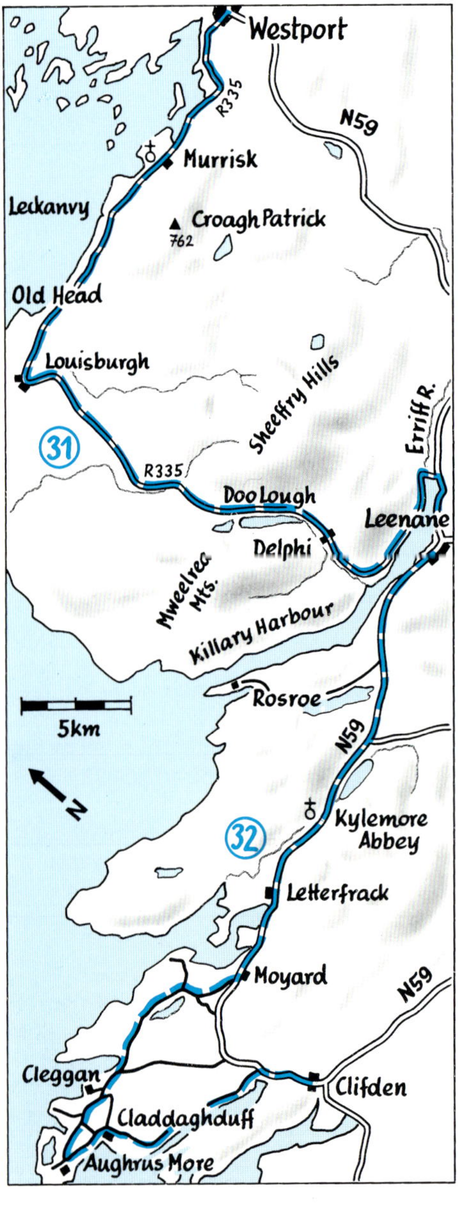

Nützliche Informationen

Entfernung: Leenane – Letterfrack: 20 km; Leenane – Cleggan: 33 km; Leenane – Clifden: 53 km.
Unterkunft: Ein Hotel am *Kylemore Lough,* sieben Kilometer östlich Letterfrack (Tel. 095/ 41141); ein Hotel in *Letterfrack* (Tel. 095/ 41101 oder 41102); fünf Hotels und zwei Pensionen in *Clifden* (Tel. 095/21201; 095/21801 oder 21802; 095/21086 oder 21206; 095/21287 oder 21091; 095/21187 oder 21701; 095/21050; 095/21440).
Jugendherberge: Ein An-Oige-Hostel westlich *Leenane* (siehe Tour 31); ein Independent-Hostel in *Cleggan* (Tel. 095/44746); ein Independent-Hostel auf *Inishbofin Island* (Tel. 095/45855); in *Clifden* ein Independent-Hostel, Sea View, Tel. 095/21429, und ein freies Hostel, Beach Road, Tel. 095/ 46089.
Camping: Zwei Campingplätze an der Küste nördlich Letterfrack bei *Tully Cross* und *Gowlaun* (Tel. 095/43462; 095/43406); Campingmöglichkeit bei den Independent-Hostels in *Cleaggan* und *Clifden.*
Fahrräder: *Clifden,* John Mannion, Railway View, Tel. 095/21160 (auch Fahrradverleih).
Auskunft: *Clifden,* Market Street, Tel. 095/ 21163 (Juni bis August).
Karte: OS-Karte 1:250000, Blatt 2 (West).

Südlich Clifden vermischt sich das Aroma von Heide, Moor und Ozean (Tour 33).

33 Von Clifden nach Carna

Wo sich der Duft des Ozeans mit dem der Moore mischt

Tourencharakter: Zwischen Steinmauern auf wenig befahrenen Straßen immer an der traumhaften Küste entlang; keine längeren, anstrengenden Anstiege, aber über viele kleine Hügel.
Länge der Tour: 52 km.

Von Clifden führt die sogenannte »Brandy & Soda Road« zum kleinen Dorf **Ballyconneely**. Die Straße verdankt ihren schönen Namen der eigenwilligen Mischung aus salziger Seeluft, die der Westwind über die Küste treibt, und der würzigen Luft der nahen Moore. Auf den Moorflächen nördlich Ballyconneely landeten die Piloten Alcock und Brown, nachdem ihnen 1919, Jahre vor Lindberg, der erste Nonstop-Flug über den Atlantik gelungen war. Da sie nicht von einer jubelnden Menschenmenge in Paris empfangen wurden, sondern in der Einsamkeit Westirlands niedergingen, ist ihre Pioniertat weitgehend in Vergessenheit geraten. Ein weiterer Meilenstein der Technik, die Sendestation der ersten drahtlosen Verbindung zwischen Europa und Amerika, wird nördlich Ballyconneely nach und nach vom Moor verschlungen.

Am Fuß des isoliert stehenden Aussichtsberges Errisbeg liegt der kleine Fischereihafen **Roundstone**. Von der Hafenmole her weht die Seeluft durch die beiden fotogenen Häuserzeilen des Ortes, die anscheinend seit ihrer Gründung im frühen 19. Jahrhundert unverändert blieben. Die Traumstrände westlich des Ortes, ein Craft Centre, in dem man Handwerkern bei der Arbeit über die Schulter schauen kann, und eine gute touristische Infrastruktur locken viele Gäste in den hübschen Ort.

Nach Roundstone wird das Land immer einsamer, bis man die wenigen Häuser von **Cashel** (gäl. An Caiseal) erreicht. Man sieht dem Ort nicht an, daß er einer der nobelsten Touristenorte in Irland ist und in den beiden teuren Hotels schon so bekannte Persönlichkeiten wie Charles de Gaulle und Walter Scheel ihren Urlaub verbrachten.

Von Cashel aus dringen wir über Glinsk (gäl. Glinsce) in das Herz des ausgedehnten Gaeltacht-Gebietes von Connemara ein. Schon seit dem letzten Jahrhundert, als nach dem englischen Verbot das Interesse an der irischen Sprache wieder auflebte, ist hier die aktivste der gälischen Sprachinseln beheimatet. Vom Staat wird das arme Gebiet finanziell gefördert, um die Abwanderung der jungen Leute in Grenzen zu halten. Das gemütliche Dorf **Carna** lebt vor allem vom Hummerfang und von der Lachszucht. Hier kann man in den Kneipen und Geschäften den seltsamen Lauten der alten gälischen Sprache lauschen und in einer Sommerschule deren Grundbegriffe erlernen. Südlich des Dorfes führt ein schmales Sträßlein auf einem Damm zum Mweenish Island mit seinen einsamen Stränden und einer meeresbiologischen Forschungsstation.

Westlich liegt die bekannteste der vielen Inseln, die hier der Küste vorgelagert sind. Auf St. MacDara's Island (gäl. Oileán Mhac Dara) erinnert eine frühchristliche Kirche an den Schutzheiligen der Seefahrer, der in dieser Gegend besondere Verehrung genießt. Wer Interesse an einer ursprünglichen Wallfahrt hat, sollte sich den Pilgern anschließen, die von Fischerbooten an den Festtagen des Heiligen, dem 16. Juni und dem 28. September, zur Insel übergesetzt werden. Daß man sich entsprechend verhält und nicht knipsend durch die Menge der andächtigen Gläubigen läuft, versteht sich von selbst. Jedes Jahr im Juli wird außerdem in Carna zu Ehren des hl. MacDara ein dreitägiges Fest veranstaltet, das »Féile Mhic Dara«. Neben Ausstellungen und verschiedenen Wettbewerben sind vor allem die Ruderrennen mit den Curraghs, den alten, leichten Booten der irischen Westküste, bei den Zuschauern besonders beliebt.

Streckenbeschreibung

Vom Zentrum von *Clifden* fahren wir auf der *R341* zur schmalen Clifden Bay hinab (Wegweiser Ballyconneely und Roundstone). Die Straße schneidet nun einige Halbinseln ab, die sich weit in das Meer vorwagen. Teilweise durch Moorland, teilweise an der Küste entlang, radeln wir, die mächtigen Kegel der Twelve Bens im Rücken, nach Süden.

In *Ballyconneely* schwenkt die R341 nach Südosten, und wir erreichen bald wieder die abwechslungsreiche Küste, die wir jetzt längere Zeit nicht mehr aus den Augen verlieren werden. Die Straße, die wie zum Radfahren geschaffen scheint, bringt uns durch die abwechslungsreiche Landschaft bis zu einem Ausläufer des Errisbeg, der schnell überwunden ist. Immer am Südfuß des kahlen Berges, vorbei an der Dog's Bay und der Gorteen Bay mit den geschützten Sandstränden, ist *Roundstone* bald in Sicht.

Die nächsten Kilometer führen uns entlang des Meeres nach Norden, auf die Gipfelwelt der Twelve Bens zu. Ein kurzes Stück dringen wir auf der R341 in das trostlose Moorödland im Landesinneren vor, bis an einer Kreuzung unsere Hauptstraße nach *rechts* (Wegweiser Coast Road, Cashel und Recess, in Gegenrichtung Roundstone) umbiegt und uns nach einem guten Kilometer zu einem schmalen Meeresarm bringt.

Eine Brücke leitet auf das gegenüberliegende Ufer, auf dem wir die R341 nach *rechts* verlassen (Wegweiser Coast Road, Cashel und Carna, in Gegenrichtung Roundstone). Als kleines Sträßlein versucht die *R342* in vielen Kurven dem ausgefransten Ufer zu folgen, doch nach dem kleinen Ort *Cashel* wendet sie sich in das Landesinnere und stößt nach zwei Kilometern auf die *R340*, auf der wir nach *rechts* radeln (Wegweiser Glinsk, in Gegenrichtung Cashel und Roundstone). Vorbei an vielen kleinen Felsbuckeln schlängelt sich die Straße nach

An der Küste von Connemara steht dieses einsame, windgepeitschte Haus.

Glinsk, und nach einigen weiteren Kilometern kommen wir in *Carna* an, das *rechts* der Hauptstraße liegt.

Nützliche Informationen

Entfernung: Clifden – Ballyconneely: 9 km; Clifden – Roundstone: 23 km; Clifden – Cashel: 36 km; Clifden – Carna: 52 km.
Unterkunft: Ein Hotel in *Ballyconneely* (Tel. 095/23553); zwei Hotels in *Roundstone* (Tel. 095/35864; 095/35860); zwei teure Hotels in *Cashel* (Tel. 095/31001; 095/31111); ein Hotel in *Carna* (Tel. 095/32255).
Jugendherberge: Ein Budget-Hostel in *Carna* (Tel. 095/32240).
Camping: Ein Campingplatz an der Strecke zwei Kilometer westlich *Roundstone* (Tel. 095/35882).
Auskunft: *Clifden,* Market Street, Tel. 095/21163 (Juni bis August).
Karte: OS-Karte 1:250000, Blatt 2 (West).
Tourenskizze: Siehe Seite 117.

34 Von Carna nach Leenane (die Inlandroute durch das Inagh Valley)

Vorbei am Lough Inagh durch die Berge von Connemara

Tourencharakter: Auf kaum befahrenen Nebenstraßen mit überraschend wenigen und sanften Anstiegen in einem tiefeingeschnittenen Tal, mitten durch eine der schönsten Berglandschaften Irlands.
Länge der Tour: 47 km.

Connemara, die Landschaft im Nordwesten der Grafschaft Galway, steht für viele Irlandkenner als Synonym für Wildheit und Einsamkeit, Weite und Leere. Ein Irland aus dem Musterkoffer ist dieses Land, mit Stränden und Felsküsten, endlosen Mooren und scharfgeschnittenen Bergkämmen, mit winzigen Ortschaften und abgelegenen Bauernhö-

Über dem Derryclare Lough erhebt sich das Massiv der Twelve Bens, an deren rechter Flanke das Inagh Valley entlangzieht.

fen und mit Menschen, die stolz sind auf ihre irische Tradition. Eine deutliche geologische Trennungslinie, die man auf halber Strecke überfährt, teilt diese Landschaft in zwei Zonen.

Im Süden liegt das rundbucklige Granitland von Connemara, das in niedrigen Hügeln gipfelt. Eine beklemmende Leere und Weite verspürt man in diesem Land, das von den Gletschern der Eiszeit niedergewalzt wurde. Hunderte kleiner Seen nisten in den von Gletschern ausgeschürften Mulden. Auf dem wasserundurchlässigen Gestein staut sich das Regenwasser und ergibt den idealen Nährboden für die Moore, die in den letzten Jahrtausenden einen feuchten Mantel über den Fels legten.

Einen ganz anderen Eindruck hinterläßt der gebirgige Nordteil von Connemara, eines der großen Wandergebiete Irlands. Aus widerstandsfähigem Quarzit, der zu steilen Flanken verwittert, sind die Berge hier aufgebaut. Zwei unterschiedliche Gebirgsstöcke, jeder beeindruckend in seiner Art, kämpfen um die Vorherrschaft. Im Osten dehnt sich als wuchtige, geschlossene Mauer der Felskamm der **Maumturk Mountains** vom Killary Harbour 20 Kilometer nach Süden. Im Westteil lebte die Natur ihren Spieltrieb aus und schuf die **Twelve Bens** (auch *Pins*). Um den Fuß der zwölf eleganten Bergkegel spielen tiefblaue Seen, und dunkle Wälder legen einen weichen Schleier um die unnahbaren Gipfel. Getrennt werden die beiden Berggruppen durch das **Inagh Valley**, eine tiefeingeschnittene Talfurche. In den einsamen Seen am Talgrund spiegelt sich die karge Bergszenerie, und ein schmales Sträßlein verspricht einen denkbar einfachen und bequemen Weg durch dieses wilde Land.

Streckenbeschreibung

Von *Carna* fahren wir auf der *R340*, der Etappe 33 folgend, nach Norden. Nach 13 Kilometern zweigt links die Straße ab, die über Cashel nach Roundstone läuft.

Wir bleiben hier auf der Hauptstraße, der R340, und radeln geradeaus in das berükkend schöne Moorland von Connemara. Über einen niedrigen Hügelrücken, hinter dem die Kegel der Twelve Bens aufragen, ge-

langen wir in das Tal, in dem die N59 verläuft. Eine schmale Brücke bringt uns über den kleinen Lough Nacoogarrow zur *N59*, auf der wir uns *rechts* halten (Wegweiser Galway, Oughterard, in Gegenrichtung Cashel und Carna). Nur kurz bleiben wir auf der Nationalstraße, die uns, vorbei am Glendollagh Lough, auf die Maumturk Mountains zuführt.

Bei erster Gelegenheit verlassen wir diese Straße nach *links* auf die *R344* (Wegweiser Letterfrack, Lough Inagh Scenic Route und Kylemore Abbey, in Gegenrichtung Clifden) und radeln über bewaldete Buckel in das Inagh Valley hinein. Bald führt die Straße zum Ufer des Lough Inagh, in dem sich die Berge spiegeln, und hält sich auf den nächsten Kilometern immer nahe am Ostufer des Sees. Nach einem dichten Waldstück fahren wir durch menschenleeres Moorland nach Norden aus dem Tal hinaus, wo wir östlich des Kylemore Lough wieder auf die *N59* treffen.

Von hier fahren wir *rechts* (Wegweiser

Westport und Leenane, in Gegenrichtung Lough Inagh und Recess), der Etappe 32 folgend, anfänglich durch Moorland, zum Ende hin am Ufer des Killary Harbour, nach *Leenane.*

Nützliche Informationen

Entfernung: Carna – Leenane: 47 km.
Unterkunft: Ein Hotel am *Kylmore Lough* (Tel. 095/41141); eine Pension in *Leenane* (Tel. 085/42265).
Jugendherberge: Ein An-Oige-Hostel an der N59 am *Südfuß der Twelve Bens* fünf Kilometer westlich der Route (Tel. 095/34636); ein An-Oige-Hostel sieben Kilometer nordwestlich der Strecke in *Rosroe* am Ausgang des Killary Harbour (Tel. 095/43417).
Camping: Zwei Campingplätze *nördlich Letterfrack* (siehe Tour 32).
Karte: OS-Karte 1:250000, Blatt 2 (West).

35 Von Carna nach Galway

Durch gälisches Sprachgebiet zur weiten Bucht von Galway

Tourencharakter: Anfangs auf schmalen, kaum befahrenen Straßen meist in sanftem Auf und Ab an der einsamen Küste entlang; ab Costelloe bis Galway ständig zunehmender Verkehr.
Länge der Tour: 78 km.

Iar-Chonnacht wird das Landdreieck genannt, das im Osten am Lough Corrib, im Westen an der Kilkieran Bay und im Süden an der Galway Bay endet. Wie der Südteil von Connemara aus rundgeschliffenen Granitbuckeln aufgebaut, über die eine dicke Moorschicht wuchert, ist dieser Landstrich ebenso beklemmend wie unfruchtbar. Im nahezu unbewohnten Landesinneren bestimmen Sümpfe und kleine Seen das Bild, während sich die Küste in einem unüberschaubaren Puzzle aus großen und kleinen Inseln auflöst. Eingeklemmt zwischen Felsen stehen die weißen Häuser über dem Meer, in dem die granitenen Walrücken der glattpolierten Schären schwimmen. Nahezu das gesamte Iar-Chonnacht ist Gaeltacht-Gebiet, und die Wegweiser in gälischer Sprache verlangen einige Aufmerksamkeit bei der Suche nach der richtigen Straße.

Das kleine Dorf **Kilkieran** (gäl. Cill Chiaráin) verdankt seinen Namen dem frühchristlichen heiligen Kieran. Auf einer Reise von dem bedeutenden Kloster auf den Aran-Inseln zur Klostersiedlung Clonmacnoise soll er hier an Land gegangen sein. Auf dem Friedhof des Ortes sprudelt die Quelle des Heiligen, zu der alljährlich am 9. September eine Wallfahrt stattfindet. Mit etwas Glück kann man eines der beliebten Rennen mit den Curraghs, den typischen leichten Booten, beobachten, die in den Sommermonaten auf dem nahen Meer ausgetragen werden.

Auf der gegenüberliegenden Seite der großen, zerfransten Bucht bildet **Costelloe** (gäl. Casla) das Zentrum des Iar-Chonnacht. Hier kreuzt die Küstenstraße den Weg, der in das menschenleere Landesinnere führt und die Straßen, die auf die Halbinsel von Carraroe und über Brücken auf das Gewirr der vorgelagerten Inseln leiten. »Radio na Gaeltachta«, das die irischen Sprachinseln mit einem gälischen Radioprogramm versorgt, hat in Costelloe seinen Hauptsitz.

Einige Kilometer südlich von Costelloe liegt der geschäftige Hafen von **Rossaveal** (gäl. Rós an Mhil), von dem aus die besten Fährverbindungen zu den berühmten Aran-Inseln bestehen. Wer die Inseln besuchen und sich den weiten Weg rund um die Galway Bay ersparen will, der sollte hier eines der Boote besteigen. Von den Aran-Inseln besteht dann die Möglichkeit, entweder nach Galway oder nach Doolin (siehe Tour 40 und 41) überzusetzen.

In den betriebsamen Dörfern Spiddle und Barna spürt man schon deutlich den Einfluß des nahen **Galway**. Mit 40000 Einwohnern ist die Hauptstadt der gleichnamigen Grafschaft nach Limerick das bedeutendste Zentrum im Westen Irlands. Viel Flair besitzt das Stadtzentrum, das vom großen Hauptplatz, dem Eyre Square, zu den Hafenquais am River Corrib hinabzieht. Bürgerhäuser aus dem 17. und 18. Jahrhundert und bunte Ladenfronten blieben in den verwinkelten Straßen erhalten, und aus altbackenen Pubs tönt die Folkmusik. Dank der Universität ist Galway eine junge Stadt, die in den Sommerfestivals ein Zeichen ihrer lebendigen Kulturszene setzt.

Die Geschichte Galways begann im 13. Jahrhundert, als es von Normannen gegründet wurde. In der Folgezeit entwickelte sich der Ort unter der Herrschaft von 14 normannischen Familien, die sich die Macht teilten, zu einem bedeutenden Wirtschaftszentrum. Vor allem der Handel mit Spanien brachte der Stadt Wohlstand. In jener Zeit, genauer gesagt im Jahre 1493, spielt die traurige Geschichte, der die Welt ein unfreundliches neues Wort verdankt. Der damalige Bürgermeister und Richter James Lynch befand seinen eigenen Sohn des Totschlages an einem spanischen Gast für schuldig. Da die Einwohner Galways das ausgesprochene Todesurteil für zu hart hielten, fand sich kein Henker. So erhängte der Vater seinen Sohn eigenhändig auf dem Balkon seines Hauses, das er anschließend nie mehr verließ. Diesem Zusammenspiel von Richter und Henker in einer Person entsprang ein neues Wort, die Lynchjustiz. Der allmähliche Abstieg der Stadt begann 1652, als Galway von Cromwell gnadenlos belagert wurde und in den folgenden Jahren und Jahrhunderten ihr Einfluß beständig abnahm. Erst einige Jahrzehnte sind vergangen, seit dieser Trend aufgehalten werden konnte, und heute ist Galway die am schnellsten wachsende Stadt in Irland.

Ausgesprochene Sehenswürdigkeiten hat Galway kaum zu bieten. Das Lynch's Castle in der Shop Street, in dem heute eine Bank residiert, zählt dank seiner gediegenen Fassade zu den schönsten mittelalterlichen Stadthäusern in Irland. In ähnlichem Stil wurde ab 1320 die Collegiate Church of Saint Nicholas errichtet, der größte mittelalterliche Kirchenbau des Landes. Vor allem aber ist es das pulsierende Leben in den engen Gassen im Stadtzentrum, weshalb Jahr für Jahr vor allem junge Besucher so gerne in dieses Zentrum des irisch-gälischen Westens pilgern.

Abendstimmung an der Schärenküste im Süden von Connemara.

Streckenbeschreibung

In *Carna* fahren wir die wenigen Meter zurück zur *R340*, auf der wir uns *rechts* in Richtung Galway (gäl. Gaillimh) halten. Auf der R340 durch *Kilkieran* (gäl. Cill Chiaráin) und dann immer zwischen bedrohlichen Berghängen zur Linken und der Inselwelt der Kilkieran Bay rechts umrunden wir die weite Bucht. Im Norden spitzen die Maumturk Mountains über die unfruchtbare Landschaft. Viel Bergauf und Bergab zwingt uns das schmale Sträßlein auf, ehe es bei *Derryrush* nach Osten umbiegt.

Nördlich der schmalen Camus Bay treffen wir auf die *R336*, auf der wir *rechts* in Richtung Costelloe (gäl. Casla) und Spiddle (gäl. An Spidéal) fahren (in Gegenrichtung Wegweiser Ros Muc, Cill Chiaráin und Carna). Teilweise im Landesinneren, dann wieder entlang schmaler Buchten erreichen wir nach einer kurzen Abfahrt die Hauptstraße östlich von *Costelloe* (gäl. Casla). Wir folgen *links* der Beschilderung nach Gaillimh (Galway) und An Spidéal (Spiddle). Kommt man aus der entgegengesetzten Richtung, verläßt man kurz vor Costelloe die R336 nach rechts, die als Nebenstraße nach An Teach Doite (Maam Cross), Cill Chiaráin (Kilkieran), Ros Muc (Rosmuck) und Carna ausgeschildert ist.

Ein kurzes Stück entlang der Cashla Bay bringt uns zur Kreuzung, an der man *rechts-*

haltend nach wenigen hundert Metern zum Hafen von Rossaveel (Rós an Mhil) gelangt, von dem die Fähren zu den Aran-Inseln starten. Wir bleiben jedoch auf der Hauptstraße, der *R336*, die über einen Hügel nach Süden zur Galway Bay leitet.

Bei *Ballynahown* schwenkt die Straße nach Osten und führt oberhalb der Galway Bay über *Inveran* (Indreabhán) nach *Spiddle* (An Spidéal). Dem zunehmenden Verkehr trägt nun eine breite Straße Rechnung. Nach *Barna* nimmt die Bebauung allmählich einen Vorortcharakter an. Zwei Möglichkeiten bieten sich als Weg in das Zentrum von Galway an. Entlang der Küste leitet die *R336* über *Salt Hill* bis zum River Corrib, hinter dem nach wenigen hundert Metern das Stadtzentrum erreicht wird.

Die *R337* führt im Landesinneren bis zur *R338*, die links hinauf als breite Umgehungsstraße ausgebaut ist. An dieser Kreuzung, an der man auch rechts hinunter nach Salt Hill fahren kann, am besten *nicht* der Beschilderung *links* nach Galway folgen, sondern *geradeaus* durch das Stadtgebiet zum River Corrib und weiter in das Zentrum von *Galway* (in Gegenrichtung am besten vom Stadtzentrum der Beschilderung nach Salt Hill folgen).

Nützliche Informationen

Entfernung: Carna – Costelloe: 38 km; Carna – Inveran: 49 km; Carna – Spiddle: 57 km; Carna – Galway: 78 km.
Unterkunft: Zwei Hotels und eine Pension in *Carraroe,* fünf Kilometer südwestlich von Costelloe (Tel. 091/95116; 091/95169 oder 95177; 091/95216); zwei Hotels in *Spiddle* (Tel. 091/83118; 091/83159); große Auswahl an Hotels und Pensionen in *Galway* und *Salt Hill.*
Jugendherberge: Ein An-Oige-Hostel an der Strecke zwei Kilometer westlich *Inveran* (Tel. 091/93154; ein Independent-Hostel in *Inveran* (Tel. 091/93104); ein Independent-Hostel in *Spiddle* (Tel. 091/83555); ein Independent-Hostel und ein Budget-Hostel in *Salt Hill,* dem westlichen Vorort von Galway (Tel. 091/25176; 091/21150); drei Independent-Hostels und ein Budget-Hostel in *Galway* (4 Beechmount Ave., Highfield Park, Tel. 091/23303; 4 Waterside, Woodquay, Tel. 091/62892; 34 Prospekt Hill, Tel. 091/66302; Dominick Street, 091/66661).
Camping: Ein Campingplatz bei *Carraroe,* fünf Kilometer südöstlich von Costelloe (Tel. 091/95266 oder 95189); Campingmöglichkeit am Independent-Hostel in *Inveran*; zwei Campingplätze bei *Barna,* an der Strecke fünf Kilometer westlich von Galway (Tel. 091/92469; 091/92452 oder 92040); ein Campingplatz in *Salt Hill,* dem westlichen Vorort von Galway (Tel. 091/22479 oder 23972); ein Campingplatz am östlichen Stadtrand von *Galway* (Tel. 091/55338 oder 52029).
Fahrräder: *Galway,* The Bike Shop, 14 William St. West; Europa Bicycles Building, Earl's Island, Tel. 091/63355 (Fahrradrücknahme Bike Store); Rent-a-Bike, Ballalley Lane, off Eyre Square / Williamsgate Street, Tel. 091/66219 (nur Fahrradverleih).
Auskunft: *Galway,* Eyre Square, Tel. 091/63081 (ganzjährig).
Karte: OS-Karte 1:250000, Blatt 2 (West).

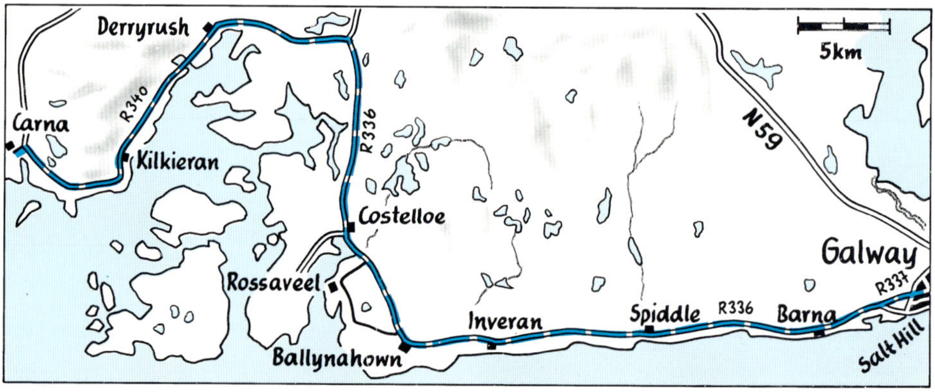

Von Galway nach Westport (die Inlandroute entlang des Lough Corrib und des Lough Mask)

36 Von Galway nach Maam Cross

Von der Hauptstadt des irischen Westens in die verlorene Welt der Moore von Connemara

Tourencharakter: Großenteils angenehmes Fahrradgelände mit einigen längeren, aber sanften Anstiegen; die Nationalstraße ist nur im Einzugsgebiet von Galway stärker befahren.
Länge der Tour: 48 km.

Diese Etappe folgt dem Westufer des Lough Corrib, der nach dem Lough Neagh in Nordirland der zweitgrößte See der Insel ist. Nach 25 Kilometern leitet eine schmale Straße zum **Aughnanure Castle** hinab, das sich in den bewaldeten Hängen oberhalb des Lough Corrib versteckt. Auf einer seltsamen Insel, die von einem stillen Bach umschlungen wird, steht diese verwunschene Spukburg. Das glasklare Wasser untergräbt in tiefen Höhlen, die es in den Kalkfelsen gespült hat, das dunkle Gemäuer, und eine Naturbrücke spannt sich als gottgegebener Zugang zur Insel. Im 15. Jahrhundert wurde die Burg vom wilden, gefürchteten Clan der O'Flaherty erbaut und galt zu jener Zeit als eine der stärksten Festungen in Irland. Die sechsstöckige Turmburg im Zentrum der Anlage wurde in den letzten Jahren perfekt renoviert und kann heute besichtigt werden.

Oughterard, ein nettes und lebhaftes Dorf, ist die letzte grüne Oase, ehe man in die lebensfeindliche Leere des Moorlandes von Connemara eindringt. Die Straße kreuzt im Ort den glasklaren Owenriff River, der sein Bett aus dem Kalkfels gewaschen hat, und dank der Flüsse und des nahen Lough Corrib ist der Ort unter Anglern berühmt.

Im riesigen See draußen liegt die Insel **Inchagoill**, zu der man mit gemieteten Booten übersetzen kann. Auf dem malerischen Eiland gibt es neben tiefer Ruhe zwei frühchristliche Kirchen zu entdecken und einen Stein mit römischen Schriftzeichen, von dem behauptet wird, daß er die ältesten christlichen Inschriften in Europa außerhalb der Katakombenverstecke trägt.

Wer sich unter der Ortsbezeichnung **Maam Cross** (gäl. An Teach Dóite) recht viel

Moore, Seen und Berge bestimmen das Landschaftsbild rund um Maam Cross.

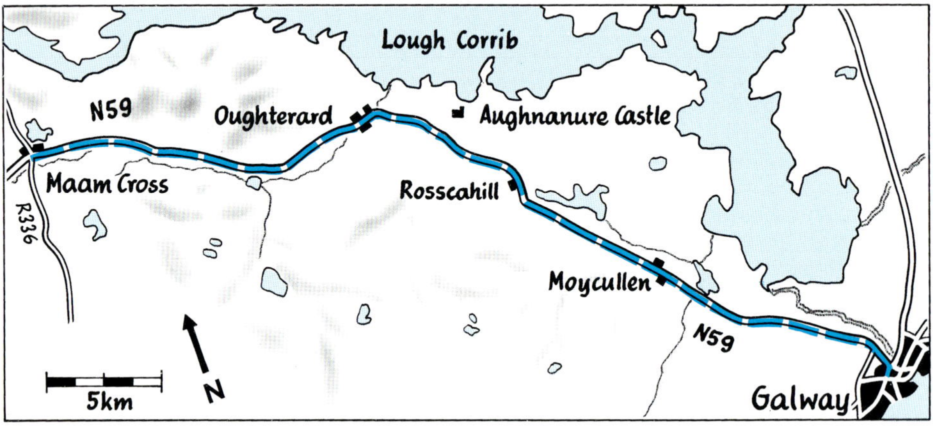

mehr als eine Straßenkreuzung inmitten einer urzeitlichen Landschaft aus Seen, Bergen und Mooren vorstellt, der wird enttäuscht sein. Und doch sind die wenigen Häuser in diesem menschenleeren Landstrich so etwas wie ein Zentrum für die umliegenden Einödhöfe. Schon Jahrzehnte ist es allerdings her, daß hier die Züge der lange aufgelassenen Galway-Clifden-Eisenbahn hielten. Und auch der traditionelle monatliche Markt, auf dem sich die Bauern des Umlandes treffen, hat schon buntere Tage erlebt.

Streckenbeschreibung

Aus dem Zentrum von *Galway* folgen wir der Beschilderung nach Clifden und Oughterard, die uns zur *N59* leitet. Die breite Nationalstraße bringt uns durch die Vororte aus der Stadt und führt dann durch das Hügelland oberhalb des Lough Corrib.

Doch schon bald wendet sie sich vom See ab und vorbei am Ballycuirke Lough erreichen wir *Moycullen.* Einige Kilometer nach *Rosscahill* weist ein Schild rechts hinab zum geheimnisvollen *Aughnanure Castle* (drei Kilometer Umweg). Zurück auf der *N59* ist das hübsche *Oughterard,* der größte Ort auf unserer heutigen Etappe, schnell erreicht.

Die *N59* steigt nach dem Dorf sanft in das unwirtliche Sumpfland von Connemara hinauf, durch das wir, vorbei an einigen kleinen Seen, nach 15 Kilometern die wenigen Häuser von *Maam Cross* erreichen, hinter denen die kahlen Felsgipfel der Maumturk Mountains aufragen.

Nützliche Informationen

Entfernung: Galway – Oughterard: 30 km; Galway – Maam Cross: 48 km.
Unterkunft: In *Oughterard* fünf Hotels und eine Pension (Tel. 091/82328; 091/80109 oder 80154; 091/82207 oder 82142; 091/82329 oder 82204; 091/82275; 091/82196); in *Maam Cross* zwei Bed and Breakfast (Tel. 091/82305; 091/82462).
Jugendherberge: Ein Independent-Hostel in *Oughterard* (Tel. 091/82634).
Camping: Campingmöglichkeit am Independent-Hostel in *Oughterard.*
Fahrräder: *Oughterard,* Tommy Tuck, Tel. 091/82335 (auch Fahrradverleih).
Karte: OS-Karte 1:250000, Blatt 2 (West).

37 Von Maam Cross nach Cong

Kahle Berge und ein weiter See

Tourencharakter: Auf einsamen Nebenstraßen durch eine karge Landschaft, allerdings einige anstrengende Bergstrecken.
Länge der Tour: 30 km.

Auf dieser Etappe sind es vor allem die verschiedenartigen Landschaftseindrücke, die begeistern. Karge, seengesprenkelte Moorflächen und wilde Felsberge wechseln mit fruchtbaren Tallandschaften und grünen Hügelkuppen. Später geht der Blick über den riesigen Lough Corrib, der erst weit im Süden, bei Galway, ein Ende findet.

Unzählige kleine Inseln schwimmen auf seiner blauen Wasserfläche und gleich auf einer der ersten erkennt man eine kleine, unheimliche Burg, das **Castlekirk**. Seinen Namen, der übersetzt »Burg der Henne« heißt, verdankt das alte Gemäuer einer Sage, derzufolge die Burg dereinst von einem verzauberten Huhn bewohnt war.

In einem Tal am Nordufer des Lough Corrib versteckt sich das Dorf **Cornamona** (gäl. Corr na Móna). Im Joyce Country, wie die bergige Landschaft am Nordende des Sees genannt wird, wird bis heute gälisch gesprochen, und eine Schule im Ort bietet während der Sommermonate Irischsprachkurse an. Das Joyce Country ist übrigens nicht nach dem berühmten irischen Schriftsteller benannt, sondern trägt den Namen jener Familie, die diesen Landstrich jahrhundertelang beherrschte.

Auf der Landbrücke zwischen den beiden großen Seen Lough Corrib im Süden und Lough Mask im Norden liegt, umgeben von dichten Wäldern, das hübsche Dorf **Cong**. Vom lauschigen Fluß, in den Trauerweiden ihre Äste hängen, leiten bunte Häuserzeilen zur beachtenswerten *Cong Abbey*. Die Ursprünge dieses Klosters gehen in das frühe 7. Jahrhundert zurück, doch aus jener Zeit blieb nichts erhalten. Was heute zu sehen ist, das sind die Ruinen einer Klosteranlage, die Turlough O'Conor, Hochkönig von Irland, im frühen 12. Jahrhundert für den Augustinerorden erbauen ließ. Die stilvoll gearbeiteten, skulpturengeschmückten Torbögen und die malerisch auf sattgrünem Rasen verstreuten Reste des Kreuzganges zählen zum schönsten, was in Irland in der Übergangszeit von der Romanik zur Gotik entstand. Eine wechselvolle Geschichte war der Abtei in den folgenden Jahrhunderten beschert, bis 1829 mit dem letzten Abt auch das Klosterleben starb. In seiner Blütezeit soll das reiche Kloster bis zu 3000 Mönche beherbergt haben. Mit welchen Mitteln man versuchte, eine solche Menschenmenge zu ernähren, davon erzählt das den nahen Fluß überspannende Fischerhaus, an das einst Küche und Speisesaal angeschlossen waren. Nach dem Motto »frisch auf den Tisch« ließ man einfach durch ein Loch im Boden eine Angelschnur in den fischreichen Fluß hängen.

Von der Abbey führt ein erholsamer Spaziergang am Fluß entlang nach Süden, wo an der Mündung in den Lough Corrib das mächtige Ashford Castle steht. Die im 13. Jahrhundert erbaute Burg wurde im 19. Jahrhundert von der berühmten Familie Guinness erworben und anschließend zu einem imposanten Landsitz umgestaltet. Heute beherbergt das

Ein Regenbogen überspannt die südöstlichen Ausläufer der Maumturk Mountains.

Gemäuer das teuerste Hotel des Landes (Besichtigungsmöglichkeit) mit illustren Namen in seinem Gästebuch.

Wie porös der Kalkfels ist, aus dem die Landbrücke zwischen Lough Mask und Lough Corrib aufgebaut ist, sieht man an dem kleinen Flüßchen, das nördlich von Cong als Karstgewässer im Untergrund verschwindet. Trotzdem wollten Mitte des letzten Jahrhunderts englische Ingenieure die beiden Seen durch einen Kanal verbinden. Nebenbei sollte das Projekt während der Hungerjahre als Arbeitsbeschaffungsmaßnahme für die verarmte irische Bevölkerung dienen, die für geringen Lohn die Furche durch den Fels grub. Man kann sich die diebische Freude der Iren vorstellen, als der Kanal 1850 geflutet wurde und das Wasser in den löchrigen Tiefen versickerte. Noch heute kann man das Bett dieses trockenen, nutzlosen Wasserweges besichtigen.

Streckenbeschreibung

In *Maam Cross* beginnen wir unsere Tour auf der *R336* (Wegweiser Leenaun), die genau nach Norden durch die einsame Bergwelt von Connemara auf einen Paß hinaufläuft. Am höchsten Punkt der Straße liegt dem Radwanderer im Norden das Tal des Beatanabrack River zu Füßen, in das uns eine schwungvolle Abfahrt hinabbringt. Im grünen, fruchtbaren Talgrund überqueren wir zwei Brückchen und stoßen am Fuß der nördlichen Talhänge vor dem kleinen Geschäft von *Maum* (gäl. An Mám) in rechtem Winkel auf eine Straße.

Die Fortsetzung der R336, ebenfalls eine einsame Strecke in landschaftlich schöner Umgebung, führt links nach Leenane (Leenaun). Wir entscheiden uns jedoch für die *R345*, die *rechts* entlang des Lough Corrib nach Cong leitet (Wegweiser Corr na Móna und An Fhairche, in Gegenrichtung Maam Cross). Schnell ist der Westzipfel des Lough Corrib erreicht und in einigem Auf und Ab auf der R345 das stille Dorf *Corrnamona*.

Anschließend verläuft die Straße einige Kilometer lang ganz nahe am Seeufer, ehe sie steil auf den Rücken hinaufsteigt, der den Lough Corrib vom Lough Mask trennt. Die R345 führt nun vom Kamm in einem weiten Bogen nach Cong hinab. Wir benutzen jedoch eine *schmale Nebenstraße*, die *rechts* zu unserem Ziel führt (Wegweiser Cong, in Gegenrichtung Corr na Móna). Nach wenigen hundert Metern verzweigt sich die Straße. Auf dem *rechten* Ast fahren wir, zumeist leicht bergab, durch Wald und Weideland geradewegs auf Cong zu (Vorsicht in Gegenrichtung! An einer Straßengabelung zwei Kilometer nach Cong nicht geradeaus, sondern leicht rechts). Bald treffen wir wieder auf die *R345*, auf der wir *rechtshaltend* (in Gegenrichtung Wegweiser Corr na Móna und An Mám) nach wenigen hundert Metern *Cong* erreichen (in Gegenrichtung aus Cong dem Wegweiser nach Leenaun folgen).

Die Reste des Kreuzgangs zeugen noch vom einstigen Reichtum der Cong Abbey.

Nützliche Informationen

Entfernung: Maam Cross – Cong: 30 km.
Unterkunft: Drei Hotels und eine Pension in *Cong* (Tel. 092/46003; 092/46494 oder 46496; 092/46004 oder 46243; 092/46316 oder 46008).
Jugendherberge: Ein Budget-Hostel in *Cong* (Tel. 092/46089); ein Independent-Hostel fünf Kilometer östlich von Cong in *Cross* (Tel. 092/46203).
Camping: Campingmöglichkeit am Independent-Hostel in *Cross*.
Fahrräder: *Cong*, O'Connor's Garage, Tel. 092/46008 (auch Fahrradverleih).
Karte: OS-Karte 1:250000, Blatt 2 (West).

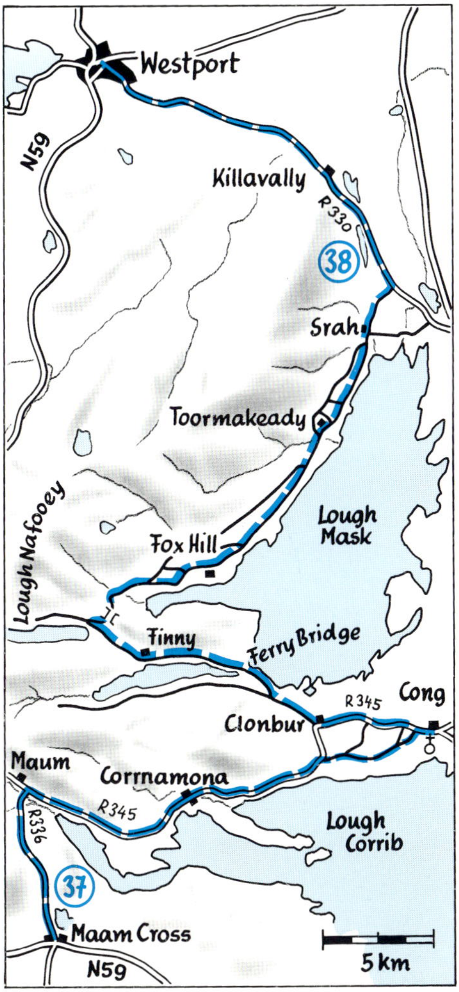

38 Von Cong nach Westport

Auf einsamen Straßen am Lough Mask entlang

Tourencharakter: Der Großteil der Etappe auf ruhigen Nebenstraßen in angenehmer Umgebung. Zu Beginn der Tour einige längere Anstiege, dann entlang des Lough Mask erholsames Flachgelände, das zum Ende hin in welliges Hügelland übergeht.
Länge der Tour: 62 km.

In früherer Zeit war die Landenge zwischen den beiden großen Seen Lough Mask und Lough Corrib bekannt unter dem Namen »Bearna Baoil«, was auf Deutsch so viel heißt wie der »gefährliche Übergang«. Diese Bezeichnung verdankt das Gebiet den Kämpfen, die hier ausgetragen wurden. Von Osten her drängten die Bewohner der nahen Ebenen in die Berge ein und forderten in einem ständigen Konflikt die wilden Clans des Westens, die O'Flaherties und die Joyces, heraus. Viel Blut floß damals in diesen Boden, und das Schwert war das einzige Mittel der Verständigung.

Fünf Kilometer westlich von **Clonbur** beherrscht der schöngeformte Mount Gable, auch Benlevy genannt, die Landenge. Dieser Berg führt uns tief in die dunkle Vorgeschichte Irlands, denn der Sage nach soll sich auf seinem Gipfel das Volk der Fir Bolg gesammelt haben, bevor es in die Schlacht gegen das mächtige und zauberkundige Volk der Thuatha Dé Danainn zog. Diese uralten Sagenkreise, die in den Liedern der keltischen Barden lebendig blieben, wurden schon von frühchristlichen Mönchen aufgezeichnet. Mögen sich um die besungenen Völker und deren Helden im Laufe der Jahrtausende auch phantastische Geschichten gerankt haben, so gehen viele Forscher doch davon aus, daß den Sagen wahre Begebenheiten zugrunde liegen. Sie schildern wahrscheinlich den Kampf der verschiedenen Volksgruppen, die seit der Steinzeit in Einwanderungswellen auf die Insel kamen und um die Vorherrschaft rangen. So mußten auch die göttergleichen Thuatha Dé Danainn einem anderen Volk weichen und wurden in das Innere der Berge verbannt. Von der Kontinuität der irischen Geschichte zeugt, daß die keltischen Helden des dritten und letzten großen Sagenkreises, der wohl von Ereignissen aus den ersten nachchristlichen Jahrhunderten berichtet, Geliebte und Ammen bei dem alten Volk der Thuatha Dé Danainn hatten. Und heute noch erzählt man, daß dieses Volk junge Mädchen in sein Höhlenreich entführt. Von Clonbur bringt uns die Straße in das traumhafte Bergreich der alten Völker.

Streckenbeschreibung

Wir verlassen *Cong* auf der *R345*, die nach Westen hinaufführt (Wegweiser Leenaun) und bleiben an der Kreuzung kurz nach dem Dorf auf der Hauptstraße (Wegweiser An Fhairche und Fion Mhoighe). Durch Wald und Weideland bergauf und dann auf breiterer Straße zwischen efeuüberrankten Steinmauern erreichen wir nach einigen Kilometern *Clonbur* (gäl. An Fhairche).

Geradeaus durch das ansehnliche Dorf verlassen wir am westlichen Ortsende die R345 scharf nach *rechts* (Wegweiser An Chloch Bhreag und Fion Mhoighe, in Gegenrichtung Cong). Durch wunderschöne Landschaft bringt uns die gut ausgebaute Straße hinunter zum Lough Mask (an einer unbeschilderten Kreuzung kurz vor dem See rechtshaltend auf der Hauptstraße bleiben). Auf der Ferry Bridge überqueren wir einen Seitenarm und folgen diesem anschließend an seinem Nordufer. Bald erlaubt es das Tal des Finny River, vorbei an den wenigen Häusern von *Finny* (gäl. Fion Mhoighe), zum wundervollen *Lough Nafooey* hinaufzufahren. Oberhalb des Sees biegen wir *scharf rechts* ab (Wegweiser Westport, in Gegenrichtung Cong und Clonbur), und eine steile Straße leitet zum nahen *Paß* hinauf.

Auf der Gegenseite lassen wir die Räder zum Lough Mask hinunterlaufen und fahren durch nur anfänglich leicht welliges Gelände, an *zwei Abzweigen rechts* haltend, zur Streusiedlung *Fox Hill*. Immer nahe am See bringt uns die Straße über das winzige Dorf *Toormakeady* nach *Srah* am nördlichen Ende des Lough Mask. Auf der Hauptstraße geradewegs durch den kleinen Ort nach Norden stoßen wir nach drei Kilometern auf die *R330*, auf der wir nach *links* in Richtung Westport fahren (in Gegenrichtung Wegweiser Toormakeady, Srah und Lough Mask Drive).

Durch hügelige Landschaft läuft die R330 über *Killavalley* bis nach *Westport* (in Gegenrichtung aus Westport der Beschilderung nach Ballinrobe folgen).

Nützliche Informationen

Entfernung: Cong – Westport: 62 km.
Unterkunft: Hotels und Pensionen in *Westport*, siehe Tour 27.
Jugendherberge: Jugendherbergen in *Westport*, siehe Tour 27.
Camping: Campingplätze bei *Westport*, siehe Tour 27.
Fahrräder: In *Westport*, siehe Tour 27.
Auskunft: *Westport*, The Mall, Tel. 098/ 25711 (ganzjährig).
Karte: OS-Karte 1:250000, Blatt 2 (West).

Ein schmaler Seitenarm des Lough Mask drängt sich weit in die Berge des Joyce Country.

Von Galway durch das County Clare zur Shannonmündung

39 Von Galway nach Ballyvaughan

Entlang der Galway Bay zum Karstgebiet der Burren

Tourencharakter: Das erste Drittel der Strecke auf stark befahrener Nationalstraße, dann auf ruhiger Straße durch hügeliges Gelände.
Länge der Tour: 50 km.

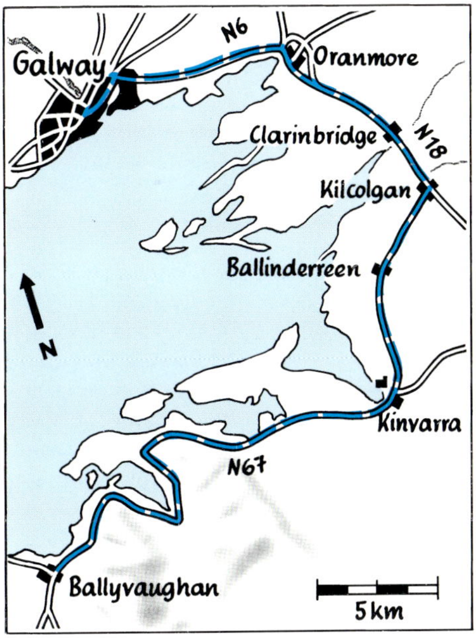

An der Küste, der diese Etappe folgt, werden die bei Feinschmeckern beliebten Austern gezüchtet. Jedes Jahr im September wird daher in und um Galway zu Ehren dieser Delikatessen ein bekanntes Austernfestival veranstaltet. Zwei kleine Orte auf unserem Weg stehen dank zweier berühmter Austernrestaurants in enger Verbindung zum Festival. In »Paddy Burke's Oyster Tavern« in **Clarinbridge** wurde die Idee zum »Galway International Oyster Festival« geboren, und im Dorf finden die wichtigsten Veranstaltungen statt. Eröffnet werden die Feierlichkeiten in **Kilcolgan**, wenn im »Moran's of the Weir Oyster Pub« dem Bürgermeister von Galway die erste Auster der Saison überreicht wird.

Kinvarra ist das vielleicht hübscheste Dorf an den Ufern der großen Galway Bay. Rund um die Hafenmole zeigen die Häuser ihre vielfarbigen Fassaden, und in einer Anzahl von Pubs ist vor allem an den Wochenenden hervorragende Folkmusik zu hören. Am Eingang zum Dorf überragt auf einem dunklen Felsen das **Dunguaire Castle** die blaue Wasserfläche einer kleinen Bucht. Diese Burg, eines der besterhaltenen Beispiele der in dieser Gegend so häufigen Turmburgen, wurde 1520 errichtet. Tagsüber kann das spärlich möblierte Innere besichtigt werden, und abends finden dort die vor allem bei amerikanischen Touristen beliebten mittelalterlichen Bankette statt.

Nach Kinvarra sind bald die kahlen Hänge der ersten Burrenberge erreicht, um deren Fuß sich unser Weg nach Westen schwindelt. Wer noch Zeit und Kraft hat und diese Berge ein wenig erkunden möchte, der kann in **Bealaclugga** dem Wegweiser Carran nach Süden folgen. Die Reste zweier Klostersiedlungen verstecken sich dort in den kahlen Berghängen und versprechen wundervolle Ausblicke zur Galway Bay. Der erste Linksabzweig leitet hinauf zur Corcomroe Abbey, einem Zisterzienserkloster, das 1180 gegründet wurde. Der zweite Abzweig zur Linken führt zu einem Bergsattel hinauf. Noch vor Erreichen dieses Sattels weist ein Schild rechts hinauf, und auf einem steilen, schmalen Weg erreicht man, am besten zu Fuß, die frühchristliche Klostersiedlung Oughtmama. Drei Kirchenruinen in romanischem und vorromanischem Stil liegen hier im felsigen Tal.

Der Blick geht zwischen den hellgrauen

Das Dunguaire Castle beherrscht von einer kleinen Insel aus die Bucht von Kinvarra.

Bergflanken hinaus auf das erfrischende Blau der Galway Bay.

Die Tour endet in **Ballyvaughan**, einem kleinen Fischerdorf, das sich in den letzten Jahren zum touristischen Zentrum am Nordrand der Burren entwickelt hat.

Streckenbeschreibung

Vom Eyre Square im Zentrum von *Galway* radeln wir, der Beschilderung nach Dublin und Limerick folgend, in nordöstlicher Richtung aus der Stadt. An der Stadtgrenze schwenkt die vielbefahrene *N6* nach *rechts* und leitet entlang dem hintersten Zipfel der Galway Bay nach Osten.

Nach neun Kilometern, kurz vor Oranmore, fahren wir an einer Kreuzung nicht links auf die breite Umgehungsstraße, sondern folgen der alten Linienführung der Nationalstraße, die *geradeaus* über eine Brücke und durch *Oranmore* zur *N18* leitet (in Gegenrichtung ist der unbeschilderte Abzweig von der N18 nach Oranmore schwer zu finden, und man wird wahrscheinlich auf der breiten Umgehungsstraße zum Kreisverkehr an der N6 fahren müssen, auf der man sich dann in Richtung Galway hält).

Wir biegen nach *rechts* auf die verkehrsreiche *N18* ein, der wir über *Clarinbridge* bis nach *Kilcolgan* folgen. Hier verlassen wir die N18 nach *rechts* (Wegweiser Kinvarra, Lisdoonvarna und Ennistimon) und radeln auf der ruhigen *N67* auf die Burren zu. Vorbei an *Ballinderreen* fahren wir hinunter zur Kinvarra Bay, an deren Ufer das dunkle *Dunguaire Castle* steht. Von der Burg sind es dann nur noch wenige hundert Meter nach *Kinvarra*, mit dem kleinen Hafen, um den sich hübsche, bunte Häuser gruppieren.

Immer näher kommen wir anschließend auf der *N67* den kahlen Kalkhängen der eigenartig geformten Burrenberge. Bald bleibt der Straße nur noch ein schmaler Streifen zwischen der Galway Bay und den hellen Kalkbergen, auf dem sich die N67 in vielen Kurven bergauf und bergab nach *Ballyvaughan* windet (in Gegenrichtung in Ballyvaughan Wegweiser Kinvarra und Galway).

Nützliche Informationen

Entfernung: Galway – Kinvarra: 29 km; Galway – Ballyvaughan: 50 km.
Unterkunft: Eine große Anzahl von Hotels

und Pensionen in *Galway*; ein Hotel in *Kinvarra* (Tel. 091/37137) ; zwei Hotels und eine Pension in *Ballyvaughan* (Tel. 065/77005; 065/77037 oder 77015; 065/77092).
Jugendherbergen: In *Galway*, siehe Tour 35; ein Independent-Hostel in *Kinvarra* (Tel. 091/37164); ein An-Oige-Hostel bei *Parkmore*, sechs Kilometer nordwestlich von Kinvarra (Tel.091/37173).
Camping: In *Galway*, siehe Tour 35; Campingmöglichkeit am Independent-Hostel in *Kinvarra*.
Fahrräder: In *Galway*, siehe Tour 35; *Ballyvaughan*, Monks Bar in Hafennähe, Tel. 065/77059 (auch Fahrradverleih).
Auskunft: *Galway*, Eyre Square, Tel. 091/63081.
Karte: OS-Karte 1:250000, Blatt 2 (West).

Bunte Hausfassaden in Kinvarra (Tour 39).

40 Von Ballyvaughan nach Lahinch (die Inlandstrecke durch die Burrenberge)

Steinzeitgräber, Keltenforts und Hochkreuze; Karstplateaus und die Cliffs of Moher

Tourencharakter: Auf einsamen, schmalen Straßen durch das karge Bergland. Zu Beginn ein langer und anstrengender Anstieg, dann in sanftem Auf und Ab durch die Burren.
Länge der Tour: 53 km.

Berge wie zerlaufener und zu Stein erstarrter Teig; kahle, vom Wasser ziselierte Kalkfelsplatten, deren helles Grau bei Sonnenschein in den Augen schmerzt oder die nach einem Regenschauer metallisch-dunkel glitzern: ein armseliges, unfruchtbares Karstgebiet, wie man es in Irland nicht erwarten würde, das sind die **Burren**. Vor dreihundert Millionen Jahren wurde das Kalkgestein in einem tropischen Meer abgelagert, aus dem es später als Gebirgsstock auftauchte. Damit setzte die zerstörende Kraft der Karsterosion ein. Regenwasser spülte im wasserlöslichen Gestein ein System von Höhlen aus, das heute den gesamten Niederschlag verschluckt. Die Schmelzwässer der Eiszeit ließen neue Höhlen entstehen und erweiterten die bereits vorhandenen. Findlingsblöcke, die die Gletscher über weite Strecken hierher transportiert hatten, wurden auf den Berghängen abgelegt, und die modellierende Kraft des Eises gab den eigenwilligen Bergen ihre heutige Form. Als die Gletscher abgeschmolzen waren, hinterließen sie einen Schleier feinen Materials, der den porösen Untergrund abdichtete, so daß sich ein lichter, sonnendurchfluteter Wald entwickeln konnte.

Schon in der Steinzeit zog dieses freundliche Gebiet Menschen an, und eine Anzahl von Megalithgräbern zeugt von einer relativ dichten Besiedlung. Später, in keltischer Zeit, wurde durch zunehmenden Siedlungsdruck die Umweltkatastrophe eingeleitet, der die Burren ihr heutiges Aussehen verdanken. Von Hunderten von Ringforts ausgehend, ein jedes Sitz eines Familienclans, wurden die Wälder abgeholzt, um dem zunehmenden Viehbestand neue Weiden zu erschließen. Seines schützenden Waldkleides beraubt, wurde der Boden in den folgenden Jahrhunderten nach und nach vom Regen abgespült und vom Wind verweht. Zurück blieben die kahlen Felsplatten, die uns heute als wilde

Naturlandschaft erscheinen und doch eigentlich die Geschichte vom zerstörerischen Umgang des Menschen mit seiner Umwelt erzählen. Wer neben der ruhigen Landschaft der Burren auch die meist versteckten Zeugen unterschiedlichster Kulturen entdecken will, der sollte sich die exzellente Karte »The Burren« von Tim Robinson besorgen. Neben allen Straßen und Wegen sind darauf akribisch genau alle Bauwerke eingezeichnet, die die Jahrtausende andauernde Besiedlung in diesem Land hinterlassen hat.

Südlich von Ballyvaughan, nur einen Kilometer abseits unseres Weges, liegt die **Aillwee Cave**, die einzige Schauhöhle der Burren. Der breite Tunnel, der erst 1944 entdeckt wurde und seit 1976 der Öffentlichkeit zugänglich ist, wurde von den Schmelzwässern der Eiszeitgletscher in den Fels gespült. Neben schönen Gesteinsformationen sind einige Stalaktiten und Stalagmiten zu bewundern. Leider muß man sich das kühle Vergnügen – in der Höhle herrscht eine konstante Temperatur von 10 Grad – oft mit ganzen Busladungen von Touristen teilen.

Etwas oberhalb der Zufahrtsstraße zur Höhle liegen zwei gute Beispiele der in den Burren so häufigen keltischen Ringforts, **An Ráth** und **Cathair Mhór**. Das erste besteht aus einem mächtigen Erdwall, der eine kreisrunde Ebene umgibt, auf der sich wahrscheinlich die Holzhütten der Bewohner befanden. Das zweite, etwas höher gelegene Ringfort ist aus Steinen aufgeschichtet. Ein Tor führt in das Innere der Anlage, in der noch ansatzweise kleine Schutz- oder Lagerräume zu sehen sind.

Einige Kilometer weiter südlich, oben auf der kargen Hochfläche, steht direkt neben der Straße das kleine, perfekt erhaltene Megalithgrab von **Gleninsheen**. »Wedge-Shaped Galleries« heißen im wissenschaftlichen Sprachgebrauch diese keilförmigen Galeriegräber wegen des typischen Grundrisses. Die großen, dünnen Gesteinsplatten dieser Gegend erlaubten den steinzeitlichen Erbauern eine besonders einfache Sonderform, deren Name »Kistengrab« sich schon beim ersten Blick auf das Grab leicht erklären läßt.

Das eindrucksvollste, schönste und be-

Nördlich der Cliffs of Moher steht dieses alte, strohgedeckte Farmhaus.

kannteste Megalithgrab in weitem Umkreis ist der **Poulabrone Dolmen**. Portal-Dolmen ist die wissenschaftlich korrekte Bezeichnung für diese Form der Megalithgräber, denn in einem weiten, übermannshohen Portal öffnet sich die Grabkammer, die sich nach hinten verjüngt, dem Betrachter. Der mächtige, tonnenschwere Deckstein scheint auf den Tragesteinen zu schweben. Rundum sind noch die Reste des Hügels zu sehen, der von den Erbauern vor 4500 Jahren über dem Dolmen angehäuft wurde.

Erst 500 Jahre sind vergangen, seit die einst mächtigste Familie dieser Gegend, die O'Briens, 1480 das **Leamaneh Castle** erbauen ließ. Ursprünglich nur eine der typischen Turmburgen, wurde im 17. Jahrhundert das schloßartige Gebäude angefügt, das mit seinen schönen Fenstern der Burgruine ihren besonderen Reiz verleiht.

Das kleine Dorf **Kilfenora** war einst das wichtigste Zentrum in den Burren. Von den Anfängen in frühchristlichen Zeiten, als St. Fechtna hier ein Kloster gründete, ist nichts erhalten. Als 1089 der erste Bischof von Kilfenora eingesetzt wurde, begann man mit dem Bau der Kirche, die noch heute das Ortsbild beherrscht. Der größte Teil des ursprünglichen Gotteshauses ist allerdings in den folgenden Jahrhunderten Umbauarbeiten zum Opfer gefallen. Rund um die Kirche sind einige interessante Hochkreuze zu sehen. In einer Wiese, zirka 100 Meter entfernt, steht das Westkreuz, das fast vollständig von Ornamenten bedeckt ist. Auf dem Friedhof neben der Kathedrale ist das wertvollste der Kreuze, das sogenannte »Doorty Cross« aus dem 12. Jahrhundert, mit einigen figürlichen Darstellungen zu sehen. Wer etwas mehr über die Geologie der Burren erfahren möchte, dem bietet in Kilfenora das »Burren Display Centre« eine hilfreiche Einführung in die Entstehungsgeschichte dieser Landschaft.

Lisdoonvarna ist ein lebhafter Kurort und besitzt das einzige Heilbad in Irland. Am ersten Wochenende im September beginnt hier der bekannte »Heiratsmarkt«, der sich einen Monat lang hinzieht. Viel Musik auf den Stra-

Vor rund 4500 Jahren errichteten Steinzeitmenschen auf der Kalkhochfläche der Burren den Poulabrone Dolmen.

ßen und in den Kneipen soll in dieser Zeit die Suche nach einem geeigneten Partner erleichtern.

Nach den Cliffs of Moher (siehe Tour 41) erreicht die Etappe in **Liscannor**, einem kleinen Fischerdorf an der gleichnamigen Bucht, wieder das Meer. Im Ort steht die Ruine einer alten Turmburg, und einen Kilometer östlich liegen an unserer Straße die Reste der *Macreehy's Church,* die im 12. Jahrhundert an der Stelle erbaut wurde, an der im 6. Jahrhundert St. Macreehy eine berühmte frühchristliche Schule gegründet hatte.

Lahinch ist ein beliebtes kleines Seebad, das dank seines kilometerlangen Strandes sowie der hervorragenden Surfbedingungen und eines ausgezeichneten Golfplatzes von Jahr zu Jahr mehr Besuch erhält.

Streckenbeschreibung

An der Kreuzung zwischen den Häusern von *Ballyvaughan* wenden wir uns nach Süden in das Landesinnere (Wegweiser Lisdoonvarna). Wir folgen der schmalen *N67* nur eineinhalb Kilometer und wechseln dann nach *links* auf die *R480* (Wegweiser Aillwee Caves).

Vorbei an der Zufahrt zu den Aillwee Caves links und zwei ausgeschilderten Ringforts rechts führt die Straße beständig bergauf. Nach oben hin windet sie sich in einigen Kehren, die die Steigung erträglich gestalten, über die kahlen Felshänge und erlaubt weite Blicke über die Burren.

Vom Rand einer Hochfläche, die nach den Kehren bald erreicht ist, leitet die Straße in leichtem Bergauf und Bergab vorbei an einem steinzeitlichen Kistengrab zum berühmten *Poulabrone Dolmen.* Immer auf der R480 radeln wir anschließend, zumeist nach Corrofin ausgeschildert (in Gegenrichtung nach Ballyvaughan), über das wellige Land nach Süden. Vorbei an der Ruine der Carran Church aus dem 15. Jahrhundert lassen wir uns zum *Leamaneh Castle* hinabtreiben.

Neben der Burg stoßen wir auf die *R476,* auf der wir *rechts* (Wegweiser Kilfenora und Lisdoonvarna, in Gegenrichtung Ballyvaughan) nach *Kilfenora* fahren. Geradeaus durch den Ort führt über Ennistimon die kürzeste Verbindung nach Lahinch. Wir wechseln jedoch nach *rechts* auf die *R478* (Wegweiser Lisdoonvarna, in Gegenrichtung Corrofin), um den Cliffs of Moher einen Besuch abstatten zu können. Nach einer Kuppe leitet uns die *R478* hinab in das Tal des Aille River, an dem Lisdoonvarna liegt. Vorbei am Abzweig in das Zentrum von *Lisdoonvarna* und geradewegs über die N67 führt uns die Straße nach Südwesten zum Meer hinab.

Rechts zweigt die R479 zum nahen Doolin ab, dem berühmten Treff der Folkmusiker. Wir bleiben jedoch auf der *R478,* die uns über einen Hügel zum Besucherzentrum an den *Cliffs of Moher* bringt. Steil bergab läuft die Straße nach *Derreen* und an die weitgeschwungene Bucht von *Liscannor.* In einem weiten Bogen um die Liscannor Bay erreichen wir nach weiteren fünf Kilometern *Lahinch* (in Gegenrichtung in Lahinch Wegweiser Liscannor und Cliffs of Moher).

Nützliche Informationen

Entfernung: Ballyvaughan – Kilfenora: 23 km; Ballyvaughan – Lisdoonvarna: 30 km; Ballyvaughan – Liscannor: 48 km; Ballyvaughan – Lahinch: 53 km.
Unterkunft: Eine große Auswahl an Hotels in *Lisdoonvarna; Doolin,* siehe Tour 41; fünf Hotels in *Lahinch* (Tel. 065/81100: 065/81049; 065/81007; 065/81041; 065/81242).
Jugendherbergen: Ein Independent-Hostel an einer Nebenstraße zwischen Caherconnell und *Kilfenora* abseits der Strecke (ausgeschildert, kein Telefon); ein Budget-Hostel in *Lisdoonvarna* (Tel. 065/74300); Hostels in *Doolin,* siehe Tour 41; je ein Independent-Hostel in *Derreen* bei Liscannor und in *Liscannor* (Tel. 065/81179; 065/81385); ein Budget-Hostel in *Lahinch* (Tel. 065/81040).
Camping: Am Independent-Hostel in der Nähe von *Kilfenora; Doolin,* siehe Tour 41; am Independent-Hostel in *Derreen;* ein Campingplatz in *Lahinch* (Tel. 065/81424).
Fahrräder: *Kilfenora,* Lynch & Howard, Tel. 065/84079; in *Doolin,* siehe Tour 41.
Auskunft: In *Lisdoonvarna,* Tel. 065/74062 (Juni bis September); Besucherzentrum an den *Cliffs of Moher,* Tel. 065/81295 (März bis Oktober).
Karte: OS-Karte 1:250000, Blatt 2 (West).
Tourenskizze: Siehe Seite 136.

41 Von Lahinch nach Ballyvaughan (die Küstenroute)

Zu den Cliffs of Moher und entlang der Küste, an der sich die Burrenberge im Meer verlieren

Tourencharakter: Im ersten Teil ein anstrengender, steiler Anstieg zu den Cliffs of Moher und nach Doolin ein langgezogener Berg; auf der zweiten Hälfte in erholsamem Fahrradgelände immer entlang der Küstenlinie.
Länge der Tour: 50 km.

Acht Kilometer lang und bis zu 200 Meter hoch, so lautet der Kurzsteckbrief des wohl berühmtesten Landschaftsbildes in Irland, der **Cliffs of Moher**. Eine halbe Million Besucher läßt sich jedes Jahr von dieser Beschreibung hierher, an die stürmische Westküste Irlands, locken. Nähert man sich durch die harmlose, rundbucklige Landschaft dem Besucherparkplatz, auf dem sich die Ausflugsbusse stapeln, wird man erst einmal abgeschreckt sein. Unwillig reiht man sich in die bunte, lärmende Touristenschlange ein, die zwischen Straßenmusikern und Souvenirständen auf die Klippen zustrebt. Doch steht man dann ganz unvermittelt an der Abbruchkante und blickt auf die nicht enden wollende Reihe der Klippenvorsprünge, nimmt einen fast zwangsläufig die Dramatik dieser einmaligen Landschaft gefangen. Der breit ausgebaute Touristenweg leitet rechts hinauf zum O'Brien's Tower, einem Aussichtsturm, der 1835 von Cornelius O'Brien als standesgemäßer Ausguck für wohlhabende Touristen errichtet wurde.

Wer jedoch die stille Magie der Cliffs of Moher in sich aufnehmen möchte, der sollte an der Kliffkante den Weg verlassen und linker Hand den wenigen Fußspuren entlang der Klippen folgen. Schon nach wenigen hundert Metern wird man überrascht feststellen, daß man alleine ist. Dann kann man in die Felswände hinabblicken, deren Gestein vor 350 bis 400 Millionen Jahren abgelagert

Eines der bekanntesten Landschaftsbilder Irlands bieten die kilometerlangen, bis zu 200 Meter hohen Felsabbrüche der Cliffs of Moher.

Über dem Meer bei Fanore widersteht dieses Haus eines Fischers allen Stürmen.

wurde. Harte Sandsteinbänder wechseln mit weicheren Schiefern, und Wind und Wetter haben Bänder und Höhlen herausgewittert. Ideale Nistplätze sind so entstanden. Weiße Guanostreifen markieren die Stellen, an denen die acht verschiedenen Vogelarten, die im Frühjahr in den Klippen brüten, ihre Kolonien haben. Zeitlos scheint sich der Felswall der Klippen dem Meer entgegenzustemmen, und doch rauben die mächtigen Wellen jedes Jahr ein Stückchen der Steilfelsen. So sollte man sich jene Wege und Steinmauern als Warnung nehmen, die ganz unvermittelt an der Kante ins Leere hinauslaufen. Jedes Jahr brechen kleinere und größere Partien ins Meer ab, und der meist kräftige Wind ist ein zusätzliches Argument, nicht zu nahe an die Abbruchkante zu gehen.

Nördlich der Cliffs of Moher, dort wo flache Felsplatten zum ersten Mal wieder einen problemlosen Zugang zum Meer erlauben, liegt die Streusiedlung **Doolin**. Die zwei kleinen Ortszentren, Roadford und Fisherstreet, bestehen nur aus wenigen Häusern und würden wohl unbeachtet bleiben, hätte sich Doolin nicht den Ruf als eines der bedeutendsten Zentren irischer Folkmusik erworben. Vor allem in den Sommermonaten treffen sich in den drei Pubs jeden Abend die Musiker zu zwanglosen Sessions. Der ganze Ort scheint dann fest in der Hand junger Musikfans aus aller Herren Länder zu sein. Man kann hier ausgezeichnete Musiker erleben, die sich nicht als Touristenattraktion verstehen, und nirgendwo sonst ist es so leicht, den Kontakt zu anderen, vor allem jungen Leuten zu finden.

Ein Stück unterhalb des Ortes liegt das Pier, von dem aus die Fähren zu den nahen Aran-Inseln starten, und im Hang oberhalb von Fisherstreet wacht der restaurierte Rundturm des Doonagore Castle über der Küste.

Vier Kilometer nördlich von Doolin beginnt beim **Ballynalackan Castle**, einer Turmburg aus dem 15. Jahrhundert mit angeschlossenem Hotel, der **Burren Way**. Diese Wanderroute führt zumeist auf Green Roads, den alten, grasbewachsenen Straßen, in den Berghängen hoch über dem Meer bis nach

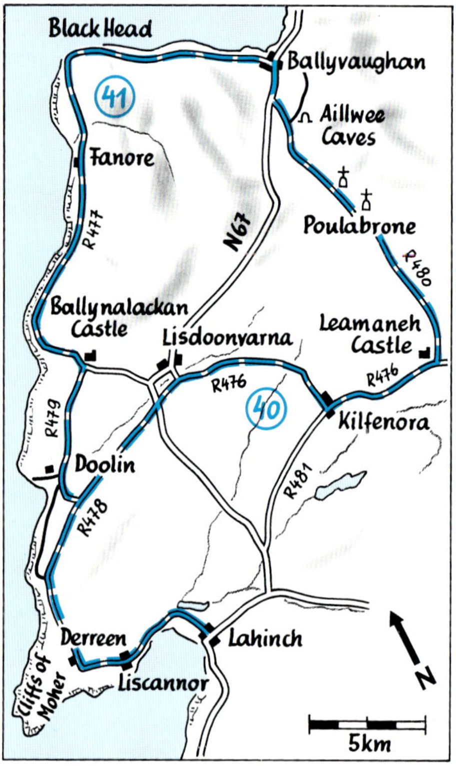

Ballyvaughan. Wer die sportliche Herausforderung sucht und mit einem Mountainbike unterwegs ist, kann diesen Weg über die Höhenrücken der Burren als schweißtreibende Alternativroute befahren.

Wer es weniger anstrengend haben will, der folgt auf angenehmen Straßen der sicherlich nicht weniger schönen Küstenroute. Entlang steiler Kalkklippen, in denen Kletterer mit der Schwerkraft kämpfen, vorbei am schönen Strand von Fanore und dem einsamen Leuchtturm am Black Head bleiben immer die kargen Burrenberge, deren felsige Flanken ins blaue Meer tauchen, im Blickfeld (siehe Tour 40).

Streckenbeschreibung

Von *Lahinch* (Wegweiser Liscannor und Cliffs of Moher) radeln wir am Nordufer der weitgeschwungenen Bucht auf der *R478* über *Liscannor* nach *Derreen*. Hier steigt die Straße, vorbei an einer heiligen Quelle, auf mehreren Kilometern teils steil zu den *Cliffs of Moher* hinauf. Vom Besucherzentrum führt uns die *R478* nach einem kurzen Anstieg durch grünes Weideland wieder näher zum Meer hinab. Nach einigen Kilometern lugt die Spitze des renovierten *Doonagore Castle* über die Wiesenkuppe, die uns vom Meer trennt. Schon hier kann man links hinunter, vorbei an der Burg, auf einem teilweise sehr steilen Sträßlein nach Doolin hinunterfahren (Wegweiser Doolin Camping und Caravan Park) und dann geradeaus zur Kreuzung zwischen den Ortsteilen von Doolin gelangen. Wir bleiben jedoch noch auf der R478 und wechseln erst etwas später auf die *R479*, die *links* hinunter nach Doolin ausgeschildert ist (in Gegenrichtung Wegweiser Cliffs of Moher und Liscannor).

Am unteren Ende des Berges erreichen wir eine weitere *Kreuzung*, die zwischen den beiden Ortsteilen von *Doolin* liegt. Links hinunter gelangt man in den Ortsteil Fisherstreet und zum Hafen, von dem aus die Fähre zu den Aran-Inseln startet. Unser Weg leitet jedoch *rechts*, weiterhin auf der *R479*, nach Norden (Wegweiser Ballyvaughan und Coast Road, in Gegenrichtung unbeschildert, aber dem steilen Berg von Fisherstreet zur R478 hinauf vorzuziehen). Wir fahren durch den Ortsteil *Roadford* und über eine anschließende Hügelkuppe hinauf zur Straße *R477*, auf die wir unter dem *Ballynalackan Castle linkshaltend* einbiegen (Wegweiser Ballyvaughan und Coast Road, in Gegenrichtung Aran View Hotel Doolin).

Ein Berg bringt uns nun zur kargen Felsküste hinab, an der entlang wir auf der *R477* nach Norden fahren. Die grünen Wiesen und der goldgelbe Strand von *Fanore*, die von den kahlen Burrenbergen überragt werden, sorgen noch einmal für etwas Farbe. Kurz hinter dem Ort läuft die Straße wieder durch graue, zerschundene Kalkplatten, die sanft in das blaue Meer auslaufen.

Vom schneeweißen, einsamen Leuchtturm am felsigen *Black Head* schwenkt die *R477* nach Osten und läuft über den zunehmend grüneren Küstensaum, eingezwängt zwischen den Felshängen der Burrenberge und der Galway Bay, bis nach *Ballyvaughan* (in Gegenrichtung an der Kreuzung in Ballyvaughan Wegweiser »Lisdoonvarna via Coast Road«).

Nützliche Informationen

Entfernung: Lahinch – Doolin: 20 km; Lahinch – Fanore: 32 km; Lahinch – Ballyvaughan: 50 km.
Unterkunft: Ein Hotel an der Strecke nördlich *Doolin* (Tel. 065/74061); eine Pension am *Ballynalackan Castle*, vier Kilometer nördlich Doolin (Tel. 065/74025); in *Ballyvaughan*, siehe Tour 39.
Jugendherbergen: *Lahinch*, *Liscannor* und *Derren*, siehe Tour 40; zwei Independent-Hostels und ein Budget-Hostel in *Doolin* (Tel. 065/74415; 065/74260; 065/74006); ein Independent-Hostel in *Fanore* (Tel. 065/76134).
Camping: *Lahinch* und *Liscannor*, siehe Tour 40; ein Campingplatz am Hafen von *Doolin* (065/74458); Campingmöglichkeit am Independent-Hostel in *Fanore*.
Fahrräder: *Doolin*, Mrs. Maloney, The Horse Shoe, Tel. 065/74006 (nur Fahrradverleih).
Auskunft: Besucherzentrum an den *Cliffs of Moher*, Tel. 065/81295 (März bis Oktober).
Karte: OS-Karte 1:250000, Blatt 2 (West).

Kurz vor dem Black Head drängen die felsigen Hänge der Burren die Straße nahe an das Meer.

42 Von Lahinch nach Tarbert

Klippen, Weiden und die breite Mündung des River Shannon

Tourencharakter: Trotz einigem Auf und Ab ohne allzu große Anstrengungen durch das grüne Weideland von Süd-Clare.
Länge der Tour: 53 km.

Baumlose Weiden und unfruchtbare Moore, niedrige Klippen und eingestreute Sandstrände, so präsentiert sich der südwestliche Teil der Grafschaft Clare. Der Atlantikwind fegt über das schutzlose Hügelland, verpaßt den wenigen Hecken einen Bürstenschnitt und zerstäubt die Wellen an den dunklen Kliffelsen. Eingeklemmt zwischen der Dramatik der Cliffs of Moher und Burren im Norden sowie den berühmten Halbinseln von Kerry im Süden ist diese Landschaft nur Durchgangsland. Abgesehen von wenigen Ausnahmen ist die Gegend, trotz ihres herben Charmes, selten ein Ziel für Irlandreisende.

Eine dieser Ausnahmen ist **Spanish Point** mit dem nahen Milltown Malbay. Seinen Namen verdankt Spanish Point einem mehr als unerfreulichen Ereignis aus dem Jahre 1588. Eines der Schiffe der einstmals so stolzen spanischen Armada hatte sich nach der Niederlage gegen die Engländer hierhergerettet und war auf Grund gelaufen. Ein Großteil der Besatzung konnte anschließend an das Ufer schwimmen. Dort wartete jedoch der Sheriff von Clare auf die Spanier und ließ sie allesamt hinrichten. Heute kommen die Besucher freiwillig nach Spanish Point und schwimmen nur so zum Vergnügen an einem der langgezogenen Sandstrände.

Einige Kilometer im Landesinneren liegt das beschauliche Städtchen **Milltown Malbay.** Der Ort, der im vorigen Jahrhundert als Seebad im viktorianischen Stil geplant und erbaut wurde, ist bekannt als Zentrum traditioneller irischer Volksmusik. Vor allem Anfang Juli, wenn anläßlich der sogenannten »Willie Clancy Summer School« Kurse in Volksmusik abgehalten werden, treffen sich in der Stadt Folkmusikliebhaber aus der ganzen Welt. Dann quillt der Ort vor Leben über, die ganze Nacht wird in den Straßen Musik gemacht, und viele Besucher stellen rund um das Städtchen ihre Zelte auf, da alle Zimmer längst ausgebucht sind.

Nach der langen Fahrt durch die weite Einsamkeit von Süd-Clare erwartet uns in **Kilrush** das geschäftige Treiben einer kleinen Marktstadt. Einen Kilometer südlich besitzt die Stadt im Cappagh Pier einen kleinen Hafen, von dem aus auch die Schiffe zum vorgelagerten Scattery Island starten. Auf dieser Insel befinden sich die Reste einer Klostersiedlung, die im 6. Jahrhundert von St. Senan gegründet wurde. Dieses Kloster litt besonders unter den Überfällen der Wikinger, da

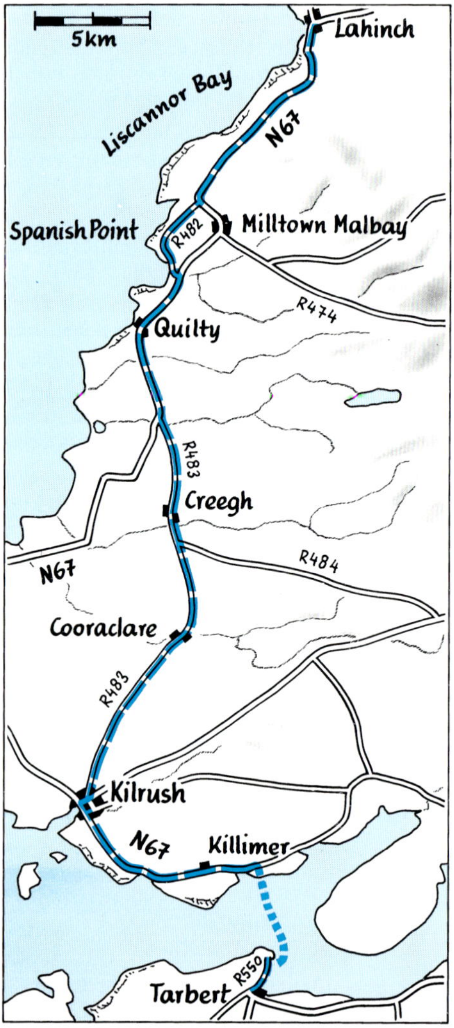

ihre Schiffe durch die Shannonmündung, vorbei an Scattery Island, zu ihrem Stützpunkt Limerick segelten. Ab 870 war die Insel von den Wikingern besetzt, bis sie 970 von Brian Boru zurückerobert wurde. Mit diesem Erfolg begann der Kampf des Keltenfürsten, der sich in den folgenden Jahren zu einem der bedeutendsten irischen Hochkönige aufschwingen konnte, gegen die Wikinger. 1014 besiegte Brian Boru in der berühmten Schlacht am Clontraf, bei der er selbst den Tod fand, die Wikinger und vertrieb sie endgültig aus Irland. Heute sind auf Scattery Island noch die Ruinen mehrerer Kirchen aus dem 9. bis zum 15. Jahrhundert zu sehen und ein Rundturm, der mit einer Höhe von 36 Metern zu den mächtigsten in Irland zählt.

In der Nähe von **Killimer** startet die Fähre, die die Grafschaft Clare mit Tarbert in der Grafschaft Kerry verbindet und den weiten Umweg über den Ballungsraum von Limerick erspart. Einige Kilometer breit ist hier der lange Mündungstrichter des Shannon. Noch während der Eiszeit, als der Meeresspiegel an die hundert Meter tiefer lag, floß der Shannon durch dieses Tal. Als dann am Ende der Eiszeit die Ozeane durch die Schmelzwässer wieder aufgefüllt wurden und der Wasserspiegel anstieg, drang das Meer in dieser Talfurche 70 Kilometer in das Landesinnere bis zu jenem Punkt vor, an dem die Wikinger später Limerick gründeten.

Streckenbeschreibung

Von *Lahinch* radeln wir auf der wenig befahrenen *N67* (Wegweiser Milltown Malbay) hinauf in das sattgrüne Weideland südlich der Liscannor Bay. Meist etwas in das Landesinnere versetzt leitet uns die Nationalstraße oberhalb der Küste nach Süden.

Nach einem scharfen Linksknick läuft die N67 schnurgerade auf das nahe Milltown Malbay zu. Am Ortsschild, kurz hinter diesem Knick, wechseln wir jedoch nach *rechts* auf die *R482*, die uns durch den kleinen Touristenort *Spanish Point* zurück zur *N67* bringt.

Rechts führt die Nationalstraße (Wegweiser Kilrush und Car Ferry, in Gegenrichtung Spanish Point) in langen Geraden, zumeist mit Blick auf das aufgewühlte Meer, nach

Quilty. Die *N67* schwenkt in das Landesinnere und zweigt nach vier Kilometern rechts zum Küstenort Kilkee ab. Wir fahren jedoch weiterhin *geradeaus*, nun auf der *R483*, nach *Creegh* (Wegweiser Kilrush und Killimer Car Ferry, in Gegenrichtung Milltown Malbay und Lahinch). Durch den kuppigen Südteil der Grafschaft Clare radeln wir über *Cooraclare* nach *Kilrush* am Shannonmündungstrichter.

Eine kurze Abfahrt bringt uns in das Ortszentrum (in Gegenrichtung in Kilrush Wegweiser R483, Milltown Malbay und Lahinch), durch das wir auf breitangelegten Straßen zwischen bunten Häuserzeilen nach Südosten hinausfahren (Wegweiser Killimer Car Ferry und N67). Nun bleiben wir immer auf der *N67*, die uns über einige Hügel zum Fähranleger in *Killimer* bringt. Nach der Überfahrt führt die *R550*, anfänglich auf einem schmalen Damm, nach *Tarbert* hinauf.

Nützliche Informationen

Entfernung: Lahinch – Spanish Point (Milltown Malbay): 18 km; Lahinch – Kilrush: 47 km; Lahinch – Tarbert: 53 km.

Herbststimmung an der Küste der Grafschaft Clare nahe Spanish Point.

Unterkunft: *Lahinch*, siehe Tour 40; ein Hotel und eine Pension in *Milltown Malbay* (Tel. 065/84008; 065/84006); ein Hotel und eine Pension in *Kilrush* (Tel. 065/51036 oder 51842; 065/51451 oder 51143).
Jugendherberge: *Lahinch* und *Liscannor*, siehe Tour 40; ein Independent-Hostel in *Spanish Point* (Tel. 065/84107); ein Independent-Hostel in *Tarbert* (Tel. 068/36165).
Camping: *Lahinch*, siehe Tour 40; ein Campingplatz bei *Spanish Point* (Tel. 065/84006); ein Campingplatz östlich *Kilrush* (Tel. 065/51102); Campingmöglichkeit am Independent-Hostel in *Tarbert*.
Fahrräder: *Milltown Malbay*, Byrne & Sons, Ennis Road, Tel. 065/84079 oder 84111 (auch Fahrradverleih); *Kilrush*, Gleeson Fort Wholesale Ltd., Henry Street, Tel. 065/51127 oder 51733 (auch Fahrradverleih).
Fährverbindung: Zwischen Killimer und Tarbert von sieben Uhr morgens bis sieben Uhr abends (sonn- und feiertags erst ab zehn Uhr morgens) stündliche Fährverbindung.
Karte: OS-Karte 1:250000, Blatt 2 (West).

Von der Westküste des County Clare in das Shannonbecken

43 Von Lahinch nach Ennis

Mittelalterliche Kirchen und Klöster am Südrand der Burren

Tourencharakter: Zu Beginn ein langgezogener Anstieg hinauf nach Kilfenora, dann ohne größere Anstrengungen durch teilweise etwas hügeliges Gelände.
Länge der Tour: 40 km.

Am Südrand der Burren führt uns diese Etappe durch Kilfenora und vorbei am Leamaneh Castle (siehe Tour 40), ehe wir bei **Killinaboy** die seenreiche Ebene erreichen, die die Kalkberge nach Osten hin begrenzt. Das gälische Wort Cill bedeutet Kirche, und so geht der Name des kleinen Ortes auf ein frühchristliches Kloster zurück, das hier von St. Inghean Bhaoth gegründet wurde. An der kleinen Kreuzung im Ort erinnert der Stumpf eines Rundturms an die Klosteranlage, und nebenan stehen die Mauern einer Kirche, die wahrscheinlich im 12. Jahrhundert erbaut wurde. Interessant ist die Figur einer Frau mit übersteigerten Sexualattributen, ein Fruchtbarkeitssymbol, das über dem Südportal dieser Kirche angebracht ist. Sheila-Na-Gig werden diese Figuren genannt, nach den gälischen Wörtern »Sheila« für Julia und »Gig« für Brust.

Corrofin ist eine hübsche, kleine Marktstadt im fischreichen Seenland am Ostfuß der Burren. Wer sich nicht nur über die angenehm folkloristische Seite der irischen Geschichte informieren möchte, dem ist ein Besuch des im Ort untergebrachten Clare Heritage Centers anzuraten. Die traumatische Periode im 19. Jahrhundert, als das Land von Hunger, Krankheiten und Auswanderungswellen geschüttelt wurde, ist das Thema der Ausstellung.

Auf einem Hügel südlich von Corrofin liegen inmitten einer geschichtsträchtigen Landschaft die Überreste des Klosters **Dysert O'Dea**, das Anfang des 8. Jahrhunderts von St. Tola gegründet wurde. Von einer Turmburg, in der ein kleines Museum untergebracht ist und von der aus ein archäologischer Lehrpfad ausgeschildert ist, führt ein kurzer Spaziergang zu den Gebäuden der Klosteranlage. Ein Rundturm ist bis in halbe Höhe erhalten, und nebenan steht die Ruine einer Kirche, die im 12. Jahrhundert im romanischen Stil erbaut und in der Folgezeit gotisch überprägt wurde. Das wundervolle

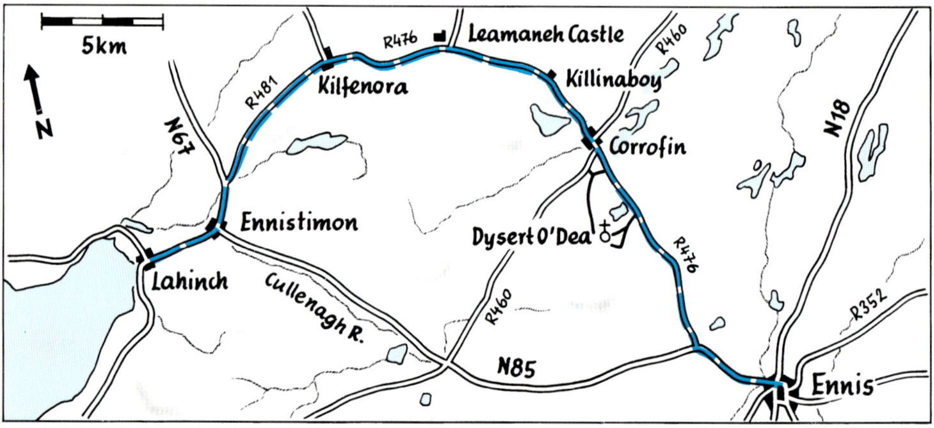

Eines der Hochkreuze und dahinter die Kathedrale in Kilfenora.

romanische Westportal der ursprünglichen Kirche wurde später in die Südfront versetzt. Neben seltsamen Tierköpfen blicken ausdrucksvolle Menschengesichter vom Torbogen, die im Gegensatz zu älteren irischen Steinmetzarbeiten von individuellen, schicksalhaften Zügen geprägt sind. Auf einer Wiese nahe der Kirche steht das Hochkreuz von Dysert O'Dea aus dem 12. Jahrhundert, ein schönes Beispiel des späten Hochkreuzstils. Der Kreis rund um das Kreuzzentrum ist, wie bei allen späten Hochkreuzen, nur noch angedeutet. Die großflächigen, ausdrucksstarken Figuren eines Christus am Kreuz, von Daniel in der Löwengrube und eines Bischofs beherrschen den Schaft.

In der Landschaft rund um Dysert O'Dea fand 1318 die Schlacht statt, in der die irischen Truppen des Muicheartacht O'Brien das englisch-normannische Heer des Richard de Clare of Bunratty entscheidend besiegten. Clare blieb dadurch noch mehrere Jahrhunderte dem normannischen Einfluß entzogen.

Die politische und wirtschaftliche Hauptstadt der Grafschaft Clare ist **Ennis**. Im Ortszentrum steht das guterhaltene Kirchenschiff einer Franziskanerabtei, die 1241 gegründet wurde. Was allerdings von der Kirche noch zu sehen ist, stammt großenteils aus dem 14. und 15. Jahrhundert, als das Kloster eine der beliebtesten Ausbildungsstätten für die Abkömmlinge der Oberschicht war. Filigrane gotische Fenster durchbrechen die Mauern der Kirche, und ein gotischer Kreuzgang ist teilweise erhalten. Wertvolle Steinmetzarbeiten zieren Teile des Kirchenschiffs, und das Grab der MacMahons, Ende des 15. Jahrhunderts in spätgotischem Stil entstanden, beeindruckt durch seine fein gearbeiteten Skulpturen und Ornamente.

Die Namen einiger der hübschen Gassen und lebhaften Plätze der Stadt erinnern an die jüngere Geschichte Irlands, als die Grafschaft Clare und deren Hauptstadt Ennis ein Brennpunkt des Widerstandes gegen die englische Herrschaft waren. 1828 konnte Daniel

O'Connel dank eines überwältigenden Wahlsieges als Abgeordneter der Grafschaft Clare in das englische Parlament einziehen, von dem zu jener Zeit eigentlich Katholiken per Gesetz ausgeschlossen waren. Dort betrieb er die rechtliche Gleichstellung der Katholiken, die im »Catholic Emancipation Act« festgeschrieben wurde. Ende des 19. Jahrhunderts hielt Parnell in Ennis seine berühmte Rede, in der er die irischen Bauern zu den Boykottmaßnahmen aufrief, die zur Landreform führten. Emon de Valera, der als erster Regierungschef Irland in die Unabhängigkeit führte, war Abgeordneter der Grafschaft Clare.

Heute ist es weniger die große Politik, die Besucher nach Ennis lockt, sondern seine angenehme Provinzialität und eine lebhafte Pub- und Musikszene.

Streckenbeschreibung

Von *Lahinch* führt die *N67* in den vier Kilometer entfernten Ort *Ennistimon* hinauf. Hinter der Brücke über den wasserreichen Cullenagh River müssen wir uns entscheiden. Rechts führt die N85 als kürzeste Verbindung nach Ennis. Wir halten uns jedoch *links* (Wegweiser Lisdoonvarna und Ballyvaughan, in Gegenrichtung Lahinch) und radeln auf der *N67* durch den Ort mit seinen bunten Ladenfronten hinauf nach Norden.

Vor einem kleinen Fluß wechseln wir *rechtshaltend* von der N67 auf die *R481* (Wegweiser Kilfenora), auf der wir nach einem langen, sanften Anstieg *Kilfenora* erreichen. Geradewegs durch das Dorf wechseln wir am Ortsende wiederum *geradeaus* (Wegweiser Corrofin und Ennis, in Gegenrichtung Ennistimon), auf die *R476*. Durch stilles, grünes Weideland bringt uns diese Straße, vorbei am *Leamaneh Castle* und durch den kleinen Ort *Killinaboy*, in die seenreiche Ebene hinaus, in der *Corrofin* liegt.

Geradeaus durch den Ort (Wegweiser Ennis, in Gegenrichtung Kilfenora) erreichen wir auf der *R476* nach einigen Kilometern den Abzweig, von dem *rechts* die Straße nach *Dysert O'Dea* abgeht (Hinweisschild; an einer unbeschilderten Straßengabelung rechts erreicht man nach zwei Kilometern das Museum in einer alten Turmburg).

Zurück an der *R476* setzen wir unseren Weg nach *rechts* fort. Bald stoßen wir auf die *N85*, auf der wir *links* (Wegweiser Ennis, in Gegenrichtung Corrofin und Kilfenora) nach vier Kilometern *Ennis* erreichen (in Gegenrichtung aus Ennis Wegweiser N85 und Ennistimon).

Nützliche Informationen

Entfernung: Lahinch – Ennistimon: 4 km; Lahinch – Kilfenora: 12 km; Lahinch – Ennis: 40 km.
Unterkunft: In *Lahinch*, siehe Tour 40; ein Hotel und eine Pension in *Ennistimon* (Tel. 065/71004; 065/71431); vier Hotels und drei Pensionen in *Ennis* (Tel. 065/21247; 065/28127; 065/28421; 065/28963; 065/28311; 065/28464; 065/24608).
Jugendherbergen: In *Lahinch* und *Liscannor*, siehe Tour 40; ein Independent-Hostel fünf

Kilometer nordöstlich von *Kilfenora* an der Straße nach Caherconnell (kein Telefon); ein Budget-Hostel in *Corrofin*, Main Street, Tel. 065/27683 oder 24783; ein Budget-Hostel in *Ennis*, Harmony Road (Tel. 065/22620).
Camping: *Lahinch*, siehe Tour 40; Campingmöglichkeit am Independent-Hostel bei *Kilfenora*.
Fahrräder: In *Kilfenora*, siehe Tour 40; *Ennis*, Michael Tierney, 17 Abbey Street, Tel. 065/29433 (auch Fahrradverleih).
Auskunft: *Ennis*, Bank Place, Tel. 065/28366 (ganzjährig).
Karte: OS-Karte 1:250000, Blatt 2 (West).

Abendstimmung in der parkähnlichen Landschaft östlich von Tulla.

44 Von Ennis nach Scarriff

Durch ein stilles Tal zum Shannonsee Lough Derg

Tourencharakter: Auf kaum befahrenen Nebenstraßen ohne Anstrengungen durch eine sanftwellige Landschaft.
Länge der Tour: 35 km.

Von Ennis aus streckt sich eine Kalksteinebene in das aus älteren und härteren Gesteinen aufgebaute Bergland der Slieve Aught Mountains und der Slieve Bernagh. Im Osten endet diese Ebene am Lough Derg, dem südlichsten Shannonsee. Die Geologen streiten bis heute, warum der Shannon nicht dieser Linie gefolgt ist, die uns einen solch einfachen Weg durch das bergige Land ermöglicht. Statt dessen zwängt sich der Fluß bei Killaloe durch das Gebirge und wird dadurch nördlich zum großen Lough Derg, an dem die Etappe endet, aufgestaut. In der Eiszeit jedenfalls nützten die Gletscher diesen Weg über die Kalkebene und verwandelten Ablagerungen aus losem Material zu den stromlinienförmigen Hügeln, die in der Wissenschaft nach einem gälischen Wort »Drumlins« genannt werden.

Auf der Kuppe eines dieser Drumlins liegt der einzige Ort an unserer einsamen Strecke, der die Bezeichnung Dorf verdient. Der Name **Tulla** erklärt die Lage des Ortes, denn das gälische Wort »Tulach« heißt übersetzt »der Hügel«. Kleine, bei Anglern beliebte Seen liegen ringsum in den Senken zwischen Drumlins und haben diesem ruhigen Landstrich den Beinamen »Clare Lakelands« eingebracht.

Streckenbeschreibung

Der Weg aus dem Zentrum von *Ennis* hinaus auf die *R352*, die uns zum großen Shannonsee Lough Derg bringen soll, ist anfangs schwer zu finden. Am besten fahren wir von der alten Abbey aus über die nahe Brücke auf das Westufer des River Fergus. Dort rechts, ein kurzes Stück am Flußufer entlang und an der nächsten Kreuzung dem Wegweiser

Das hübsche Städtchen Ennis ist das politische und wirtschaftliche Zentrum der Grafschaft Clare.

»Tulla« folgend nach rechts. Bald stoßen wir auf eine Straße, auf die wir scharf nach links einbiegen (unbeschildert). Wir sind nun auf der *R352*, die uns nach einer Rechtskurve unter den Eisenbahngleisen hindurch endgültig aus dem Stadtgebiet leitet.

Durchgehend auf der Hauptstraße, der stillen R352, fahren wir, vorbei am kleinen Ort *Tulla* und durch die wenigen Häuser von *Bodyke,* in einsamer, bewaldeter Landschaft bis nach *Tuamgraney* und von dort in das nahe *Scarriff* oberhalb des Lough Derg (meist Wegweiser Bodyke, Scarriff und Portumna, in Gegenrichtung Tulla und Ennis).

Nützliche Informationen

Entfernung: Ennis – Scarriff: 35 km.
Unterkunft: Ein Hotel acht Kilometer nordöstlich Scarriff in *Mountshannon* (Tel. 0619/27162).
Jugendherberge: Ein Independent-Hostel acht Kilometer nordöstlich von Scarriff in *Mountshannon* (Tel. 0619/27225).
Fahrräder: *Scarriff,* Treacy's Filling Station (auch Fahrradverleih).
Camping: Campingmöglichkeit am Independent-Hostel in *Mountshannon.*
Karte: OS-Karte 1:250000, Blatt 2 (West).

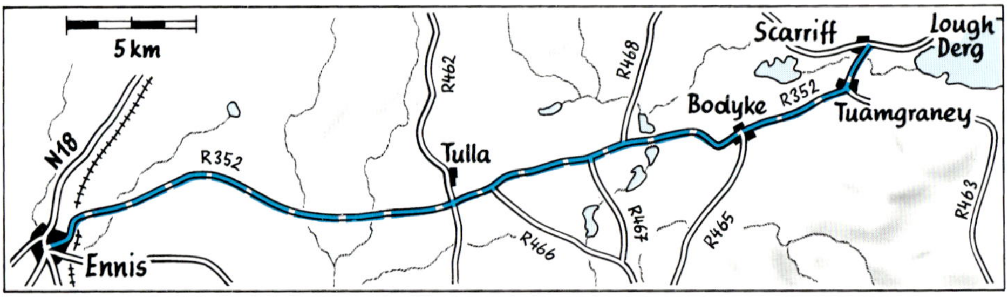

Von der Shannonmündung durch Nord-Kerry auf die Dingle-Halbinsel

45 Von Tarbert nach Tralee

Durch das grüne Hügelland von Nord-Kerry zu vergessenen Klöstern und einer mächtigen Kathedrale

Tourencharakter: Auf wenig frequentierten Straßen durch meist angenehm zu befahrendes Gelände, das von einigen längeren Anstiegen unterbrochen wird.
Länge der Tour: 59 km.

Dem Südteil der Grafschaft Kerry mit den langgezogenen Halbinseln, den mächtigen Gebirgsstöcken und den mannigfaltigen Zeugen einer jahrtausendealten Geschichte hat die Ebene von Nord-Kerry nichts Vergleichbares entgegenzusetzen. So sollte man auf dieser Verbindungsstrecke auf dem Weg nach Süden einfach die sanfte, grüne Landschaft genießen. Wer Interesse an Geschichte hat, der kann die Lislaughtin Abbey aus dem 15. Jahrhundert und die Rattoo Abbey mit dem ausgezeichnet erhaltenen Rundturm aus dem 11. Jahrhundert vollkommen ungestört erkunden.

Der kulturelle Hauptanziehungspunkt in diesem Teil von Kerry ist jedoch das Dorf **Ardfert**, wo der heilige Brandon im 6. Jahrhundert ein Kloster gründete. Von der frühchristlichen Anlage ist nichts erhalten geblieben, und so stammt die älteste Kirche, der in romanischem Stil erbaute und durch seine einfachen und harmonischen Proportionen bestechende Temple na Hoe, aus dem 12. Jahrhundert. Im Inneren sind die Kapitelle mit kleinen Menschenköpfen verziert, und schöne Blumenornamente schmücken eines der Fenster.

Ebenfalls im 12. Jahrhundert entstanden die ältesten Bauteile der großen Kathedrale, die nur wenige Meter östlich liegt. Doch nur ein romanischer Torbogen blieb hier von einer älteren Kirche erhalten, als im 13. Jahrhundert für den Dominikanerorden ein neues Kirchenschiff errichtet wurde. In dieser Zeit bauten die Dominikaner Ardfert zum wichtigsten Stützpunkt der englisch-normannischen Kirche in Kerry aus. Unterstützt wurden sie dabei nicht nur von den normannischen Eroberern, sondern auch vom Papst, der den Einfluß der stets nach Eigenständigkeit strebenden irisch-katholischen Kirche brechen wollte. Die Spitzbögen im Inneren des Kirchenschiffes und die drei bis zu sieben Meter hohen Spitzbogenfenster im Chor zeigen die Merkmale der Gotik, die mit den neuen Mönchsorden ins Land kam.

Westlich des Temple na Hoe befindet sich eine dritte Kirche, der im 15. Jahrhundert erbaute Temple na Griffin. Ihren Namen verdankt diese Kirche den in Stein gehauenen Greifvögeln, die den Innenraum schmücken. Unweit der drei Kirchen entdeckt man die Reste eines ebenfalls im gotischen Stil errichteten Franziskanerklosters.

Tralee ist die größte Stadt, das wirtschaftliche Zentrum und der Verwaltungssitz der Grafschaft Kerry und zusätzlich der Verkehrsknotenpunkt der Region. In der letzten Augustwoche findet hier das »Rose of Tralee International Festival« statt. Frauen irischer Abstammung streiten bei einem Schönheitswettbewerb um den Titel »Rose of Tralee«. Eine Woche lang runden unzählige Veranstaltungen und viel Musik die Feierlichkeiten ab. Im restlichen Jahr hat die Stadt wenig zu bieten und dient vor allem als günstig gelegener Ausgangspunkt für Entdeckungsfahrten im Umland.

Streckenbeschreibung

Durch *Tarbert* radeln wir auf der *R551* nach Westen (Wegweiser Ballylongford und Ballybunnion). Am *Ortsrand*, kurz nach dem Abzweig zur Fähre hinunter, wechseln wir nach *rechts* auf eine schmale Nebenstraße. In ei-

Diese Fassadenmalerei in Tralee erzählt die Geschichte des heiligen Brandon, der schon im 6. Jahrhundert Amerika entdeckt haben soll.

nem weiten Bogen führt die wenig befahrene Straße, zuletzt vorbei an der Lislaughtin Abbey, nach *Ballylongford*. Im Ort fahren wir *geradewegs* über die R551 auf die *R552* (Wegweiser Listowel).

Auf der schnurgeraden Straße durchqueren wir eine weite Ebene, bis sie eine *Kurve* nach links macht. Wir fahren hier *geradeaus* auf eine Nebenstraße (Wegweiser Lisselton und Ballybunnion, in Gegenrichtung Ballylongford und Tarbert), die uns, leicht ansteigend, auf einen niedrigen Hügelzug hinaufbringt. Noch vor dem höchsten Punkt an einer Straßengabelung *rechts* (Wegweiser Lisselton und Ballybunnion, in Gegenrichtung Ballylongford und Tarbert) und dann geradeaus über den Hügel, schwenkt die Straße an dessen Südhang nach *rechts* (Vorsicht in Gegenrichtung! Nicht geradeaus auf der Nebenstraße, sondern leicht linkshaltend den Wegweisern Ballylongford und Tarbert folgen) und einige hundert Meter weiter erreichen wir *Lisselton Cross Roads*.

50 Meter auf der Hauptstraße, der *R553*, nach *rechts* und dann *links* auf die *R554* (Wegweiser Ballyduff und Ballyheige, in Gegenrichtung Ballylongford und Tarbert) stoßen wir nach zirka drei Kilometern, nun schon in der Nähe des Meeres, auf die *R551*, auf die wir *geradeaus* einfahren (Wegweiser Ballyduff und Ballyheige, in Gegenrichtung Lisselton).

Ein langer Anstieg leitet anschließend hinauf nach *Ballyduff*. Kurz nach dem Ort zweigt *linker Hand* der Weg zum Rundturm von *Rattoo* ab (beschildert, zwei Kilometer Umweg). Zwei Kilometer später zweigt die R551, jetzt als Nebenstraße, nach rechts ab. Wir folgen jedoch geradeaus, ausgeschildert nach Tralee, der Hauptstraße, die ab hier die Nummer *R556* trägt, bis nach *Abbeydorney*.

Hier verlassen wir die R556, die in der Folge über kraftraubende Hügel nach Tralee führt, nach *rechts* (Wegweiser Ardfert). Nach fünf Kilometern biegen wir an einer Kreuzung nach *rechts* ab (Wegweiser Ardfert, in Gegenrichtung Abbeydorney) und treffen kurze Zeit später am südlichen Ortsrand von *Ardfert* auf die *R551. Rechtshaltend* durch den Ort (Wegweiser Ballyheige, in Gegenrichtung Abbeydorney und Ballybunnion) liegt schon bald die *Kathedrale* von Ardfert vor uns. Zurück nach Süden leitet uns die *R551* bis in das Stadtzentrum von *Tralee* (in Gegenrichtung aus Tralee den Wegweisern R551, Ardfert und Ballyheige folgen).

Nützliche Informationen

Entfernung: Tarbert – Ardfert: 53; Tarbert – Tralee: 59 km.

Unterkunft: Eine große Auswahl an Hotels und Pensionen in den Küstenorten westlich der Strecke und in *Tralee*.

Jugendherberge: Ein Independent-Hostel in *Tarbert* (Tel. 068/36165); ein Independent-Hostel in *Tralee*, 31 Lisdara (Tel. 066/23174); ein Independent-Hostel drei

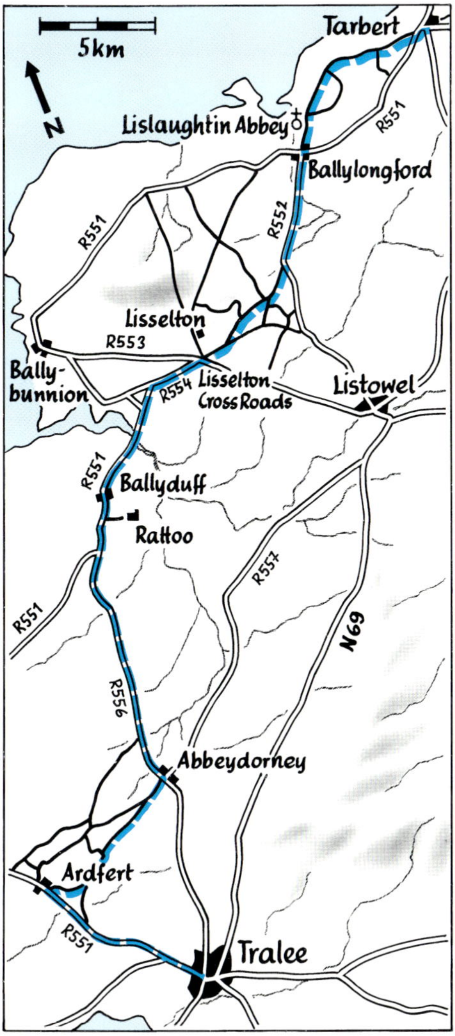

Kilometer *nördlich Tralee* an der R556 (Tel. 066/25631).
Camping: Campingmöglichkeit am Independent-Hostel in *Tarbert*; mehrere Campingplätze in den Küstenorten westlich der Strekke; ein Campingplatz an der R556 *nördlich Tralee* (Tel. 066/26140); Campingmöglichkeit am Independent-Hostel *nördlich Tralee*.
Fahrräder: *Tralee*, J. Caball Himself Ltd., Staughtons Row, Tel. 066/21654 (auch Fahrradverleih); Tralee Gas Supplies, Strand Street, Tel. 066/22018 (auch Fahrradverleih).
Auskunft: *Tralee*, Godfrey Place, Tel. 066/21288 (ganzjährig).
Karte: OS-Karte 1:250000, Blatt 4 (South).

46 Von Tralee nach Dingle Town

Küsten, Felsberge und eine der höchsten Paßstraßen in Irland

Tourencharakter: Bis zur Nordrampe der Connor-Paßstraße in angenehmem Fahrradgelände immer an der Nordküste der Dingle-Halbinsel entlang; dann bis zur Paßhöhe ein sehr anstrengender Anstieg mit 500 Metern Höhenunterschied und anschließend eine steile Abfahrt zurück auf Meeresniveau; rund um die Paßhöhe traumhaft schöne Berglandschaft.
Länge der Tour: 46 km.

Von Tralee aus streckt sich die **Dingle-Halbinsel** 50 Kilometer weit in den Atlantik hinaus. Langgezogene Sandsteingebirge wie die Slieve Mish Mountains und das Beenoskee-Massiv, um deren Fuß sich vor allem an der Nordseite ein Saum heller Strände legt, bilden das Rückgrat der Halbinsel. Unumstrittener Herrscher ist allerdings der **Brandon Mountain**, mit 951 Metern der zweithöchste Gipfel in Irland. Wie ein geologisches Lehrbuch liegt der Berg der Connor-Paßstraße gegenüber. Über beeindruckend steile Felswände stürzen Wasserfälle in die Kare ab, die die Eiszeitgletscher in die Berge gefressen haben. Durch ein enges Tal zwängte sich ein Gletscher zur Brandon Bay hinab und hinterließ jene Felswannen, in denen heute unzählige kleine Seen liegen. Durch diese ausgeprägte Talfurche führt von Cloghane aus ein Wallfahrtsweg auf den Brandon Mountain. Ende Juni begeben sich die Gläubigen auf den anstrengenden Weg, um auf dem Gipfel einer Messe zu lauschen, die in den Überresten des kleinen Gebetshauses des heiligen Brandon aus dem 6. Jahrhundert gelesen wird.

Wie so viele frühchristliche Heilige war auch St. Brandon auf der Suche nach einem weltabgeschiedenen Ort, den er auf dem sturmumtosten und oftmals wolkenverhangenen Berg fand. Hierher zog er sich zur Selbstfindung zurück, bevor er jene Seereisen unternahm, die seinen Namen bis heute in Irland berühmt gemacht haben. In den zerbrechlichen Curraghs, den Booten, die bis heute an der Westküste Irlands zu sehen sind, begab er sich mit einigen Gleichgesinnten auf die Suche nach dem Gelobten Land. In der »Navigatio«, einer in Latein verfaßten Geschichtensammlung, sind seine mehrjährigen Reiseerlebnisse beschrieben. Bis Island soll er gekommen sein, und nicht wenige Iren sind davon überzeugt, daß der heilige Brandon der wahre Entdecker des amerikanischen Kontinents ist. Ein irischer Wissenschaftler erhärtete in den siebziger Jahren diese Theorie durch eine Atlantiküberquerung in einem Curragh.

Südlich des Brandon Mountain liegt **Dingle Town** (gäl. An Daingean), die westlichste Stadt Europas. Bunte Häuserzeilen ziehen von dem geschützten Naturhafen den Hang empor. Im 14. und 15. Jahrhundert besaß die Stadt den wichtigsten Hafen in der Grafschaft Kerry, ehe sie in der Folgezeit zu einem bedeutenden Umschlagplatz für Schmuggelware verkam. Heute lebt der Ort vor allem vom Tourismus. Gute Restaurants und stimmungsvolle Pubs sorgen bei Schlechtwetter für Abwechslung. Von hier läßt sich die Westspitze der Dingle-Halbinsel am besten erkunden.

Streckenbeschreibung

Im Stadtzentrum von *Tralee* folgen wir der *R559*, die uns, ausgeschildert nach Dingle, zur Tralee Bay hinausbringt. Entlang eines Kanals fahren wir zur strahlend weißen Windmühle von *Blennerville*. Nun leitet die Straße, eingeklemmt zwischen den Slieve Mish Mountains und der Tralee Bay, über *Derrymore* in das kleine Dorf *Camp*.

Hier wendet sich die R559 in das Landesinnere und führt durch die niedrigen Hügel an die Südküste der Dingle-Halbinsel und weiter nach Dingle Town. Lohnt schlechtes Wetter die Mühen der Connor-Paßstraße nicht oder fühlt man sich dem steilen Anstieg nicht gewachsen, sollte man diese einfachere Alternativroute wählen.

Wir wechseln jedoch in *Camp* von der R559 *geradeaus* auf die *R560* (Wegweiser Castlegregory, Connor Pass und Dingle). Die nächsten Kilometer führen in sanftem Auf und Ab nach *Stradbally*. Nach dem kleinen Dorf radeln wir noch einige Kilometer in angenehmem Gelände oberhalb der verschwenderisch weitgeschwungenen Brandon Bay auf die imposante Ostflanke des Brandon Mountain zu. Dann beginnt am zweiten Abzweig, der rechts nach Cloghane führt, der anstrengende, bis zu 10% steile Anstieg zum über 500 Meter hohen *Connor-Paß*. Durch eine felsige Bergflanke, über die einige Wasserfälle rauschen, erreichen wir nach fünf Kilometern die Paßhöhe, von der wir den traumhaften Ausblick über Berge und Ozean genießen. Weitere fünf Kilometer geht es anschließend steil bergab, bis die Paßstraße zwischen den bunten Häusern von *Dingle Town* endet (in Gegenrichtung in Dingle der gälischen Beschilderung An Chonair folgen).

Über wilde Felshänge rauscht ein Wasserfall bis zur Connor-Paß-Straße.

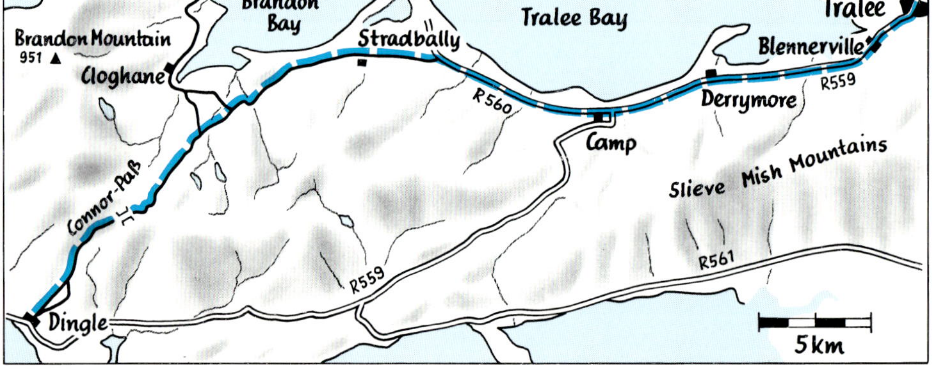

Nützliche Informationen

Entfernung: Tralee – Stradbally: 27 km; Tralee – Dingle Town: 46 km.
Unterkunft: Ein Hotel nordöstlich von Stradbally in *Castlegregory* (Tel. 066/38118 oder 38162); zwei Hotels und vier Pensionen in *Dingle Town* (Tel. 066/51638; 066/51131 oder 57295 oder 59881; 066/51174; 066/51250; 066/51372; 066/51883).
Jugendherberge: Ein Independent-Hostel in *Stradbally* (Tel. 066/39179); ein Independent-Hostel in *Dingle Town* (Tel. 066/51476); ein Independent-Hostel fünf Kilometer östlich Dingle Town, in der Nähe von *Lispole* (Tel. 066/51390).
Camping: Drei Campingplätze an der *R560* ca. fünf Kilometer vor Stradbally (Tel. 066/39158 oder 39186; 066/39157; 066/30161); Campingmöglichkeit an den beiden Independent-Hostels in *Dingle Town* und bei *Lispole*.
Fahrräder: *Dingle Town*, John Moriarty Jr., Main Street, Tel. 066/51316 (auch Fahrradverleih); Michael O'Sullivan, Waterside, Tel. 066/51476 (auch Fahrradverleih).
Auskunft: *Dingle*, Main Street, Tel. 066/51188 (Juni bis September).
Karte: OS-Karte 1:250000, Blatt 4 (South).

47 Von Dingle Town rund um die Westspitze der Dingle-Halbinsel

Traumhafte Küsten, wilde Inseln und beeindruckende Zeugen verschiedener Kulturen

Tourencharakter: Auf schmalen Straßen in häufigem Bergauf und Bergab durch eine der schönsten Landschaften der Grafschaft Kerry.
Länge der Tour: 45 km.

Die Westspitze der Dingle-Halbinsel bietet einen wahren Musterkoffer der Schönheiten Irlands. Vor steilen Felsküsten liegen wilde, sturmumtoste Inseln, in verborgenen Buchten verstecken sich traumhafte Sandstrände. Freundliche Hügel und massige Berge thronen über der dünnbesiedelten Landschaft und in den kleinen Ortschaften ist das alte Gälisch noch die Alltagssprache. Wer sich für Geschichte interessiert, der findet hier zusätzlich eine Fülle interessanter Bauwerke aus den letzten Jahrtausenden.

An den Südhängen des Mount Eagle bewacht nahe der Straße das **Dunbeg Promontory Fort** die Küste. Es zählt zu den besterhaltenen Anlagen dieser Art, die mit Hilfe einer Mauer einen Klippenvorsprung abschneiden.

Die renovierte Windmühle in Blennerville.

Erbaut wurden die Promontory Forts in der Eisenzeit, also im Zeitraum zwischen 500 vor und 400 nach Christus, als die Kelten Irland eroberten. Es ist allerdings bis heute nicht geklärt, ob diese Anlagen von Kelten oder von alteingesessenen Völkern errichtet wurden und ob diese wehrhaften Fluchtburgen überhaupt Verteidigungszwecken dienten.

Wer die geringe Eintrittsgebühr für das Dunbeg Promontory Fort entrichtet hat, der wandert über vier vorgeschaltete Erdwälle auf die mächtige Hauptmauer zu. Ein breites Tor führt durch die drei Meter dicke Mauer, in die mehrere Räume eingelassen sind. Der Innenbereich der Anlage, aus dem ein unterirdischer Gang nach draußen führt, wird von einem großen Steingebäude, einem Cloghan, beherrscht und fällt an zwei Seiten über steile Klippen zum Meer hin ab, das an die dunklen Felsen schäumt.

Zwischen dem Dunbeg Promontory Fort und dem Slea Head ist der Südhang des Mount Eagle übersät mit historisch interessanten Gebäuden. Einige Farmer haben das Geschäft mit diesen Sehenswürdigkeiten gewittert, die nun gegen ein kleines Eintrittsgeld zu besichtigen sind. Die unregelmäßig geformten Cloghans und vor allem die Beehive Huts, die ihrem bienenkorbartigen Aussehen ihren Namen verdanken, erwecken das Interesse der Besucher. Bekannt ist dieser Baustil von frühchristlichen Klosteranlagen, als solche Hütten den Mönchen als Unterkunft dienten.

Das **Slea Head** genannte Kap ist der westlichste Punkt Irlands und damit Europas. In steilen Felswänden stürzt hier der Mount Eagle in den Atlantik, in dem die Felsrücken der Blasket-Inseln schwimmen.

Die größte der Inseln, **Great Blasket**, war bis 1953 bewohnt. Das harte, einfache Leben der Inselbewohner und die strengen keltischen Traditionen, die sich auf der weltabgeschiedenen Insel erhalten konnten, sind in den Werken mehrerer Dichter beschrieben, die allesamt von der kleinen Insel stammten. Die Autobiographie »The Islandman« von Thomas O'Criomhthain (in anglisierter Schreibweise Thomas O'Crohan) ist unter dem Titel »Die Boote fahren nicht mehr aus« von Heinrich Böll ins Deutsche übertragen worden und in Dingle Town im Buchladen

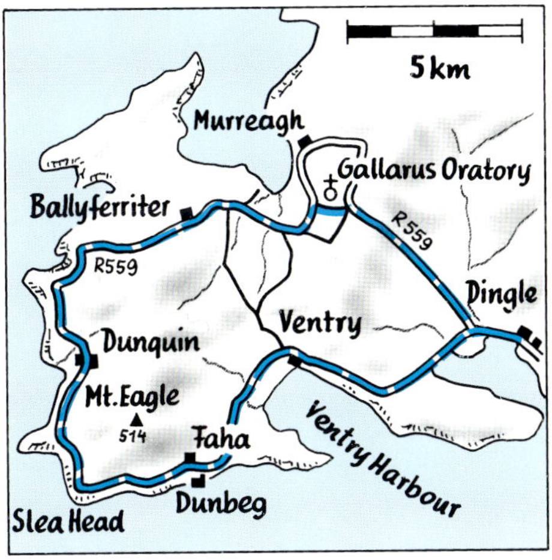

»Islandman« zu erhalten. Heute ist dank des ständig anwachsenden Tourismus die Insel in den Sommermonaten wieder bewohnt, und bei schönem Wetter fahren vom kleinen Pier in Dunquin (gäl. Dún Chaoin) mehrmals täglich Schiffe nach Great Blasket. Eine Pension und eine kleine Jugendherberge stehen denen zur Verfügung, die auf der Insel übernachten und einige Zeit die ergreifende Weltabgeschiedenheit genießen wollen.

Das berühmteste Gebäude auf der Dingle-Halbinsel ist sicherlich das **Gallarus Oratory**, ein Gebetshaus aus frühchristlicher Zeit. Die wissenschaftlichen Datierungsversuche schwanken zwischen dem 7. und 11. Jahrhundert. Von der Form her gleicht die kleine Kirche einem gestürzten Bootskörper und vermittelt in seiner wundervollen Einfachheit eine tiefe Harmonie. Die eigenartige Form ist wahrscheinlich früheren Holzkirchen nachempfunden, die als Vorbild gedient hatten. Aus perfekt behauenen Steinen, ohne Mörtel aufgeschichtet, trotzt das Gebäude nun schon seit 1000 Jahren dem stürmischen Klima, ohne groß Schaden genommen zu haben. Neben dem Gebetshaus ist ein kreuzgeschmückter Stein aufgestellt, dessen Verzierungen wahrscheinlich im 7. Jahrhundert eingeritzt wurden.

Streckenbeschreibung

Am Hafen von *Dingle Town* entlang verlassen wir die Stadt auf der *R559* nach Westen. An der Kreuzung am *Ortsende* folgen wir der

Beschilderung »Slea Head Drive« nach *links* und überqueren auf einer Brücke den Milltown River. An der nächsten Kreuzung, kurz nach dem Fluß, fahren wir *geradeaus* (Wegweiser Slea Head Drive, Dhun Chaoin und Ceann Trá) entlang des Dingle Harbour und erreichen hinter einem Hügel die nächste Bucht, den Ventry Harbour. Immer nahe am Wasser leitet die Straße zum kleinen Ort *Ventry* (gäl. Ceann Trá) und dann in einem weiten Bogen rund um die Bucht. An mehreren Kreuzungen immer der Beschilderung zum Slea Head folgend, führt die R559 anschließend am Fuße des Mount Eagle ein Stück bergauf und quert daraufhin hoch über dem Meer die Südflanke des Berges. Vorbei am Promontory Fort von *Dunbeg* und den Bienenkorbhütten bei *Faha* wird die Landschaft immer wilder, je näher wir dem *Slea Head* kommen. Der Blick reicht bald nach Süden zu den Skellig-Inseln, und nachdem die in den Felshang gefräste Straße um das Kap nach Norden geschwenkt ist, liegen die sturmumtosten Blasket-Inseln ganz nahe vor dem Festland.

Ein Stück weiter nördlich radeln wir auf einer der beiden Straßen, die sich kurz vor Dunquin (gäl. Dún Chaoin) trennen und im Ort wieder zusammenlaufen, nach *Dunquin* hinein. An der Kreuzung zwischen den wenigen Häusern halten wir uns *links* (Wegweiser Baile an Fheirtéaraigh) und fahren, vorbei an der Jugendherberge, hinauf auf die wilden Klippen nördlich des Dorfes. Bald wendet sich die *R559* wieder von der begeisternd schönen Küste ab und läuft in einer weiten, grünen Mulde, die nach Norden hin von den Bergen am Sybil Head abgeschlossen wird, nach *Ballyferriter* (gäl. Baile an Fheirtéaraigh). Geradeaus durch den Ort folgen wir in grünem Weideland an den nächsten drei Kreuzungen links, rechts und dann wieder links der Beschilderung nach An Mhuirioch (Murreagh).

Dann weist an der nächsten Kreuzung ein Schild »Gallarus Oratory« rechts hinauf. Nach einigen hundert Metern erreichen wir den kleinen Parkplatz am *Gallarus Oratory*. Nachdem das schmale Sträßlein noch ein kurzes Stück steil bergauf führt, treffen wir

Das Jahrtausend seit seiner Erbauung ist am mörtellos errichteten Gallarus Oratory fast spurlos vorübergegangen.

auf eine weitere Straße. Auf dieser Straße *links* hinauf erreichen wir nach wenigen Metern wieder die *R559*. Hier halten wir uns *rechts* und lassen unsere Räder eine lange Gerade hinterrollen, an deren Ende wir auf jene Kreuzung stoßen, an der wir morgens den Weg zum Slea Head begonnen hatten. Links ist es nun nur noch ein kurzes Stück nach *Dingle Town*.

Nützliche Informationen

Entfernung: Dingle Town – Dunquin: 25 km; Dingle Town – Ballyferriter: 33 km; Dingle Town – Gallarus Oratory: 39 km; Dingle Town – Dingle Town: 45 km.
Unterkunft: Eine Pension in *Dunquin* (Tel. 066/56127); ein Hotel in *Ballyferriter* und ein Hotel nördlich der Ortschaft beim Dún An Oir (Tel. 066/56116; 066/56133).
Jugendherberge: Ein An-Oige-Hostel in *Dunquin* (Tel. 066/56121); in den Sommermonaten ein kleines Hostel mit nur zehn Betten auf *Great Blasket* (Tel. 066/56146); ein Independent-Hostel in *Ballydavid* drei Kilometer nördlich des Gallarus Oratory (Tel. 066/55109).
Camping: Campingmöglichkeit am Hostel auf *Great Blasket*; ein Campingplatz einige hundert Meter westlich des *Gallarus Oratory* (Tel. 066/55143).
Fahrräder: In *Dingle*, siehe Tour 46.
Fährverbindung: In den Sommermonaten bei gutem Wetter zwischen 11 und 17 Uhr mehrmals täglich Fähren von Dunquin nach Great Blasket (Tel. 066/56146 oder 56208).
Auskunft: *Dingle*, Main Street, Tel. 066/ 51188 (Juni bis September).
Karte: OS-Karte 1:250000, Blatt 4 (South).

48 Von Dingle Town nach Killorglin

Entlang der Südküste der Dingle-Halbinsel zum »Ring of Kerry«

Tourencharakter: Nur bei Lispole ein langgezogener Anstieg, sonst in zumeist sanftwelligem Gelände ohne größere Anstrengungen rund um die Dingle Bay.
Länge der Tour: 54 km.

Diese Etappe stellt die Verbindung her zwischen den Höhepunkten der Dingle-Halbinsel und dem berühmten Ring of Kerry, der rund um die Iveragh-Halbinsel führt. Bewacht von den wilden Bergen im Norden leitet die Route anfänglich im Landesinneren nach Osten, ehe man in der Nähe von **Inch** das Ufer der Dingle Bay erreicht. Von dem schmalen, strandverzierten Dünenfinger, der von Inch aus vier Kilometer in die Bucht ragt, leitet der kleine Ort seinen Namen her, der übersetzt Daumenglied heißt. Die Flüsse, die aus den Bergen von Kerry in die Bucht östlich dieser Halbinsel fließen, haben mit ihrer Sedimentfracht das Meer in eine schlickige Wattlandschaft verwandelt, die den Namen Castlemaine Harbour trägt.

Bei Castlemaine stößt man auf den Ring of Kerry, der über Milltown nach **Killorglin** leitet. Wer zum geschäftigen, touristenüberfluteten Killarney eine ruhigere Alternative sucht, der ist in dieser netten, kleinen Marktstadt gut aufgehoben. Richtig lebhaft wird es im Ort jedes Jahr Mitte August, wenn der »Puck Fair« stattfindet. Ein Ziegenbock wird für diese Zeit, einem keltischen Brauch ge-

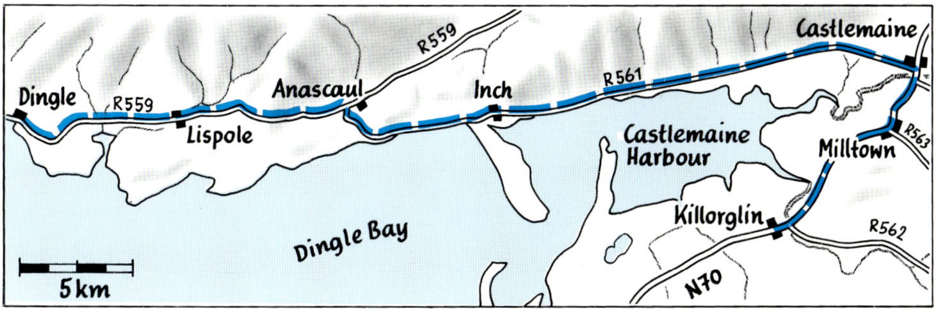

mäß, zum König von Killorglin gekrönt und drei Tage lang wird in den Pubs und auf den Straßen musiziert, getanzt und getrunken. Die Farmer der Gegend feilschen auf einem Viehmarkt um Pferde, Kühe und Schafe, und rund um die Stadt errichten die sogenannten *Dinkers*, das fahrende Volk in Irland, ihre Wagenburgen, um auf dem Jahrmarkt ihre Waren zu verkaufen.

Streckenbeschreibung

Auf der *R559*, ausgeschildert nach Tralee und Killarney, verlassen wir *Dingle Town* nach Osten. Bald führt die Straße vom Meer weg in das Landesinnere und zum kleinen Ort *Lispole*. Ein langer, aber sanfter Anstieg führt auf einen Hügelkamm hinauf, von dem wir auf der Ostseite nach Anascaul hinunterfahren.

Kurz *vor Anascaul* verlassen wir die Hauptstraße, die R559, und radeln auf der *R561 rechts* zur Dingle Bay hinunter (Wegweiser Killarney, Castlemaine und Inch, in Gegenrichtung Dingle). Anfangs hoch über dem Meer bringt uns die Straße zum kilometerlangen Strand, der sich von *Inch* in die Dingle Bay zieht. Meist schnurgerade und über viele kleine Hügelchen zieht die *R561* anschließend am Castlemaine Harbour entlang, dem schlickigen Ostteil der Dingle Bay, bis nach *Castlemaine*.

Im Ort treffen wir auf die *N70* (Wegweiser Killorglin und Killarney, in Gegenrichtung Inch und Dingle), auf der wir *rechtshaltend* den breiten River Maine überqueren. Wenige hundert Meter später zweigt die *N70 rechts* ab (Wegweiser Milltown, Killorglin und Killarney, in Gegenrichtung Castlemaine, Tralee und Dingle) und bringt uns nach drei Kilometern nach *Milltown*.

Wer direkt nach Killarney radeln möchte, der kann in Milltown links auf die R563 abbiegen, die als kürzeste Verbindung (19 Kilometer) von hier über einige sanfte Hügel nach Killarney führt.

Wir bleiben jedoch auf der *N70* (Wegweiser Killorglin, in Gegenrichtung Tralee), die uns durch ebenes Weideland nach sechs Kilometern in das freundliche Städtchen *Killorglin* bringt.

Vor Inch zieht eine Dünenhalbinsel mit kilometerlangem Strand in die Dingle Bay.

Nützliche Informationen

Entfernung: Dingle Town – Inch: 25 km; Dingle Town – Milltown: 45 km; Dingle Town – Killorglin: 54 km.

Unterkunft: Hotels und Pensionen in *Dingle*, siehe Tour 46; zwei Pensionen in *Killorglin* (Tel. 066/61146; 066/61909 oder 61552).

Jugendherberge: Ein Independent-Hostel fünf Kilometer östlich Dingle Town vor *Lispole* (Tel. 066/51390); ein Hostel an der Strecke drei Kilometer östlich *Inch* (Tel. 066/58181); ein Independent-Hostel in *Milltown* (Tel. 066/67301).

Camping: Campingmöglichkeit am Hostel vor *Lispole*; Campingmöglichkeit am Independent-Hostel in *Milltown*; ein Campingplatz an der R562 zwei Kilometer südöstlich *Killorglin* (Tel. 066/61240).

Fahrräder: In *Dingle*, siehe Tour 46; *Killorglin*, J. O'Shea, Lower Bridge Street, Tel. 066/61180 (auch Fahrradverleih).

Auskunft: *Dingle*, Main Street, Tel. 066/51188 (Juni bis September).

Karte: OS-Karte 1:250000, Blatt 4 (South).

Killarney und der »Ring of Kerry«

49 Von Killorglin nach Kenmare

Die höchsten Berge und der bekannteste Urlaubsort in Irland

Tourencharakter: Der erste Teil der Tour durch eine der schönsten Landschaften Irlands weist kaum Steigungen auf und ist ohne Anstrengungen zu befahren;
ab dem Muckross Lake überwindet die Straße in langgezogenen, aber nicht allzu steilen Anstiegen bis zum Moll's Gap 250 Höhenmeter, ehe sie nach Süden steil zum Meer hinabführt.
Länge der Tour: 54 km.

Diese Etappe führt durch das Herz der Grafschaft Kerry, ein Gebiet, das zu den landschaftlich schönsten Regionen in Europa gezählt wird. Vor allem der Kontrast zwischen den kahlen Bergen und den lieblichen Seen, die oftmals in dichte, tropisch anmutende Wälder eingebettet liegen, lockt schon seit 200 Jahren Reisende hierher.

Zu Beginn zieht vor allem der scharf geschnittene, kilometerlange Kamm der **MacGillycuddy's Reeks**, der nach einem einst in diesem Gebiet herrschenden Familienclan benannt ist, die Blicke auf sich. Der markante rechte Gipfel dieses Gebirgsstockes, der Carrauntouhill, ist der einzige Gipfel in Irland, der die Tausendmeter-Grenze übersteigt. Später am Tag werden wir die zahmeren Südflanken der Reeks betrachten und dann den augenfälligen Gegensatz zur schattigen Nordseite erkennen, auf der die Eiszeitgletscher steilwandige Kare hinterlassen haben, die sich in scharf geschnittenen Graten verzahnen.

Südlich von Beaufort trennt die wie von Riesenhand geschlagene Furche des **Gap of Dunloe** den Purple Mountain von den MacGillycuddy's Reeks. Eine Schotterstraße läuft durch das Tal, das zu den wildesten in ganz Irland zählt. Wieder einmal war es eine eiszeitliche Gletscherzunge, die das steilwandige Tal in die Berge fraß und die Wannen hinterließ, in denen heute die stillen Seen am Talgrund liegen. Schon früh wurde der Reiz entdeckt, den das gruselig dunkle Gap of Dunloe auf Touristen ausübt. Eine Militärstation wurde errichtet, die die Reisenden vor Überfällen von Räubern und irischen Widerstandskämpfern schützen sollte, die sich in diese unkontrollierbare Gegend zurückgezogen hatten. Heute blüht hier das Tourismusgeschäft, und Tag für Tag reiten Hunderte von Ausflüglern auf Leihpferden durch das Tal oder bestaunen von Kutschen aus die wilde Landschaft. Doch am Morgen und in den Abendstunden kann man noch immer ungestört die Schönheit dieses Tales genießen.

Killarney ist wohl der lebhafteste Touristenort im ganzen Land und schon beinahe ein Muß für jeden Irlandreisenden. Die Stadt ist eine Erfindung des Tourismus, und ihre Anfänge liegen in der Mitte des 18. Jahrhunderts, als zum ersten Mal reiche Reisende ihre Liebe zu romantischen Landschaften entdeckten. Und so ist es nicht die Stadt selbst, sondern das Berg- und Seenland ringsum, das einen Besuch lohnt. Eine Parkanlage trennt das Stadtgebiet vom **Lough Leane**, dem größten der drei Seen von Killarney. Die kahlen Hänge des Purple Mountain im Westen und des Torc Mountain und Mangerton Mountain im Süden spiegeln sich auf der glatten Wasserfläche des Sees, die von dichten Wäldern eingerahmt ist. Eine Vielzahl kleiner Inseln schwimmt im See und auf der größten, auf **Inishfallen**, befinden sich die Ruinen eines Klosters, das im 7. Jahrhundert von St. Finnian gegründet wurde. Das Kloster entwickelte sich bald zu dem bedeutenden Zentrum für Bildung und Kunst, das es für das nächste Jahrtausend bleiben sollte. Brian Boru, der bekannteste irische Hochkönig, soll im 10. Jahrhundert hier erzogen worden sein. Um 1200 wurde auf der Insel die berühmte Handschrift »Annals of Inisfallen« verfaßt, die als eine der wichtigsten Quellen für die frühe irische Geschichte gilt. Ein Entdeckungsgang über die kleine, bewaldete Insel lohnt nicht nur wegen den verfallenen Überresten des Klosters, sondern vor allem wegen der märchenhaften Stimmung, die nur selten von anderen Besuchern gestört wird.

Um zur Insel übersetzen zu können, kann man sich in der Nähe des **Ross Castle**, das das Ostufer des Lough Leane beherrscht, kleine Boote ausleihen. Diese Turmburg wurde im 14. Jahrhundert erbaut und war die letzte Festung im Südwesten Irlands, die sich Mitte des 17. Jahrhunderts den Truppen Cromwells ergab. Erst eine Kriegslist allerdings verhalf zur Eroberung der Burg, deren Besatzung sich tapfer aller Angriffe erwehrte. Der Kommandant der Cromwellschen Truppen hatte von der Sage erfahren, daß das Ross Castle niemals von der Landseite her erobert werden kann. So ließ er von der Dingle Bay Schiffe zum Lough Leane herauftransportieren, und als er vom See her angriff, ergaben sich die offensichtlich sagengläubigen irischen Verteidiger sofort.

An der Zufahrtsstraße zur schmalen Landzunge, die den Lough Leane vom Muckross Lake trennt, liegt die **Muckross Abbey**. Im 15. Jahrhundert für den Franziskanerorden erbaut, vereinigt sie normannische und gotische Bauelemente. Mit dem Kreuzgang und dem später an das Kirchenschiff angefügten, wuchtigen Turm gehört das Kloster, trotz der Zerstörung durch die Truppen Cromwells, zu den besterhaltenen Anlagen seiner Art in Irland.

Etwas weiter steht das **Muckross House**, ein Herrenhaus aus dem 19. Jahrhundert. Prunkvoll ausgestattete Zimmer sind im Haus zu besichtigen, und in einem heimatkundlichen Museum kann man Handwerkern bei der Arbeit über die Schulter schauen. Viel besser gefällt mir allerdings der romantische **Muckross Park**, der am Haus beginnt. Ein Flüßchen plätschert zwischen Blumenbeeten und einem Dickicht aus Rhododendron und Azaleen, und ein verwilderter Steingarten lädt zum Träumen ein.

Kenmare ist der Knotenpunkt für Reisende im Südwesten Irlands. Viele Ausländer haben sich hier niedergelassen. Gegründet wurde der Ort 1670 von einem ehemaligen General Cromwells, Sir William Petty, um die Erzminen zu versorgen, die er in die Hänge des Tales bohren ließ, das zum Moll's Gap hinaufzieht. Petty hatte im Zuge der Enteignungen nach dem Sieg der cromwellschen Truppen riesige Ländereien an sich gebracht, darunter nicht weniger als ein Viertel der Grafschaft Kerry. Aus Pettys Besitz rund um Kenmare wurde der sogenannte Lansdowne Estate, der von Kenmare aus verwaltet wurde. Einige Gebäude aus dieser Zeit sind noch erhalten, obwohl 1775 die ersten Marquesse of Lansdowne die Stadt neu planen und neu erbauen ließen. Daß die Engländer nicht die ersten waren, die die verkehrsgünstige Lage dieses Ortes erkannten, davon zeugt ein vollkommen erhaltener Steinkreis, der in der Nähe des Kenmare River am Ortsrand steht. Wahrscheinlich als Kultstätte vor mindestens 2500 Jahren errichtet, konnte die Zeit den 15 hochkant gestellten Steinen seither nichts anhaben. Der Steinkreis ist seltsamerweise um ein noch älteres Bauwerk gebaut, einen Dolmen, der vor über 4000 Jahren den Steinzeitmenschen als Grabstelle diente.

Streckenbeschreibung

In *Killorglin* zweigt am Ostufer des River Laune die *R562* von der N70 ab. Immer entlang des Flusses leitet die R562 ohne große Steigungen über *Beaufort, Aghadoe* und *Fossa* nach Killarney. An der Ortsgrenze fahren wir an der ersten Kreuzung *rechts* hinab und dann in weitem Bogen rechts um die neugotische Kirche in das Stadtzentrum von *Killarney*.

Hier folgen wir rechtshaltend der Beschilderung nach Muckross und Kenmare (in Gegenrichtung die erste Straße, die nach der Touristeninformation links hinab führt) und radeln auf der *N71* meist durch dichten Wald am Ufer des Lough Leane und des Muckross Lake zum Upper Lake. Hier beginnt der lange, aber meist sanfte Anstieg, vorbei am berühmten Aussichtspunkt *Ladies View*, hinauf in die wilde Bergwelt von Killarney. Am einsamen Looscaunagh Lough liegt die schlimmste Steigung unter uns. Nahezu eben zieht die *N71* über einem tiefen Tal, das uns von dem gewaltigen Bergzug der MacGillycuddy's Reeks trennt, zur Kreuzung unter dem *Moll's Gap*.

Rechts geht die R568 ab, die in einsamen

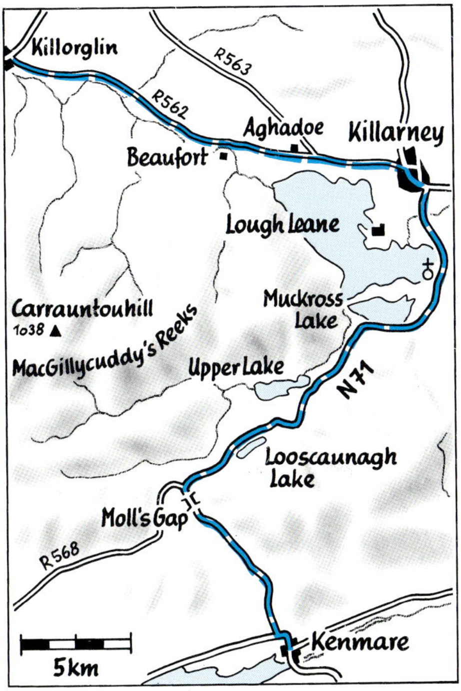

20 Kilometern am Rand der wilden Bergwelt der Iveragh-Halbinsel bis zum kleinen Küstenort Sneem leitet.

Wir fahren aber *links* auf der *N71* die wenigen Meter zum Paß hinauf und können anschließend die Räder bis *Kenmare* hinunterlaufen lassen.

Nützliche Informationen

Entfernung: Killorglin – Killarney: 22 km; Killorglin – Kenmare: 54 km.
Unterkunft: Eine große Auswahl an Hotels und Pensionen in und um *Killarney*; vier Hotels und zwei Pensionen in *Kenmare* (Tel. 064/41200; 064/41300; 064/41368; 064/41038; 064/41379; 064/41453).
Jugendherberge: Ein An-Oige-Hostel in *Aghadoe* an der R562 vier Kilometer westlich Killarney (Tel. 064/31240); ein Hostel in *Fossa* an der R562 drei Kilometer westlich

In den Bergen über den Seen von Killarney.

Killarney (Tel. 064/31497); zwei Independent-Hostels in *Killarney*, 43 New Street, Tel. 064/33094 und Lewis Road, Tel. 064/33104; ein Hostel am südwestlichen Ortsrand von *Killarney* an der *N22* (Tel.064/32119); ein Independent-Hostel am südlichen Ortsrand von *Killarney* in der Nähe des *Ross Castle* (Tel. 064/33914 oder 33104); zwei Independent-Hostels in *Kenmare* (Tel. 064/41083; 064/41260).
Camping: Zwei Campingplätze in *Aghadoe* an der R562 vier Kilometer westlich Killarney (Tel. 064/31497; 064/31727); ein Campingplatz an der *N22* zwei Kilometer *östlich Killarney* (Tel. 064/31590); ein Campingplatz vier Kilometer *westlich Kenmare* an der N70 (Tel. 064/41366).
Fahrräder: *Killarney,* O'Callaghan Bros. Ltd., College Street, Tel. 064/31465 oder 31175 (Raleigh Rent-a-Bike); O'Neill's, 6 Plunkett Street, Tel. 064/31970 (auch Fahrradverleih); The Bike Store, Scotts Gardens, Tel. 064/32638 (nur Fahrradverleih); eine Anzahl weiterer Vermieter in Killarney; *Kenmare,* J. P. Finnegan, 37 Henry Street, Tel. 064/41083 oder 41115.
Auskunft: *Killarney,* Town Hall, Tel. 064/31633 (ganzjährig); *Kenmare,* Main Street, Tel. 064/41233 (Juni bis September).
Karte: OS-Karte 1:250000, Blatt 4 (South).

50 Von Kenmare nach Waterville

Klippen, Strände, Berge und ein Keltenfort am Südabschnitt des »Ring of Kerry«

Tourencharakter: Die erste Hälfte der Tour bis Sneem auf angenehm zu fahrender Straße; auf der zweiten Hälfte in anstrengendem Auf und Ab durch die nun hügelige, allerdings um so schönere Küstenlandschaft. Der Abstecher zum Staigue Fort ist steil und anstrengend.
Länge der Tour: 62 km.

Die berühmteste Straße in Irland und eine der meistgelobten Küstenstraßen in Europa ist der **»Ring of Kerry«**, der rund um die große Iveragh-Halbinsel führt. Vor allem der Tatsache, daß der Ring breit genug für Busse ausgebaut ist, verdankt wohl dieser Weg die Bevorzugung vor ähnlichen Straßen an der irischen Küste, die sich meiner Ansicht nach durchaus mit dem »Ring of Kerry« messen können. Mögen sich jedoch auch für irische Verhältnisse recht viele Urlauber auf den Weg um die Iveragh-Halbinsel machen, so findet man doch auch hier noch genug Ruhe

In den Bergen hoch über dem Kenmare River steht das Staigue Fort, eines der größten und am besten erhaltenen keltischen Steinforts in Irland.

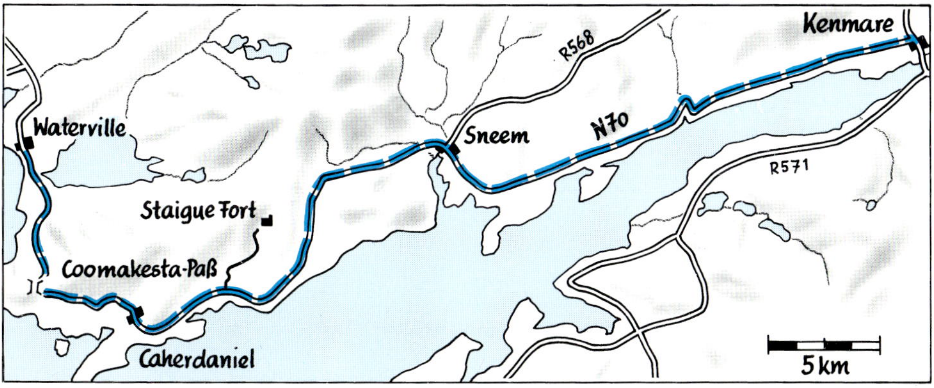

für eine ungestörte Radtour. Vor allem im Westteil wird man von der rauhen Landschaft begeistert sein, und wer eine genaue Karte, genügend Zeit und Kraftreserven hat, der kann abseits des Rings die wundervolle Einsamkeit Westirlands finden.

Erst 27 Kilometer westlich von Kenmare erreicht man das erste Dorf auf dieser Etappe, **Sneem**, das nicht umsonst 1988 den Preis für das schönste Dorf im Lande erringen konnte. Knallig bunte Häuser, über die eine wilde Bergkulisse blickt, stehen rings um den großen Dorfplatz. Und der Tourismus bringt genug Geld in die Kassen, um die Dorfgemeinschaft am Leben zu erhalten.

In den Berghängen hoch über der Bucht von Castlecove versteckt, liegt das **Staigue Fort**, eines der bedeutendsten Bauwerke aus vorchristlich-keltischer Zeit in Irland. Errichtet wurde das Fort wahrscheinlich vor zirka 2000 Jahren. Die Größe der Anlage läßt vermuten, daß es sich beim Staigue Fort nicht nur um eines der einfachen Ringforts handelte, die zu Tausenden in Irland zu finden sind und die keltischen Familienclans als Wohnsitz dienten, sondern daß von hier aus ein größeres Gebiet regiert wurde. Durch den dicken, vier Meter hohen und perfekt geschichteten Mauerring führt ein schmales Tor in die kreisrunde Anlage. Im Inneren des Ringwalls, der einen Durchmesser von 30 Metern hat, geben Treppen und Rundläufe dem Fort einen wehrhaften Charakter. Vom Mauerring aus genießt man eine Aussicht, die wie so oft in Irland die Frage aufkommen läßt, ob der Standort auch aus ästhetischen Gesichtspunkten ausgewählt wurde. Ein fuchsienüberwachsener Bach plätschert von den kahlen Hügeln herab, und unter dem Fort öffnet sich ein grünes Tal zur Bucht von Castlecove und zum Kenmare River, der sich weit draußen im Westen in der Unendlichkeit des Atlantik verliert.

Bei der Streusiedlung **Caherdaniel** beginnt der schönste und zugleich anstrengendste Abschnitt des »Ring of Kerry«. Die Küste löst sich westlich des Ortes in einem Gewirr von Inseln und Felskaps auf, zwischen die feine Sandstrände eingestreut sind. Eine schmale Nebenstraße führt von Caherdaniel aus in das Herz dieses Gebietes, das offiziell **Derrylane National Historic Park** heißt. Das Haus von Daniel O'Connell, der als erster katholischer Politiker Anfang des 19. Jahrhunderts in das englische Parlament einzog und die politische Gleichberechtigung der Katholiken in die Wege leitete, ist hier zu besichtigen. Rund um das Haus ist ein Naturpark mit teilweise exotischen Pflanzen angelegt, die im milden Klima hervorragend gedeihen, und am Rande des Parks steht einer jener Ogham-Steine, an deren Kanten die Linien der keltischen Ogham-Schrift eingeritzt sind. Südlich des Hauses dehnt sich ein dünenbesetzter Strandbogen, und die kleine Insel Abbey Island, auf der die Ruine eines alten Klosters liegt, ist nur bei sehr hohen Wasserständen nicht zu Fuß zu erreichen.

Eingeklemmt zwischen dem Lough Currane und der Ballinskelligs Bay liegt **Waterville**. Seit dem letzten Jahrhundert entwickelte sich der Ort dank seines kilometerlangen Strandes, des fischreichen Sees und der günstigen Lage auf halbem Weg des »Ring of Kerry« zum wichtigsten Tourismuszentrum der Gegend.

Streckenbeschreibung

Vom Ortszentrum von *Kenmare* fahren wir auf der *N71* zirka einen Kilometer in Richtung Killarney, bis wir bei den letzten Häusern *links* auf die *N70*, den »Ring of Kerry«, abbiegen können (Wegweiser Sneem, Waterville und Ring of Kerry).

Eben und gerade läuft der Weg zu Beginn. Erst nach 12 Kilometern wird die Landschaft wilder. Von der zerfransten Küste fahren wir bald auf die mächtigen Berge zu, die den Kessel von *Sneem* im Norden begrenzen (in Gegenrichtung besteht die Möglichkeit, hier auf die R568 überzuwechseln, die im Bergland direkt zum Moll's Gap und damit nach Killarney führt).

In einem langgezogenen, aber sanften Anstieg mit zirka 100 Metern Höhenunterschied führt uns die *N70* in das Landesinnere, ehe wir wieder zum Meer hinunterfahren. Entlang der felsigen Küste, in die kleine Strände eingelassen sind, erreichen wir anschließend den beschilderten Abzweig, an dem der anstrengende Weg zum *Staigue Fort* beginnt (100 Meter Höhenunterschied, 8 Kilometer Umweg).

Kahle Berghänge drängen die *N70* nahe ans Meer, bis sie uns über einige niedrige Hügel nach *Caherdaniel* führt. Hier beginnt der lange, manchmal steile und anstrengende Anstieg hinauf zum 250 Meter über dem Meer gelegenen *Coomakesta-Paß*, von dem man eine Traumaussicht über das Meer, die Inseln und die zerfetzte Küste hat. Auf der Nordseite des Passes können wir unsere Räder hoch über der Ballinskelligs Bay, über die die Felszacken der Skellig-Inseln schauen, ohne Anstrengung bis nach *Waterville* hinunterrollen lassen.

Eingekreist von kargen Bergen liegt Sneem an der Südküste der Iveragh Halbinsel.

Nützliche Informationen

Entfernung: Kenmare – Sneem: 27 km; Kenmare – Caherdaniel: 48 km; Kenmare – Waterville: 62 km.

Unterkunft: Ein Luxushotel in *Parknasilla,* drei Kilometer südöstlich Sneem (Tel. 064/ 45122); ein Hotel und eine Pension in *Caherdaniel* (Tel. 0667/5163; 0667/5132); fünf Hotels und drei Pensionen in *Waterville* (Tel. 0667/4144; 0667/4133; 0667/4436; 0667/4272; 0667/4248 oder 4211; 0667/4161; 0667/4330 oder 4422; 0667/4233).

Jugendherbergen: Ein Independent-Hostel vier Kilometer *südöstlich Sneem,* südlich der N70 (Tel. 064/45378); ein Independent-Hostel in *Caherdaniel* (Tel. 0667/5229); zwei Independent-Hostels in *Waterville* (Tel. 0667/4400; 0667/4161).

Camping: Campingmöglichkeit am Independent-Hostel bei *Sneem*; ein privater Campingplatz am Sneem River bei *Sneem*; ein Campingplatz einen Kilometer südlich *Caherdaniel* an der N70 (Tel. 0667/ 5188 oder 5283); Campingmöglichkeit an einem der Independent-Hostels in *Waterville* (Tel. 0667/4161); zwei Campingplätze *nördlich Waterville* an der N70 (Tel. 0667/4191; 0667/4185).

Karte: OS-Karte 1:250000, Blatt 4 (South).

51 Von Waterville nach Cahersiveen

Abseits des »Ring of Kerry« auf dem »Skellig Ring« über die Iveragh-Halbinsel

Tourencharakter: Auf schmalen, kaum befahrenen Nebenstraßen entlang des schönsten Küstenabschnitts der Iveragh-Halbinsel. Zwei langgezogene und sehr anstrengende Bergstrecken mit 100 bzw. 250 Metern Höhenunterschied.
Länge der Tour: 46 km.

Zwischen Waterville und Cahersiveen läuft der »Ring of Kerry« im Landesinneren durch sanftes Weideland und schneidet so eine gebirgige Halbinsel ab, die sich weit in den Atlantik streckt. Zu schmal und zu abgelegen ist den meisten Touristen das kleine Sträßchen, der **»Skellig Ring«**, das rund um diese Halbinsel führt, und so nehmen die meisten den direkten Weg auf dem breit ausgebauten »Ring of Kerry«. Daß sie durch diesen Abkürzer eines der schönsten Stücke Irlands verpassen, scheinen die wenigsten zu wissen. So kann man sich als Radfahrer auf dem schmalen, aber teilweise auch sehr steilen Sträßlein nahezu ungestört seinen Weg erkämpfen und die traumhaften Ausblicke auf die wilden Skellig-Inseln genießen.

Der erste kleine Ort auf dieser Etappe ist **Ballinskelligs** (Baile an Sceilg) an der gleichnamigen Bucht. Über dem schönen Strand, der von der dunklen Ruine einer Turmburg bewacht wird, liegen die Häuser im dunklen Moorland verstreut. Ballinskelligs ist das Zentrum des Gaeltacht-Gebietes im Westteil der Iveragh-Halbinsel, und in den Sommermonaten finden hier Gälischkurse statt. Als Ende des 12. Jahrhunderts die Mönche von Skellig Michael ihre einsame Klostersiedlung aufgaben, siedelten sie sich hier in Ballinskelligs an. Von dem damals gegründeten Kloster blieb jedoch nichts erhalten. Heute laufen die Interessen wieder in umgekehrter Richtung, denn von Ballinskelligs bringen bei ruhiger See kleine Boote Touristen hinaus zur Klosterinsel Skellig Michael.

Den Westteil der Halbinsel nimmt die weitgeschwungene und von Bergen umschlossene St. Finan's Bay ein. Doch die Augen verweilen nur kurz auf der Küstenlinie, denn der Blick wird magisch auf den Atlantik hinausgezogen. Dort durchstoßen die unnahbaren Felszacken der **Skellig-Inseln** die aufgewühlte Wasserfläche des Atlantik. Der niedrigere und nähere der beiden Felszakken, Little Skellig, ist heute ein Vogelschutzgebiet mit Tausenden von Baßtölpel-Brutpaaren. Doch die Attraktion der Inselgruppe sind die Überreste eines frühchristlichen Klosters auf der größeren Insel, auf **Skellig Michael**. Schon in keltischer Zeit sollen von der abgelegenen Insel aus Druiden den Lauf der Sterne beobachtet haben. In frühchristlicher Zeit entdeckten dann Eremiten die Insel für sich. Wie so oft in Irland waren sie, dem Vorbild der biblischen Einsiedler folgend, auf der Suche nach möglichst weltabgeschiedenen Orten mit harten, entbehrungsreichen Lebensbedingungen. St. Finian soll im 6. Jahrhundert die Mönchssiedlung auf dem einsamen Schieferfelsen, der über 200 Meter aus dem Meer ragt, gegründet haben. Die erste schriftliche Erwähnung der Klostersiedlung stammt jedoch erst aus dem Jahre 823 n. Chr., als ein Mönch bei einem Wikingerüberfall entführt wurde. Trotz weiterer Überfälle war die Mönchssiedlung noch bis zum Ende des 12. Jahrhunderts bewohnt, als sie wegen der schwierigen Versorgungslage und der harten Lebensbedingungen auf das Festland verlegt wurde.

Dank der abgeschiedenen Lage haben sich die einfachen Gebäude des frühchristlichen Klosters wie sonst nirgendwo in Irland erhalten. Noch immer müht man sich über die Stufen, die vor 1000 Jahren von den Mönchen errichtet wurden, zur Klosteranlage hinauf, die auf einer künstlich errichteten Plattform 170 Meter über dem Meeresspiegel schwebt. Sechs *»Beehive Huts«,* die typischen bienenkorbförmigen Wohn- und Vorratshütten, und zwei Kirchen, die dem berühmten Gallarus Oratory auf der Dingle-Halbinsel ähneln, sind erhalten. Eine Quelle schuf hier die Grundlage für menschliches Leben. Auf einigen Terrassen wurde wohl Gemüse angebaut. Verteilt über die Insel stehen grob gearbeitete Kreuze. Ein schmaler Pfad leitet von der Siedlung am Ostgipfel über das sogenannte Christ's Valley zum Westgipfel, auf dem die Mönche der Überlieferung nach Zuflucht vor den Wikingerüberfällen suchten. Nur wenige Stunden bleiben dem Besucher, um Skellig Michael zu erkunden. Doch nirgendwo sonst werden einem in ähnlicher Dramatik die Lebensbedingungen frühchristlicher Mönche vor Augen geführt wie auf dem sturmumtosten Felsen im Atlantik. Schon die Überfahrt ist ein Abenteuer für sich. Obwohl die Boote nur bei relativ ruhiger See auf Skellig Michael anlegen können, wird man auf der zweistündigen Reise im Normalfall kräftig durchgeschüttelt und sollte deshalb Seetauglichkeit besitzen.

Die kürzeste Überfahrt nach Skellig Michael beginnt im kleinen Hafendorf **Portmagee**. Das nahe **Valencia Island** liegt auf der Nordseite des schmalen Portmagee Channel. Eine Brücke ermöglicht einen Abstecher auf die wunderschöne Insel. Rote Fuchsienhekken überwuchern dort die schmalen Straßen, dramatische Klippenlandschaften gibt es zu erkunden, und der Hauptort der Insel, Knights Town, ist der richtige Platz, um eine Zeitlang auszuspannen. Vom Hafen starten kleine Boote nach Skellig Michael und zum nahen Beginish Island mit seinen stillen Stränden und der vorgelagerten Mini-Insel Church Island mit den Resten eines frühchristlichen Klosters. Wer den weiten Rückweg von Knights Town aus scheut, dem bietet die Personenfähre zum Reenard Point eine Kurzverbindung zum Festland.

Vom Reenard Point, von wo ebenfalls Boote nach Skellig Michael ablegen, sind es nur noch wenige Kilometer nach **Cahersiveen**. Mit 1500 Einwohnern ist die Marktstadt das wirtschaftliche Zentrum im Westteil der Iveragh-Halbinsel. Eine Anzahl gemütlicher Pubs reiht sich entlang der Hauptstraße wie an einer Perlenschnur auf.

Streckenbeschreibung

Wir verlassen *Waterville* auf der *N70* nach Norden. Einen Kilometer hinter dem River Inny zweigt *links* die *R567* ab (Wegweiser Ballinskelligs, Reenroe und Scenic Skellig Ring). Das schmale Sträßlein leitet uns am Nordrand der Ballinskelligs Bay nach Westen, bis wir auf die *R566* stoßen, auf der wir *links* (Wegweiser Ballinskelligs, in Gegenrichtung Waterville) in nun südlicher Richtung das Dorf *Ballinskelligs* erreichen.

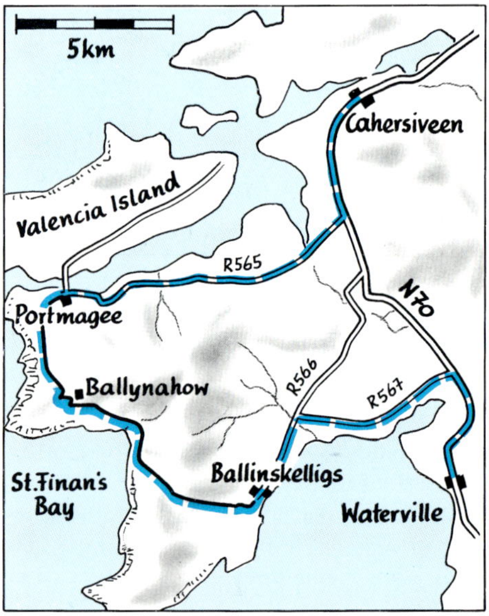

Am Strand von Ballinskelligs beginnt der Aufstieg in die Berge über der St. Finans Bay.

Auf der Hauptstraße fahren wir, vorbei am Pub und dem Geschäft, durch den Ort. An einer Kreuzung südlich des Dorfkerns führt eine kurze Stichstraße links zum Strand, wir biegen hier jedoch *rechts* ab (Wegweiser An Oige Hostel, Port Migh Aoigh und Bagh Fhionain, in Gegenrichtung Cathair Saidhbhin und An Coireán) und radeln, vorbei an der Jugendherberge, den Berg hinauf. Die nächste Querstraße ein kurzes Stück eben nach *links* (Beschilderung wie an der Kreuzung zuvor), ehe bei nächster Gelegenheit an einem verlassenen Haus eine schmale Straße *rechts* (unbeschildert) schnurgerade in die Hügel hinaufführt.

Anstrengend geht es zu einem Sattel hoch, auf dessen Westseite die schmale Straße zur St. Finan's Bay hinunterläuft, vor der die Felsspitzen der Skellig-Inseln das Meer durchstoßen. Die Straße quert die grünen Hänge in nördlicher Richtung bis zu einem kleinen Strand hinunter. Nach diesem Strand läuft die Straße bergauf, und vor der Kirche von *Ballynahow* müssen wir uns an einer Kreuzung *links* halten (Wegweiser Port Migh Aoigh, in Gegenrichtung Skellig Ring und Baile an Sceilg).

In mehreren Kehren schwindelt sich nun die Straße durch den extrem steilen Hang auf den Hügel im Norden, von dem sich der umfassende Blick auf Valencia Island und die Dingle-Halbinsel öffnet. Ganz gerade läuft die steile Straße anschließend nach Norden hinab und dann in einem weiten Rechtsbogen oberhalb des Portmagee Channel zur gleichnamigen Ortschaft. An einer Kreuzung am Ortsschild von *Portmagee* halten wir uns *links* (in Gegenrichtung Wegweiser St. Finian's Bay und Bagh Fhionain), dann durch den Ort und entlang des Hafens zur großen Brücke. Hier treffen wir auf die *R565*, auf der wir *rechts*, entlang des Portmagee Channel, unseren Weg fortsetzen (Wegweiser Cahersiveen, in Gegenrichtung St. Finian's Bay). Nach zirka zehn Kilometern stoßen wir auf die *N70*, halten uns *links* (Wegweiser Tralee und Cahersiveen, in Gegenrichtung Valencia Island und Portmagee) und radeln auf der breit ausgebauten Straße die letzten vier Kilometer nach *Cahersiveen*.

Nützliche Informationen

Entfernung: Waterville – Ballinskelligs: 13 km; Waterville – Portmagee: 30 km; Waterville – Cahersiveen: 46 km
Jugendherberge: Ein An-Oige-Hostel in *Ballinskelligs* (Tel. 0667/9229); ein Independent-Hostel in *Chapeltown* auf Valencia Island, vier Kilometer nordöstlich Portmagee (Tel. 0667/6103); ein An-Oige-Hostel und ein Independent-Hostel in *Knights Town* auf Valencia Island, acht Kilometer nordöstlich Portmagee (Tel. 0667/6154; 0667/6144); ein Independent-Hostel in *Cahersiveen* (Tel. 0667/2717).
Camping: Campingmöglichkeit an den Independent-Hostels auf *Valencia Island* und in *Cahersiveen*; ein Campingplatz einen Kilometer westlich von *Cahersiveen* (Tel. 0667/2806).
Fahrräder: *Cahersiveen*, Paddy Casey, New Street, Tel. 0667/2474 (auch Fahrradverleih).
Fährverbindungen: Von Waterville, Ballinskelligs, Portmagee, Knights Town und Reenard Point westlich Cahersiveen Fähren nach Skellig Michael. Die Fährverbindungen hängen stark von den jeweiligen Wetterbedingungen ab, daher sollte man sich am besten in den örtlichen Geschäften erkundigen. Regelmäßige Fährverbindung zwischen Reenard Point und Knightstown.
Auskunft: In *Cahersiveen*, Tel. 066/21288 (Juni bis September).
Karte: OS-Karte 1:250000, Blatt 4 (South).

52 Von Cahersiveen nach Killorglin

Zwischen mächtigen Bergen und der weiten Dingle Bay auf dem nördlichen Teilstück des »Ring of Kerry«

Tourencharakter: Auf meist breit ausgebauter Straße durch schöne Landschaften; zu Beginn ein längerer, aber sanfter Anstieg, anschließend ohne größere Steigungen in angenehm erholsamem Gelände.
Länge der Tour: 41 km.

Die Nordspange des »Ring of Kerry« lohnt vor allem wegen der vielfältigen Landschaftseindrücke, der Mischung aus Meer und Bergen. Der Blick geht immer wieder über die blaue Wasserfläche der Dingle Bay nach Norden, hin zur gebirgigen Dingle-Halbinsel, und im Landesinneren liegen die von Karen zerfressenen Berge der Iveragh-Halbinsel.

Der einzige Ort auf dieser Etappe ist der Touristenort **Glenbeigh**, der durch den nahen, kilometerlangen Strand von Rossbeigh bekannt ist. Südwestlich des Ortes zerkerben am Ende eines breiten Tales eine Anzahl von Karen die Bergflanken. Ein schmales Sträßlein führt zum größten der Seen, die in diesen Karmulden liegen, dem Coomasaharn Lake. Wer diesen mühevollen Abstecher auf sich

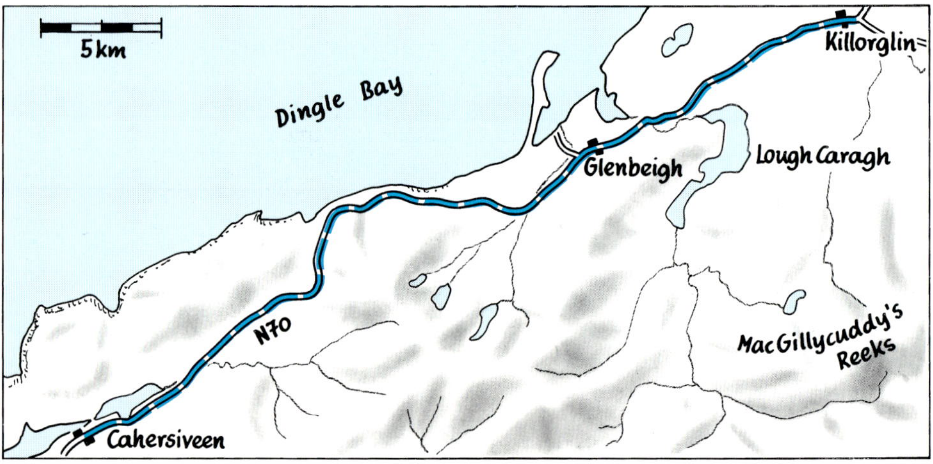

nimmt, der wird durch eine der stillsten und schönsten Landschaften auf der Iveragh-Halbinsel belohnt werden. Ein weiterer Abstecher leitet östlich von Glenbeigh in das Landesinnere. Der große, fischreiche **Lough Caragh**, überragt von den MacGillycuddy's Reeks, ist dort der Ausgangspunkt für anstrengende Entdeckungsfahrten durch die Täler und über die Pässe im einsamen Herzen der Halbinsel.

Streckenbeschreibung

Wir verlassen *Cahersiveen* auf dem »Ring of Kerry«, also auf der *N70,* in nordöstlicher Richtung und fahren in einem breiten Tal einen langen, sanften Anstieg hinauf. Vom höchsten Punkt schwenkt die *N70* wieder zum Meer hinaus und führt hoch über der Dingle Bay nach Osten.

Bald trennt sich die Straße wieder von der felsigen Küste und leitet durch ein breites Tal nach *Glenbeigh* hinab. Nach dem Ort verläßt die *N70* den gebirgigen Teil der Iveragh-Halbinsel und führt uns über grünes, sanftmodelliertes Weideland, auf das die felsigen MacGillycuddy's Reeks herabblicken, nach *Killorglin.*

Nützliche Informationen

Entfernung: Cahersiveen – Glenbeigh: 27 km; Cahersiveen – Killorglin: 41 km.
Unterkunft: Drei Hotels und eine Pension in *Glenbeigh* (Tel. 066/68212; 066/68215 oder 68384; 066/68333 oder 68204; 066/68128); zwei Pensionen in *Killorglin* (Tel. 066/61146; 066/61909 oder 61552).
Jugendherberge: Ein Independent-Hostel in *Glenbeigh* (Tel. 066/68228).
Camping: Ein Campingplatz an der *Kells Bay,* auf halbem Weg zwischen Cahersiveen und Glenbeigh (Tel. 0667/7647); zwei Campingplätze in *Glenbeigh* (Tel. 066/68238; 066/68451); ein Campingplatz südöstlich *Killorglin* an der R562 (Tel. 066/61240).
Fahrräder: In *Killorglin,* siehe Tour 48.
Karte: OS-Karte 1:250000, Blatt 4 (South).

Vor Glenbeigh leitet der »Ring of Kerry« hoch über der Dingle Bay quer über einen Steilhang.

Durch die Grafschaft Cork

53 Von Kenmare nach Castletownbere

Auf einsamen Straßen durch weltabgeschiedene Dörfer und unter kahlen Berghängen entlang der Nordküste der Beara-Halbinsel

Tourencharakter: Entlang der einsamen Nordküste der Beara-Halbinsel in angenehm sanftwelligem Gelände bis Eyeries; von dort entweder anstrengend rund um die wilde Westspitze der Halbinsel oder direkt nach Süden in das nahe Castletownbere.
Länge der Tour: 82 km, ohne den Westteil 54 km.

In vielerlei Hinsicht ist die Beara-Halbinsel die kleinere Zwillingsschwester der Iveragh-Halbinsel. Das Rückgrat beider Landzungen bilden mächtige Sandsteinberge, über die dunkle Moore ziehen. Auf beiden gibt es stille Bergseen zu entdecken und dunkle Felsküsten, an denen die Brandung des Atlantik tobt. Um jede führen Ringstraßen, dort der berühmte »Ring of Kerry« und hier der **»Ring of Beara«**. Wer jedoch die zwei Halbinseln umrundet, der wird bald den entscheidenden Unterschied feststellen können. Während der reisebustauglich ausgebaute »Ring of Kerry« schon nahezu ein Muß für jeden Irlandtouristen ist, schlummern die Straßen und Dörfer auf der Beara-Halbinsel noch im touristischen Abseits. Vor allem die nördliche Küstenstraße entlang des Kenmare River und der Westteil der Halbinsel stehen gottlob noch bei den wenigsten Urlaubern auf dem Reiseprogramm. Auf schnellstem Wege, über den landschaftlich ebenfalls reizvollen Turner's-Rock-Paß, reisen oder rasen sie von Glengarriff zum »Ring of Kerry« und nach Killarney.

Die anfangs bewaldete Landschaft wird nach Westen hin bald rauher und wilder und der erste kleine Ort an der Strecke, **Lauragh**, liegt, eingekesselt von mächtigen Bergen, an einer Meeresbucht. Südlich des Dorfes führt eine Nebenstraße in das sehenswerte Tal des Glanmore Lake, an dem eine Jugendherberge als Zwischenstop dienen kann. Im Ort beginnt die Straße zum Healy-Paß hinauf, eine der schönsten Bergstraßen in Irland, deren gut 300 Höhenmeter allerdings nur sportlichen Radfahrern empfohlen werden können. An der geschützten Bucht nördlich von Lauragh wuchern die exotischen Gärten des Derreen House mit ihrem undurchdringlichen Unterholz aus Fuchsien, Bambus, Farnbäumen, Rhododendron und Kamelien. Das Haus ließ die Marquess of Lansdowne erbauen, die auch das nahe Kenmare in seiner heutigen Form planen ließ.

Die bunten, kleinen Ortschaften **Ardgroom** und **Eyeries** liegen schon in der Grafschaft Cork und blieben bis heute von den Einflüssen des Tourismus weitgehend verschont. Hier kauft man noch in urigen Kramläden ein, und die wenigen Pubs sind noch nicht für die Urlauber auf Hochglanz getrimmt. Östlich von Ardgroom, oberhalb der Straße, steht ein schöner bronzezeitlicher Steinkreis, und östlich von Eyeries wartet der mit fünf Metern Länge größte Oghamstein Irlands auf seine Entdeckung. Da der Zugang zu beiden archäologischen Sehenswürdigkeiten nicht ausgeschildert ist, sollte man sich bei Einheimischen nach dem Weg erkundigen.

Wie eine vergessene und verlassene Westernstadt wirkt der kleine Ort **Allihies**. Im 19. Jahrhundert lag hier das Zentrum des Kupferbergbaus auf der Beara-Halbinsel, der erst in den sechziger Jahren endgültig zum Erliegen kam. Rund um den Ort zerlöchern Stollen, die bis in 300 Meter Tiefe getrieben wurden, den Boden, und die schummrige Jugendherberge ist im ehemaligen Haus des Bergwerksaufsehers untergebracht. Unten am Meer, in der Ballydonegan Bay, kann man am schönen, leeren Strand sein Zelt aufstellen und im preiswerten Restaurant einfache Fischgerichte essen.

Tief schneidet der Kilmakilloge Harbour von Norden in die gebirgige Beara-Halbinsel.

Westlich von Allihies zweigt eine Nebenstraße zum **Dursey Island** ab, das der Spitze der Halbinsel vorgelagert ist. Eine alte, quietschende und atemberaubende Seilbahn verbindet die Insel mit dem Festland. Wer jeglichem Rummel entfliehen will und als einzige Geräusche das Donnern der Brandung, das Heulen des Windes und das Kreischen der Seevögel hören möchte, der sollte eine Wanderung auf Dursey Island unternehmen. Nur wenige Häuser stehen auf der Insel, und für einen längeren Aufenthalt benötigt man ein Zelt.

Auf einer kleinen Halbinsel westlich von Castletownbere stehen die Ruinen des **Puxley's Castle** und des **Dunboy Castle**. Das erste, näher an der Straße gelegene Schloß wurde im letzten Jahrhundert von der Familie Puxley erbaut, die unter anderem Kupferminen in Allihies betrieb und an der Ausbeutung der Arbeiter ein Vermögen verdiente. Daphne du Maurier nahm diese Familie als Vorlage für einen sozialkritischen Roman, den sie nach dem bedrohlichen Berg östlich von Castletownbere »Hungry Hill« nannte. In Deutschland ist der Roman unter dem Titel »Die Erben von Clonmere« erschienen. Dunboy Castle, das sich bescheiden im Hintergrund hält, war die letzte Bastion im südlichen Irland, die sich 1602 nach der Niederlage von Kinsale den elisabethanischen Truppen entgegenstellte. O'Sullivan Bere, der Burgherr, ergab sich selbst dann nicht, als sein Kastell zerstört war und floh mit 1000 Anhängern nach Norden. Als er nach einem harten Wintermarsch sein Ziel, eine Burg der O'Rourkes im County Leitrim, erreichte, waren nur noch 35 Gefolgsleute am Leben.

Castletownbere (auch Castletown Bearhaven) ist das geschäftige Zentrum der Beara-Halbinsel. Der traumhafte Naturhafen, eigentlich ein Kanal zwischen dem Festland und dem vorgelagerten Bear Island, wurde im 19. Jahrhundert der wichtigste Erzhafen der Halbinsel. Später sorgte eine englische Marinebasis für einen bescheidenen Wohlstand, bis die Engländer 1935 abzogen. Da in der Folgezeit die Stadt zu verarmen drohte, sorgten staatliche Fördermaßnahmen für den Ausbau zu einem der wichtigsten Fischereihäfen Irlands. Heute locken das abwechslungsreiche Umland und das bunte Treiben rund um den Hafen von Jahr zu Jahr mehr Touristen nach Castletownbere. Wer sich für

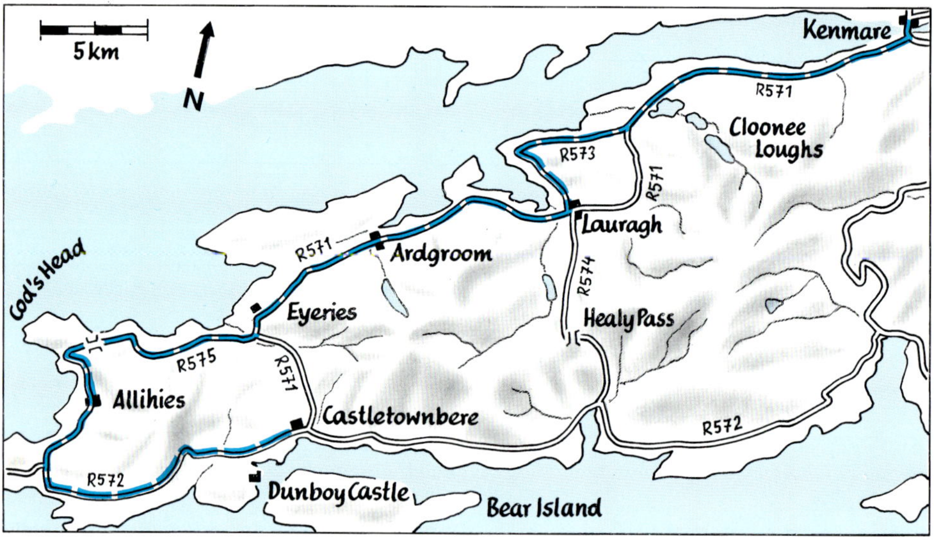

Archäologie interessiert, findet am westlichen Ortsrand einen jener Steinkreise, die in der Bronzezeit, also vor 2500 Jahren, vermutlich als Kultstätten errichtet wurden.

Streckenbeschreibung

Die *N71* führt uns nach Süden, in Richtung Bantry und Glengarriff, aus *Kenmare* hinaus. Nach der Brücke über den Kenmare River biegen wir nach *rechts* auf die *R571* ab (Wegweiser Healy Pass und Castletown Bearhaven). Durch zunehmend schönere Landschaft fahren wir immer nahe dem Meer bis zu den einsamen Cloonee Loughs.

Kurz hinter den Seen zweigen wir nach *rechts* auf die schmale *R573* ab (Wegweiser Coast Road und Castletownbere, in Gegenrichtung Kenmare), die uns rund um eine einsame Halbinsel führt und bei den Derreen Gardens wieder auf die *R571* stößt, auf der wir *rechts* fahren (Wegweiser Castletownbere, Ardgroom und Glanmore Lake Youth Hostel, in Gegenrichtung Derreen Garden und Kenmare via Coast Road).

Entlang traumhafter, bergumstandener Buchten bringt uns die Straße nach *Ardgroom.* Sie führt uns *links* aus dem Ort (Wegweiser Eyeries und Castletownbere, in Gegenrichtung Kenmare und Killarney) nach *Eyeries,* dessen bunte Häuser sich unterhalb der Straße vom Meer abheben. Kurz nach der Zufahrt zum Dorf erreichen wir eine Kreuzung, an der die R571 in sieben Kilometern geradewegs nach Castletownbere leitet.

Wir wechseln nach *rechts* auf die schmale *R575* (Wegweiser Mass Rock und Allihies, in Gegenrichtung Eyeries und Ring of Beara), die entlang der wilden Küste nach Westen hinausläuft. Anfangs führt die Straße durch grünes Bauernland, zieht aber bald zu einem Paß über dem Cod's Head hinauf, durch den sie sich zur wilden Felsbuckellandschaft bei Allihies hindurchzwängt. An einer ersten Kreuzung unten am Meer halten wir uns *links* (Wegweiser Allihies, in Gegenrichtung Eyeries und Ring of Beara) und erreichen so nach wenigen hundert Metern eine zweite Kreuzung am Ortsrand, an der wir *rechts* nach *Allihies* hineinfahren (Wegweiser Castletownbere und Dursey Island, in Gegenrichtung Eyeries und Ring of Beara). Durch die ehemalige Bergarbeitersiedlung führt die Straße wieder zum Meer hinab und dann gleich darauf auf einen Hügelkamm hinauf.

Nach rechts zweigt hier die *R572* zum Dursey Island ab, auf der wir aber geradeaus zur Südküste hinabfahren. Noch einmal folgt ein Anstieg in eine glattpolierte Felslandschaft hinauf, ehe wir die Räder über einen langen Berg in eine grüne Ebene hinabrollen lassen, durch die wir Castletownbere erreichen (in Gegenrichtung Wegweiser Ring of Beara und Dunboy Castle).

Nützliche Informationen

Entfernung: Kenmare – Lauragh: 28 km; Kenmare – Allihies: 62 km; Kenmare – Castletownbere: 82 km.
Unterkunft: Hotels und Pensionen in *Kenmare,* siehe Tour 49; ein Hotel in *Castletownbere* (Tel. 027/70379).
Jugendherberge: In *Kenmare,* siehe Tour 49; ein An-Oige-Hostel fünf Kilometer südlich *Lauragh* am Glanmore Lake (064/83181); ein An-Oige-Hostel oberhalb *Allihies* (Tel. 027/73014); ein Independent-Hostel *zehn Kilometer westlich Castletownbere* an der R572 (Tel. 027/73032); ein Independent-Hostel *zwei Kilometer westlich Castletownbere* an der R572 (Tel. 027/70184).
Camping: Ein *Campingplatz* zwei Kilometer südlich *Lauragh* an der R574 (Tel. 064/83131); Campingmöglichkeit am Independent-Hostel zwei Kilometer westlich *Castletownbere.*
Fahrräder: *Castletownbere,* Bridge House, Tel. 027/70020 (auch Fahrradverleih).
Auskunft: *Kenmare,* Main Street, Tel. 064/41233 (Juni bis September).
Karte: OS-Karte 1:250000, Blatt 4 (South).

Die schmalen Straßen von Eyeries an der Nordküste der Beara-Halbinsel können auch Kühe unbesorgt zum Spaziergang benutzen.

54 Von Castletownbere nach Bantry

Durch kahle Felslandschaft, subtropische Wälder und den bekannten Urlaubsort Glengarriff rund um die Bantry Bay

Tourencharakter: In einigem Auf und Ab rund um die traumhaft schöne Bantry Bay.
Länge der Tour: 53 km.

Vorbei am mächtigen Hungry Hill, dem höchsten Berg auf der Beara-Halbinsel, erreicht man **Adrigole**, den ersten kleinen Ort auf dieser Etappe. Von hier führt durch wunderschöne Bergeinsamkeit die steile Straße über den **Healy-Paß** nach Norden. Begonnen wurde der Bau der Straße in den vierziger Jahren des letzten Jahrhunderts als Arbeitsbeschaffungsmaßnahme während der grauenvollen Hungerjahre. Für minimalen Lohn erledigten die Bauarbeiter die gefährliche Arbeit an den steilen Berghängen, die jedoch wegen ständig steigender Unfallzahlen eingestellt wurde. Vollendet wurde die Paßstraße 1931 unter dem Ingenieur Healy, dessen Name die Straße heute trägt.

An einer kleinen, felsigen Seitenbucht der Bantry Bay liegt **Glengarriff**, der bekannteste Fremdenverkehrsort in weitem Umkreis. Geschützt von den Höhen der Caha Mountains und dem warmen Golfstrom zugewandt, ist hier die Natur eine einzigartige Verbindung zwischen Nord und Süd eingegangen. Zur felsigen Küste, an der sich die Robben tummeln, wuchern subtropische Pflanzen hinab, und dahinter ragen die kahlen Berge in den Himmel. Oben Norwegen und an der Küste Italien, so zeigt sich die einzigartige Bucht mit dem wohl mildesten Klima in Irland dem Betrachter. Kein Wunder, daß diese Gegend, ähnlich wie Killarney, schon im 19. Jahrhundert von reichen englischen Reisenden entdeckt wurde. 1910 ließ ein Industrieller auf dem nahen Garnish Island seinen Traumgarten entstehen. Erde wurde zur kahlen Insel hinübergebracht, und bald wucherten exotische Gartenanlagen auf der Insel, die zu den schönsten in Irland zählen. G.B. Shaw fand auf der Insel die Muse, um seine »Heilige Johanna« zu verfassen. Heute würde er sich wahrscheinlich nicht mehr so wohl fühlen, denn täglich wird Garnish Island von einem Touristenstrom überschwemmt.

Handelt man in Glengarriff den Preis für die Überfahrt aus, sollte man wissen, daß bei Ankunft auf der Insel noch der Eintrittspreis zu entrichten ist. Ruhiger und schöner, dafür auch bedeutend anstrengender, ist der Abstecher hinauf zum größten Bergsee der Gegend, dem Barley Lake, der in 250 Meter Höhe in einem felsigen Kessel der Caha Mountains liegt. Von Glengarriff aus folgt man einem dichtbewaldeten Tal, ehe die Straße in Serpentinen steil zum See hinaufführt, in dem sich der irische Himmel und die dunklen Berge spiegeln.

Bantry ist der größte Ort an der gleichnamigen Bucht. An das frühchristliche Kloster, das einst hier stand, erinnert nur noch der sogenannte »Kilnaruane Pillar Stone« aus dem 8. Jahrhundert. In den bemerkenswerten Stein sind mehrere Figuren, darunter Paulus und Antonius in der Wüste, und schöne keltische Flechtbänder eingeritzt. Zu finden ist der Stein am südlichen Ortsende, indem man nach dem Westlodge Hotel in den ersten Seitenweg zur Linken einbiegt und diesen zirka 500 Meter verfolgt. Bantry selbst ist eine geschäftige Marktstadt mit einem bunten Markttag, der am ersten Freitag im Monat abgehalten wird. Im kleinen, geschützten Fischerhafen versuchten 1689 und 1796 französische Truppen an Land zu gehen, um irische Aufstände gegen die englische Herrschaft zu unterstützen. Beide Male behielten die Engländer die Oberhand. Für seine Loyalität im Jahre 1796 wurde der örtliche Großgrundbesitzer Richard White von der englischen Krone zum Baron von Bantry ernannt. Dieser Baron trug später in seinem palastähnlichen Herrenhaus, dem Bantry House, eine Sammlung unterschiedlichster Kunstschätze zusammen, die er auf seinen Reisen durch Europa erworben hatte.

Streckenbeschreibung

Am Hafen von *Castletownbere* entlang leitet uns die *R572* nach Osten, in Richtung Glengarriff. In leichtem Auf und Ab führt die Straße auf dem schmalen Küstensaum, der bald vom mächtigen Felskegel des Hungry Hill überragt wird, zur Streusiedlung *Adrigole,* die an einer tief eingeschnittenen Seitenbucht der Bantry Bay liegt.

Am östlichen Ortsende zweigt links die Straße zum Healy-Paß ab, wir fahren aber *rechts* auf der *R572* weiter nach Osten (Wegweiser Glengarriff und Bantry, in Gegenrichtung Castletownbere und Ring of Beara). Die Straße läuft noch ein kurzes Stück entlang der Küste, führt dann aber unter dem schön-

Nicht überall wird man so farbenfroh begrüßt wie in der Hafenstadt Bantry.

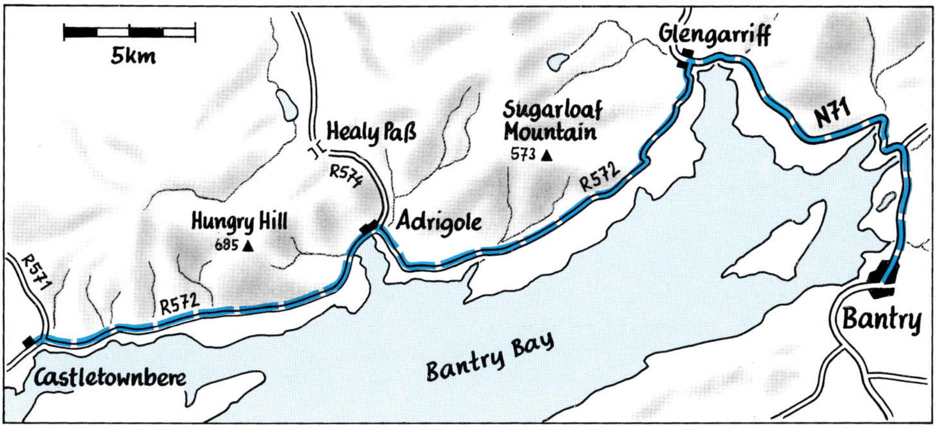

geformten Sugarloaf Mountain in eine glattgeschliffene Felshöckerlandschaft hinauf. Erst nach einigen Kilometern läuft die R572 von zwei kleinen, in felsigen Wannen eingebetteten Seen wieder zur Bantry Bay hinab, an der entlang wir *Glengarriff* schnell erreichen.

Gleich am Ortsanfang stoßen wir auf die *N71*, auf der wir *rechts* in Richtung Bantry fahren (in Gegenrichtung Wegweiser Castletownbere). Die *N71* windet sich immer entlang der Küste anfänglich hoch über der blauen Bantry Bay über einige Hügel und später in mehr und mehr flachem Land nach *Bantry* (in Gegenrichtung Wegweiser Glengarriff und Killarney).

Nützliche Informationen

Entfernung: Castletownbere – Adrigole: 15 km; Castletownbere – Glengarriff: 35 km; Castletownbere – Bantry: 53 km.
Unterkunft: Zwei Hotels in *Glengarriff* (Tel. 027/63009; 027/63003); zwei Hotels und zwei Pensionen in *Bantry* (Tel. 027/50360; 027/50289 oder 50062; 027/50237; 027/50006).
Jugendherberge: Ein Independent-Hostel sechs Kilometer oberhalb *Glengarriff* rechter Hand an der N71 (Tel. 027/63075); ein Independent-Hostel in *Bantry*, Bishop Lucey Place (Tel. 027/51050).
Camping: Zwei Campingplätze westlich *Glengarriff* an der R572 (Tel. 027/63140; 027/63154); Campingmöglichkeit am Independent-Hostel oberhalb *Glengarriff*; ein Campingplatz an der *Bantry Bay* zwischen Glengarriff und Bantry (Tel. 027/50630).
Fahrräder: *Bantry*, Kramer's, Glengarriff Road, Tel. 027/50278 (auch Fahrradverleih); O'Mahony's, Main Street, Tel. 027/50240.
Auskunft: In *Glengarriff*, Tel. 027/63084 (Juli, August); *Bantry*, The Square, Tel. 027/50229 (Juli, August).
Karte: OS-Karte 1:250000, Blatt 4 (South).

55 Von Bantry nach Crookhaven

Auf stillen Straßen entlang der Dunmanus Bay zur Westspitze der Mizen-Halbinsel

Tourencharakter: Auf schmalen Straßen entlang der einsamen Nordküste der Mizen-Halbinsel; einige längere Anstiege vor allem im westlichen Teil der Etappe.
Länge der Tour: 43 km.

Fünf langgestreckte Halbinseln zerteilen im Südwesten Irlands die stürmischen Weiten des Atlantiks. Die drei nördlichen Landzungen sind die größeren, gebirgigeren und bei den Touristen beliebteren. Die beiden südlichen, die schmale Pfeilspitze, die zum Sheep's Head hinauszieht, und die **Mizen-Halbinsel**, liegen dagegen bis heute weitgehend abseits des Touristenstroms. Das glatt-

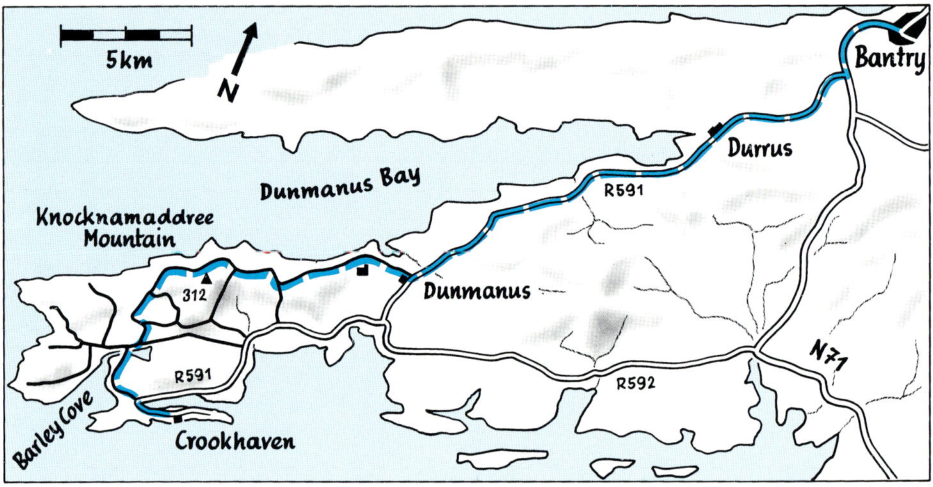

geschliffene Hügelland im Inneren der Halbinseln und die weniger ausgeprägten Klippenlandschaften am Rand erscheinen den wenigsten Urlaubern spektakulär genug, um einen Abstecher zu rechtfertigen. Und doch besitzt diese Landschaft alles, was man sich von Irland erträumen mag, und vor allem auf der Sheep's-Head-Halbinsel und an der Nordküste der Mizen-Halbinsel, an der diese Etappe entlangführt, wird man eine ungestörte Ruhe und Harmonie finden, die an den Küsten im Südwesten Irlands selten geworden ist.

Wer sich für die Geschichte Irlands interessiert, der kann auf der an historischen Denkmälern reichen Mizen-Halbinsel auf Entdeckungsreise gehen. Allerdings sind die Steinzeitgräber und die Steinkreise aus der Bronzezeit, als auf der Halbinsel Erze geschürft wurden, fast ebenso schwer zu finden wie die hilfreiche Broschüre »Antiquities of the Mizen Peninsula«, die wir nur im TI-Office von Cork City aufstöbern konnten.

Lediglich ein historisch interessantes Bauwerk liegt unübersehbar an unserem Weg, eine dunkle Turmburg bei **Dunmanus**. Sie gehört zu jenen 12 Burgen, die die O'Mahonies, die zu jener Zeit die Gegend beherrschten, als Sicherungsring um die Halbinsel erbauen ließen.

Die eindrucksvollste und besterhaltene Burganlage der O'Mahonies bewacht das **Three Castle Head**, zu dem von der Barley Cove aus ein schmales Sträßlein führt. Ein kurzer Spaziergang leitet vom Ende der Straße zu den drei dunklen Türmen am Ufer eines stillen Sees und zum einsamen Kap, an das der Atlantik mit ungebrochener Wucht schlägt.

Ein zweiter Abzweig leitet von der Barley Cove auf einer anstrengenden Stichstraße

zum landschaftlichen Höhepunkt der Halbinsel, dem **Mizen Head**. Senkrechte Schieferklippen stürzen am südlichsten Punkt Irlands zum brodelnden Atlantik ab. Ein fotogener Leuchtturm, zu dem eine schmale Brücke führt, trotzt auf einer vorgelagerten Felsspitze den Elementen.

Die wenigen, buntgestrichenen Häuser des verschlafenen kleinen Dorfes **Crookhaven** liegen an einem der schönsten Naturhäfen Irlands. Eine schmale Bucht zwängt sich hier in die glattgeschliffenen Hügel, und die enge Öffnung zum Meer hin bietet einen optimalen Schutz bei stürmischem Wetter. Auf der felsigen Kuppe gegenüber dem Ort, auf der anderen Seite des Crook Haven, warten ein versteckter Steinkreis und die Reste mehrerer Steinzeitgräber auf ihre Entdeckung, die durch keine Hinweisschilder erleichtert wird.

Streckenbeschreibung

Wir beginnen unsere Tour am Hafen von *Bantry* und radeln auf der *N71* (Wegweiser Skibbereen und Cork) auf den Hügelkamm südlich der Stadt. Dort zweigt *rechts* die *R591* ab (Wegweiser Crookhaven, Goleen und Durrus), die uns in den hübschen, kleinen Ort *Durrus* hinabführt.

An der Kreuzung im Dorf leitet die *R591 links* auf die Mizen-Halbinsel (Wegweiser Crookhaven, Skull und Goleen, in Gegenrichtung Bantry). Nun bleiben wir immer auf dieser einsamen Straße, die teils an der Küste, teils im Landesinneren verläuft, bis wir bei Dunmanus nach *rechts* auf ein *schmales Sträßlein* abbiegen (Wegweiser Goleen via Coast Road, in Gegenrichtung Durrus und Bantry). Die nächsten Kilometer verläuft das einsame Sträßlein immer ganz nahe am Meer und schwindelt sich später auf die Nordschulter des *Knocknamadree Mountain* hinauf, von der wir den westlichen Teil der Mizen-Halbinsel überblicken. Durch ein grünes Tal bringt uns die schmale Straße nach Süden zu einem eigenartigen *Lagunensee*, an dessen Ufer die Straße von Goleen zum Mizen Head verläuft.

Wir fahren *rechts* (Wegweiser Barley Cove, in Gegenrichtung Coast Road) am See entlang und zweigen *nach 500 Metern* wieder nach *links* ab (Wegweiser Crookhaven). Eine lange Brücke führt zum Südufer des Sees, und über den Traumstränden der Barley Cove genannten Bucht erreichen wir den schmalen Naturhafen von Crookhaven. Hier treffen wir auf die *R591*, die uns *rechts* nach zwei Kilometern in den kleinen Ort *Crookhaven* bringt.

Nützliche Informationen

Entfernung: Bantry – Crookhaven: 43 km.
Unterkunft: Ein Hotel an der *Barley Cove* fünf Kilometer westlich Crookhaven (Tel. 028/35100).
Camping: Ein Campingplatz an der *Barley Cove* drei Kilometer westlich Crookhaven (Tel. 028/35302).
Karte: OS-Karte 1:250000, Blatt 4 (South).

Mächtige Wellen nagen an der felsigen Nordküste der Mizen-Halbinsel.

Trotz seiner traumhaften Lage ist Crookhaven ein verschlafenes Nest geblieben.

56 Von Crookhaven nach Skibbereen

Rund um die inselreiche Roaringwater Bay

Tourencharakter: Auf wenig befahrenen Straßen in einigem Auf und Ab durch das rundgeschliffene Hügelland entlang der Südküste der Mizen-Halbinsel. Als Alternative von Skull aus in den Sommermonaten Fährverbindung nach Clear Island und von dort mit Fähren nach Baltimore südlich Skibbereen.
Länge der Tour: 47 km.

Südlich der Mizen-Halbinsel scheint das Land seine Kraft zu verlieren und mutlos im Atlantik zu versinken. Roaringwater Bay heißt die Bucht, wo sich Irland in ein Gewirr von Inseln auflöst und gierige Meeresfinger weit in das Land eindringen. Tätsächlich wurde die Bucht früher im Süden von einer weiteren Halbinsel beschützt, die sich unter den Angriffen des stürmischen Atlantiks in mehrere Inseln aufgelöst hat.

Clear Island war einst die Spitze dieser Halbinsel. Auf der Insel befindet sich die letzte Gemeinde in weitem Umkreis, in der noch das alte Gälisch gesprochen wird. Im Sommer treffen sich auf Clear Island Rucksacktouristen aus aller Welt und irische Sprachschüler, die in Sommerkursen Gälisch lernen. In einer Vogelschutzwarte erhält man interessante Auskünfte zur reichen Vogelwelt auf der Insel. Neben der regelmäßigen Fährverbindung nach Baltimore wird die Insel während der Sommermonate auch von Norden her, von der Mizen-Halbinsel, angelaufen. Wer sein Rad auf einer Fähre über die inselübersäte Bucht schaukeln lassen will, dem bietet sich der Weg über Clear Island als sinnvolle Alternative zum Landweg an.

Startpunkt der Fähren von Norden ist **Skull**, der geschäftige Hauptort der Mizen-Halbinsel. Zu Füßen des höchsten Berges der Halbinsel, des Mount Gabriel, liegen die buntgetünchten Häuser des Ortes an einem schönen Naturhafen. Schon in der Bronzezeit wurde auf der Mizen-Halbinsel Kupfer abgebaut, und im 19. Jahrhundert war Skull eines der Zentren des Kupferbergbaus in West-Cork. Der Boom endete erst, als in Afrika reichere Vorkommen gefunden wurden.

Wer den steilen Weg zum Gipfel des Aussichtsberges Mount Gabriel auf sich nimmt, der kann in den Bergflanken noch heute die Eingänge zahlreicher Stollen entdecken. In den letzten Jahren hat sich Skull zum wichtigsten Tourismuszentrum auf der Halbinsel entwickelt, das vor allem mit Wassersport und Hochseeangeln Gäste anzulocken sucht.

An einer tief eingeschnittenen Seitenbucht der Roaringwater Bay liegt **Ballydehob**, das südliche Eingangstor zur Mizen-Halbinsel. Die knallbunten Häuserfassaden scheinen von den wilden sechziger Jahren zu erzählen, als der Ort als Hippie-Hauptstadt des irischen Westens bekannt war. Mehr sogenannte »Blow-Ins«, also Zugewanderte, sollen damals hier gelebt haben als Einheimische. Das Dorf hat sich bis heute ein lässiges Flair bewahrt. Vegetarische Restaurants und eine Anzahl von Kunstgewerbebetrieben gehen wohl auf diese Zeit zurück.

Mit 2000 Einwohnern ist das Städtchen **Skibbereen** das Zentrum des bäuerlich geprägten Hügellandes im Südwesten der Grafschaft Cork. Viel urige Stimmung und Trubel herrscht hier jeden Mittwoch, wenn die Bauern aus dem Umland auf dem wöchentlichen Viehmarkt mit den Händlern um die Preise feilschen, und jeden Freitag nachmittag findet ein Markttag mit ländlichen Produkten statt.

Man sieht der geschäftigen Stadt nicht an, daß ihre dunkelsten Zeiten erst 150 Jahre zurückliegen. Damals, in den Jahren des großen Hungers, wurde der Südwesten der Grafschaft Cork besonders hart getroffen. Unfruchtbare Böden, Überbevölkerung und drückender Pachtzins führten zu einem wahren Massensterben.

Ein Regierungsbericht aus dem Winter 1846/47 spricht davon, daß in Skibbereen innerhalb weniger Wochen 200 Menschen an Unterernährung und Krankheiten starben und zur gleichen Zeit die Großgrundbesitzer riesige Einkommen erzielten. So kommt eine bedrückende Stimmung auf, wenn man die wenigen Überreste der Abbeystrewery Abbey westlich der Stadt aufsucht, an der in jener Zeit Hunderte von Toten in namenlosen Massengräbern bestattet wurden.

Das wundervolle Umland von Skibbereen hat jedoch auch beschaulichere Seiten zu bieten. Nach Süden führt eine Straße zum verschlafenen Hafendorf Baltimore, von dem aus die Fähren zu den vorgelagerten Inseln auslaufen. Rundbuckliges Hügelland, klein parzelliert durch Mauern und Hecken und bunt verziert mit Fuchsien und Ginsterbüschen, löst sich in ein Gewirr von Inseln und Meereskanälen auf, an denen dunkle Gezeitenstreifen entlanglaufen. Am Fuße steiler Klippen sonnen sich Robben, und an strategisch günstigen Punkten bewachen alte Türme die Küste.

Rund um den eigenartigen Lough Hyne, eine Lagune mit schmalem Verbindungskanal zum Meer, durch den nur bei Flut Frischwasser in das Seebecken schwappt, breitet sich ein kleines Naturreservat aus. Beim verschlafenen Dorf Castletownshend steht auf einem Hügel das Knockdrum Fort, ein kelti-

An der Südküste der Mizen-Halbinsel westlich von Skull.

sches Ringfort. In seiner Nähe befindet sich ein Felsblock mit eingeritzten Zeichnungen, die einige tausend Jahre alt sind. Alle diese Orte werden durch ein Gewirr schmaler Straßen miteinander verbunden, auf denen man sich tagelang verlieren kann.

Streckenbeschreibung

Die ersten Kilometer führt uns die *R591* rund um den schmalen Naturhafen von *Crookhaven* und läuft dann entlang der Südküste der Mizen-Halbinsel über *Goleen* (Wegweiser Skull, Ballydehob und Skibbereen, in Gegenrichtung Crookhaven) zur Streusiedlung *Toormore*.

Ab hier trägt die Hauptstraße die Nummer *R592* (Wegweiser Skull und Skibbereen, in Gegenrichtung Goleen, Crookhaven und Mizen Head) und leitet um eine schmale Bucht nach Süden, ehe sie uns im Landesinneren in leichtem Auf und Ab nach *Skull* führt. Auf der Hauptstraße fahren wir durch den geschäftigen Ort mit seinen buntbemalten Häusern (Wegweiser Ballydehob und Skibbereen, in Gegenrichtung Goleen und Crookhaven), und anschließend bringt uns die *R592* nach einigen Kilometern in wilder und einsamer Landschaft nach *Ballydehob*.

Auf der Hauptstraße durch den Ort und über eine Brücke treffen wir schnell auf die *N71*, auf der wir nach *rechts* fahren (Wegweiser Skibbereen, in Gegenrichtung Ballydehob und Skull). Durch hügeliges Gelände und zum Ende hin erholsam flach am schlikkigen Mündungstrichter des River Ilen entlang führt uns die *N71* bis in das geschäftige Stadtzentrum von *Skibbereen* (in Gegenrichtung Wegweiser Ballydehob und Bantry).

Nützliche Informationen

Entfernung: Crookhaven – Skull: 23 km; Crookhaven – Skibbereen: 47 km.
Unterkunft: Zwei Hotels und eine Pension in *Skull* (Tel. 028/28101; 028/28105 oder 28497; 028/28517); zwei Hotels und zwei Pensionen in *Skibbereen* (Tel. 028/21277; 028/21300; 028/21606; 028/21605); zwei Pensionen zwölf Kilometer südwestlich Skibbereen in *Baltimore* (Tel. 028/20143; 028/20145).
Jugendherberge: Ein Hostel im »Skull Watersport Centre« in *Skull* (Tel. 028/28554 oder 28351); ein Hostel *östlich Skull* an der R592 (Tel. 028/28523); ein Independent-Hostel in *Baltimore* (Tel. 028/20289); ein An-Oige-Hostel auf *Clear Island* (Tel. 028/39144).
Camping: Campingmöglichkeit am Independent-Hostel in *Baltimore*; ein Campingplatz auf *Clear Island* (Tel. 028/31149 oder 39119).
Fahrräder: *Skibbereen*, N.W. Roycroft & Son, Ilen Street, Tel. 028/21235, nach Ladenschluß 21810 (auch Fahrradverleih).
Fährverbindungen: Im Juli und August einmal täglich, meist nachmittags, eine Fähre zwischen Skull und Clear Island. Mehrmals täglich Fähren zwischen Baltimore und Clear Island.
Auskunft: *Skibbereen*, Town Hall, Tel. 028/21766 (ganzjährig).
Karte: OS-Karte 1:250000, Blatt 4 (South).

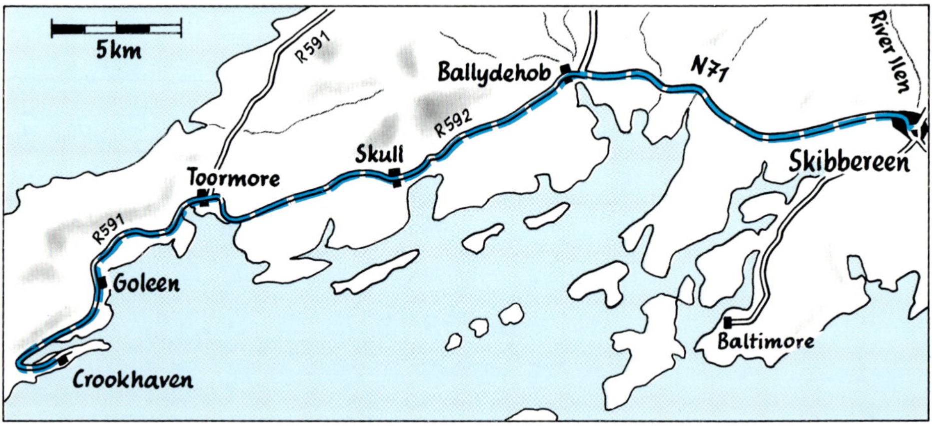

Eine einladend farbenfrohe Geschäftszeile in Clonakilty.

57 Von Skibbereen nach Timoleague

Grüne Hügel an der Südküste von Cork und ein magischer Steinkreis

Tourencharakter: Durch das Hügelland an der Südküste von Cork meist auf der Nationalstraße, die größere Anstiege vermeidet; einige anstrengendere Bergstrecken an den Wegstücken abseits der Hauptstraße.
Länge der Tour: 44 km.

Eine Landschaft wie aus dem irischen Bilderbuch, mit sanften Hügeln und grünen, heckengesäumten Wiesen, mit felsigen Klippen und kleinen Stränden, mit tief eingeschnittenen Buchten, in denen sich kleine Dörfer verstecken – so präsentiert sich die Südküste von Cork. Wer die Muße dazu besitzt, der kann sich einen ganzen Urlaub lang auf den kleinen Nebenstraßen verlieren, die die Landschaft in ein Mosaik zerlegen. Wir können leider nur das Grundgerüst einer Reise durch diese Landschaft anbieten. Entdeckungsfahrten bleiben jedem selbst überlassen.

Glandore hat sich in den letzten Jahrzehnten dank seines geschützten Yachthafens zu einem noblen Urlaubsort entwickelt. Am Ortsrand lohnt der Abstecher zum baufälligen Kilfinnan Castle aus dem 16. Jahrhundert, von dessen dicken Mauern der Blick über den hübschen Ort auf die schmale Bucht des Glandore Harbour hinausgeht.

Auf dem Hügelkamm, der den Glandore Harbour nach Osten hin abschließt, steht das bei weitem interessanteste historische Bauwerk in weitem Umkreis, der **Steinkreis von Drombeg**. Der perfekt erhaltene Kreis aus 17 mächtigen Steinen entstand wahrscheinlich vor nahezu 4000 Jahren, war aber bis in frühchristliche Zeit, also weit über 2000 Jahre lang, als Kultplatz in Gebrauch. Der größte Stein im Ring und ein gegenüberliegender, flachgelagerter Stein markieren eine Linie, die auf jenen Punkt am Horizont weist, an dem zur Wintersonnenwende die Sonne untergeht. Dies scheint die These zu stützen, daß die Anlage nicht nur ein Ort kultischer Handlungen war, sondern auch als eine Art von Sternwarte diente. Jenseits aller Spekulationen kann man sich jedoch kaum der mystischen Ausstrahlung dieses Ortes entziehen. Bei einem Gewitter über dem Steinkreis würde es wohl kaum jemanden verwundern, wenn Blitze in das magische Zentrum gelenkt würden und aus dem Rauch ein langbärtiger Druide entsteigen würde. In der Nähe des Steinkreises befinden sich an einer kleinen, überdachten Quelle die Reste zweier Hütten, eines Backofens, einer Kochstelle, die mit erhitzten Steinen beheizt wurde, und eines kleineren Steinkreises, die in der Zeit nach Christi Geburt entstanden.

Das kleine Städtchen **Clonakilty** ist in weitem Umkreis als das Zentrum für traditionelle Folkmusik bekannt. Neben den vielen Pubs ziehen vor allem zwei Festivals viele junge Besucher an. Vom 28. Juni bis zum 10. Juli belebt das »Clonakilty Festival« die Straßen und Ende August das »Busking Festival«. Wer sich für die Geschichte der Region interessiert, der findet wochentags im West Cork Regional Museum eine einschlägige Ausstellung.

Trotz seiner lebhaften Pubszene erscheint das Dorf **Timoleague** angenehm verschlafen. Beherrscht wird das Ortsbild von der dunklen Ruine einer Franziskanerabtei, deren Anfänge in das 13. Jahrhundert zurückreichen, die aber 1649 vollständig ausgeplündert wurde. Vom Timoleague Castle sind nur klägliche Überreste erhalten geblieben, doch die verträumten Castle Gardens lohnen einen Besuch. Südlich Timoleague streckt sich die Seven-Heads-Halbinsel in das Meer. Ein Gewirr kleiner Straßen ermöglicht einen Ausflug in diese bis heute ruhige Küstenlandschaft.

Streckenbeschreibung

Wir verlassen *Skibbereen* auf der *N71* (Wegweiser Clonakilty und Cork) und radeln über viele kleine Hügel durch einladend grünes Weideland nach *Leap. Rechts* zweigt hier die *R597* ab und leitet am Ostufer des Glandore Harbour nach Süden (Wegweiser Glandore und Union Hall, in Gegenrichtung Skibbereen und Bantry).

Nach einigen Kilometern erreichen wir den kleinen Urlaubsort *Glandore* und fahren auf der Hauptstraße auf den Hügelkamm östlich des Ortes hinauf. Vom Hügel läuft die R597 zu einer Kreuzung hinab, an der *rechts* der beschilderte Abstecher zum *»Drombeg Stone Circle«* beginnt (einen halben Kilometer Umweg, steil!).

Von der kleinen Kreuzung führt die *R597* in ein Tal und über einen weiteren Hügel (an mehreren Straßengabelungen nach Ross Carbery und in Gegenrichtung nach Glandore beschildert) nach *Ross Carbery*.

Hier treffen wir wieder auf die *N71*, auf der wir *rechts* (in Gegenrichtung Wegweiser Glandore und Union Hall) durch sanftwellige Landschaft nach Clonakilty fahren. Die *N71* ist als neue Umgehungsstraße um den Ort herumgeführt, wir radeln aber *geradeaus*

In den 4000 Jahren seit seiner Erbauung hat der Steinkreis von Drombeg nichts von seiner magischen Anziehungskraft verloren.

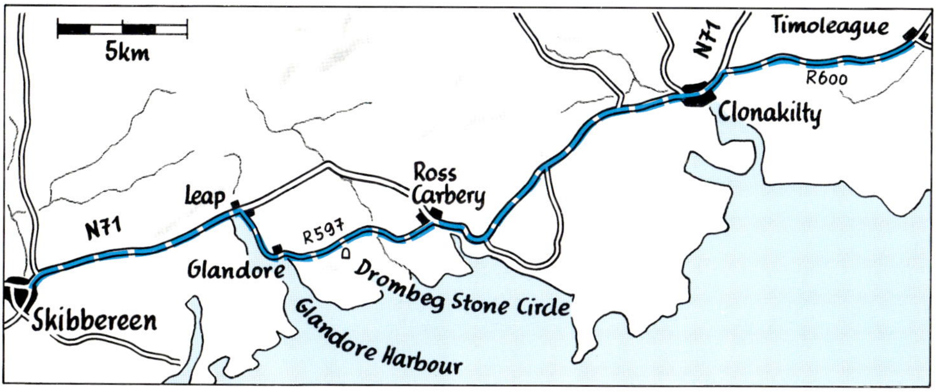

durch das Stadtzentrum von *Clonakilty* und treffen am östlichen Ortsende wieder auf die breit ausgebaute *N71* (Wegweiser Cork, Timoleague und Kinsale).

Kurz darauf zweigt nach *rechts* die *R600* ab (Wegweiser Timoleague und Kinsale), die uns durch hübsches, aber hügeliges Weideland nach neun Kilometern nach *Timoleague* bringt (in Gegenrichtung Wegweiser Clonakilty).

Nützliche Informationen

Entfernung: Skibbereen – Glandore: 13 km; Skibbereen – Ross Carbery: 19 km; Skibbereen – Clonakilty: 35 km; Skibbereen – Timoleague: 44 km.
Unterkunft: Ein Hotel in *Glandore* (Tel. 028/33366); zwei Hotels in *Ross Carbery* (Tel. 023/48104; 023/48101); vier Hotels in *Clonakilty* (Tel. 023/33394 oder 33485; 023/33258; 023/34185; 023/33250 oder 33883).
Jugendherberge: Ein Independent-Hostel in *Timoleague* (023/46251).
Camping: Ein Campingplatz an der R597 *östlich Glandore* (Tel. 028/33280 oder 33710); ein Campingplatz *östlich Ross Carbery* an der R598 (Tel. 023/48216); ein Campingplatz am östlichen Ortsrand von *Clonakilty* (Tel. 023/33331); ein Campingplatz zwei Kilometer *westlich Timoleague* an der R600 (Tel. 023/46347).
Fahrräder: *Clonakilty*, Tom Sheehy Ltd., Aston Square, Tel. 023/33362 (auch Fahrradverleih).
Auskunft: In *Clonakilty*, Tel. 023/33226 (Juli und August).
Karte: OS-Karte 1:250000, Blatt 4 (South).

58 Von Timoleague nach Cork

Durch das geschichtsreiche Hafenstädtchen Kinsale nach Cork, Hauptstadt des irischen Südens

Tourencharakter: Meist angenehmes Fahrradgelände, nur vor Kinsale hügelig und südlich von Cork ein anstrengender Anstieg. Zu Beginn wenig Verkehr, der im Einzugsgebiet von Cork stark anschwillt.
Länge der Tour: 52 km.

Je weiter man in der Grafschaft Cork nach Osten gelangt, desto mehr zergliedern die Mündungstrichter der Flüsse, in denen das Meer tief in das Land eindringt, die Küstenlandschaft. Werden diese Meeresarme bei Timoleague und Kinsale noch von Brücken überspannt, so zwingt uns schließlich der breite und ausgefranste Mündungsarm des großen River Lee nach Norden in das Landesinnere.

Westlich von Kinsale wagt sich das Land weit in das Meer vor. Ein empfehlenswerter Abstecher führt hier zum **Old Head of Kinsale**, einem felsigen Kap, um das die Seevögel ihre Bahnen ziehen. Das letzte Stück hinaus zum Leuchtturm ist für Autos gesperrt, und so kann man hier die ungetrübte Seeluft genießen. Der Blick geht hinaus auf die Weite des Meeres, und zu beiden Seiten verliert sich das lange Band der felsigen Küstenlinie in der Unendlichkeit.

Traurige Berühmtheit erlangte das Kap im Jahre 1915. Damals wurde vor dem Old

Head der Luxusdampfer »Lusitania« auf seinem Weg von New York nach Liverpool von einem deutschen U-Boot versenkt. 1195 Zivilisten verloren beim Untergang des Schiffes ihr Leben. Der Vorfall führte zum Eintritt der Amerikaner in den Ersten Weltkrieg, der dadurch eine entscheidende Wendung nahm. Von vielen Historikern wird der damalige deutsche Standpunkt nicht mehr bestritten, daß im Bauch des Passagierschiffes Waffen nach England geschmuggelt werden sollten. Ob es jedoch deshalb gerechtfertigt war, das Leben so vieler Unschuldiger zu vernichten, sollte man wohl bezweifeln.

Kinsale zählt zu den nobelsten Fremdenverkehrsorten an der irischen Küste. Ein Yachthafen, teure Restaurants und gediegene Pubs locken wohlhabende Reisende und Ausflügler aus dem nahen Cork hierher, und jedes Jahr im Oktober sorgt ein Gourmet-Festival für das richtige Image. Die malerische Hafenstadt ist allerdings trotz allem Rummel einen Aufenthalt wert. Auf die verwinkelten Gassen des historischen Ortskerns schauen die verwaschenen Fassaden der altbackenen, schiefergedeckten Häuser. Die glatte Wasserfläche der geschützten Bucht wird von den Rückenflossen ungefährlicher Haie zerschnitten. Daß Kinsale noch im 17. Jahrhundert zu den wichtigsten Häfen an der irischen Küste zählte, ist allerdings kaum mehr zu spüren. In die irische Geschichte ging die Stadt durch die Schlacht von Kinsale ein, die hier im Jahre 1601 ausgefochten wurde. Von Norden rückte damals eine irische Armee gegen die Truppen der englischen Königin Elisabeth I. vor. Im Hafen waren zur Unterstützung des Aufstandes französische Schiffe eingelaufen. Doch die irischen und französischen Truppen konnten sich nicht vereinigen und wurden nacheinander von den Engländern besiegt. Mit dieser Niederlage wurde das endgültige Ende der irischen Selbständigkeit eingeläutet, das nach weiteren Aufständen im Jahre 1607 mit der Flucht der irischen Oberschicht, dem sogenannten »Flight of the Earls«, besiegelt wurde. In der Folgezeit bauten die Engländer Kinsale als Marinebasis aus, und alle Iren wurden aus der Stadt verwiesen.

1677 wurde beim kleinen Fischerdorf Summer Cove südlich von Kinsale das Charles Fort erbaut, das als mächtige Bastion den Eingang zum Hafen bewacht und bis 1922 von englischen Truppen besetzt war. In der Stadt selbst ist das Desmond Castle sehenswert, eine Turmburg aus dem 16. Jahrhundert, die während der Napoleonischen Kriege als Gefängnis für Hunderte von Franzosen diente und deshalb den Beinamen French Prison trägt. Am alten Marktplatz ist außerdem ein Museum untergebracht, das für den Besucher Ausstellungsstücke der geschichtsträchtigen Zeit des 17. Jahrhunderts ebenso bereithält wie Erinnerungsstücke an die Versenkung der Lusitania im Jahre 1915.

Cork ist mit 140000 Einwohnern die zweitgrößte Stadt der Republik Irland und das kulturelle, politische und wirtschaftliche Zentrum für den Süden und Südwesten der Insel. Die Einwohner, die typischen Corkmen mit ihrem behäbig breitem Dialekt, sehen ihre Stadt als heimliche Haupstadt Irlands, und daraus resultiert die ewige Rivalität zu Dublin. Bis zum Bier reicht der heimliche Kampf, denn hier trinkt man lieber das in Cork gebraute Murphy's als das berühmtere Guinness, das bei den »Feinden« in Dublin hergestellt wird. Die Geschichte von Cork begann im 7. Jahrhundert, als St. Finbarr an jener Stelle ein Kloster gründete, an der heute die neugotische St. Finbarr's Kathedrale steht. Noch dehnten sich zu jener Zeit am River Lee die Sümpfe aus, die der Stadt den Namen gaben, der vom gälischen Wort »Corcaigh«, zu Deutsch der »sumpfige Ort«, hergeleitet wird. 820 zerstörten die Wikinger das Kloster und erbauten auf einer nahen Insel im River Lee ihre eigene Siedlung. Dieses Dorf wurde 1172 von den Normannen erobert und mit dicken Mauern befestigt, die erst 1690 von englischen Truppen zerstört wurden.

Von diesem Zeitpunkt an begann die Stadt in das umliegende Sumpfland hinauszuwuchern und sich als das wichtigste Seehandelszentrum im Süden Irlands zu etablieren. Der wachsende Wohlstand mit immer neuen Bauphasen, die die Stadt veränderten, und schwere Zerstörungen im irischen Bürgerkrieg in den Jahren um 1920 sorgten dann letztendlich dafür, daß die ältesten Gebäude der Stadt aus dem 18. Jahrhundert stammen. Abgesehen vom City Market, einer lebhaften Markthalle aus dem 18. Jahrhundert, gibt es kaum interessante Bauwerke, sieht man einmal von den vielen Kirchen, Stadthäusern und öffentlichen Gebäuden im protzigen Stil des 19. Jahrhunderts ab, die nicht jedermanns Sache sind. Und doch lohnt ein längerer Aufenthalt in der Stadt, die eine fast südländische Lebhaftigkeit ausstrahlt. Vor allem die Innenstadt rund um die St. Patrick's Street, auf einer Insel im River Lee gelegen, bietet in den breiten Geschäftsstraßen und versteckten Seitengassen eine unübersehbare Vielfalt an interessanten Pubs und guten Restaurants, in denen sich nicht nur Touristen treffen. Über das vielfältige kulturelle Angebot in der Stadt erkundigt man sich am besten im TI-Office in der Grand Parade.

Streckenbeschreibung

Wir verlassen *Timoleague* auf der *R600* nach Osten (Wegweiser Kinsale und Bandon). Am Ende eines Dammes zweigt sie nach *rechts* ab (Wegweiser Kinsale, in Gegenrichtung Timoleague) und folgt erholsam flach der Küste. Nach zehn Kilometern treffen wir nach einem weiteren Damm auf eine vorfahrtsberechtigte Straße.

Rechter Hand radeln wir auf der *R600* noch ein kurzes Stück am Meer entlang (Wegweiser Ballinspittle, Kinsale und L42, in Gegenrichtung Timoleague), bis die Straße links über einen Hügelkamm in das nächste Tal leitet. Dort stoßen wir auf eine weitere vorfahrtsberechtigte Straße, die links als R600 (rechts in zirka 13 Kilometern zum Old Head) zu den nahen Häusern von *Ballinspittle* führt (Wegweiser Kinsale, in Gegenrichtung Kilbrittain und Clonakilty). An den Kreuzungen im Ort folgen wir immer der Beschilderung nach Kinsale (in Gegenrichtung Wegweiser Kilbrittain, Timoleague und Clonakilty) und fahren nach einigen Kilometern *links* auf einer Brücke über einen schmalen Meeresarm.

Auf dem gegenüberliegenden Ufer *rechtshaltend* (in Gegenrichtung Wegweiser Ballinspittle und Clonakilty) sind die ersten Häuser von *Kinsale* schnell erreicht. Am Hafen ent-

Seine einstige Bedeutung hat der Kinsale Harbour schon lange eingebüßt.

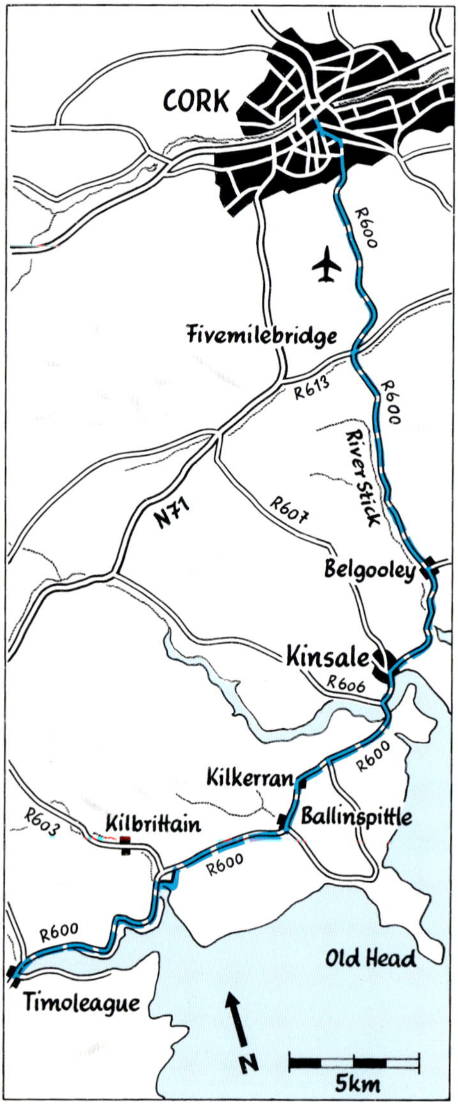

lang und auf der Hauptstraße rechtshaltend stoßen wir auf eine Kreuzung im *Zentrum,* an der wir uns *rechts* halten (Wegweiser Cork, Belgooly und Aer Phort, in Gegenrichtung Bandon, Ballinspittle und Kilkerran).

Die Hauptstraße, die *R600,* bringt uns nun über einen Hügelkamm zum Mündungstrichter des River Stick, dem wir über *Belgooly* nach Norden folgen. In *Fivemilebridge* überqueren wir die R613 (Wegweiser Cork und Aer Phort, in Gegenrichtung Kinsale) und fahren auf der *R600* zum *Flughafen* von Cork hinauf. Anschließend lassen wir unsere Räder auf der Nordseite des Hügelkamms zu einem großen Kreisverkehr hinunterrollen, von dem wir auf einer vierspurig ausgebauten Straße durch die Vororte der Beschilderung bis in das Stadtzentrum von *Cork* folgen (in Gegenrichtung Wegweiser zum Cork Airport und Kinsale).

Nützliche Informationen

Entfernung: Timoleague – Ballinspittle: 17 km; Timoleague – Kinsale: 26 km; Timoleague – Cork: 52 km.
Unterkunft: Drei Hotels und drei Pensionen in *Kinsale* (Tel. 021/772135; 021/772209; 021/772301; 021/774075 oder 772968; 021/772125; 021/772205); eine große Auswahl an Hotels und Pensionen in *Cork.*
Jugendherberge: Ein Independent-Hostel in *Kinsale* (Tel. 021/772124); ein An-Oige-Hostel in *Summer Cove,* einen Kilometer südöstlich von Kinsale (Tel. 021/772309); mehrere Hostels in *Cork:* An-Oige-Hostel, 1/2 Redclyffe, Western Road (Tel. 021/543289); drei Independent-Hostels, 100 Lower Glanmire Road (Tel. 021/509089); Belgrave Place, off Wellington Road (Tel. 021/505562); 3 Woodland View, Western Road (Tel. 021/343531); zwei weitere Hostels, 48 McCurtain Street (Tel. 021/500011); Shandon (Tel. 021/508966).
Camping: Ein Campingplatz südlich von *Ballinspittle* an der R604 (Tel. 021/778156 oder 775286); ein Campingplatz *südlich Cork,* in der Nähe des Flughafens (Tel.021/312711); ein Campingplatz an der Togher Road im südwestlichen Stadtgebiet von *Cork* (Tel. 021/961866).
Fahrräder: *Cork,* Cycle Centre, 6 Kyle Street, Tel. 021/276255 (Raleigh Rent-a-Bike Fahrradverleih); The-Bike-Store-Fahrradverleih in den zwei Jugendherbergen 48 Mac Curtain Street und 1/2 Redclyffe, Western Road; weitere Fahrradgeschäfte und Verleiher im Stadtgebiet, die hier nicht alle einzeln aufgeführt werden können.
Auskunft: *Kinsale,* Pier Road, Tel. 021/72234 (Juli und August); *Cork,* Grand Parade, Tel. 021/273251 (ganzjährig geöffnet).
Karte: OS-Karte 1:250000, Blatt 4 (South).

59 Von Cork nach Lismore

Durch ruhiges Hügelland und am stillen River Bride entlang

Tourencharakter: Auf wenig befahrenen Nebenstraßen durch ruhiges Weideland; nördlich von Cork hügeliges Gelände mit einigen längeren, aber sanften Anstiegen, dann erholsam flaches Fahrradgelände, das nur südlich Lismore von einem kurzen, steilen Anstieg unterbrochen wird.
Länge der Tour: 62 km.

Um lange, hügelige Umwege auf kleinen, unbeschilderten Straßen oder den Weg über die stark befahrene N25 zu vermeiden, wendet sich diese Etappe in Cork von der betriebsamen Küstenregion ab und führt nach Norden in ruhiges Weideland. Ein Hügelkamm nach dem anderen ragt hier über der Küste auf, und je weiter man nach Norden kommt, desto höher werden sie. Als sich vor Jahrmillionen diese Sandsteinketten auftürmten, wurden sie alle von Westen nach Osten ausgerichtet, und zwischen ihnen fanden die Flüsse ihre Becken, in denen sie noch heute das Land entwässern. So müssen wir nur den südlichsten und sanftesten der Hügelkämme überqueren und können anschließend im Tal des River Bride und später im Tal des River Blackwater problemlos wieder nach Osten zum Meer hinausradeln.

Nur ruhige, kleine Dörfer werden auf dieser Etappe gestreift, bis man das verschlafene Marktstädtchen **Lismore** erreicht. Man sieht dem Ort heute nicht mehr die Bedeutung an, die er einst besaß. Um 630 gründete hier St. Cartach einen Klosterkomplex für Nonnen und Mönche, der sich bald zu einem der bedeutendsten Zentren frühchristlicher Macht und Gelehrsamkeit in Irland entwickelte. Eine große Universitätsstadt entstand rund um das Kloster, und von berühmten Gelehrten wie St. Colman erhielten die Studenten ihre Ausbildung, bevor sie ihr Wissen im übrigen Europa verbreiteten. Bis in das 13. Jahrhundert konnte Lismore seinen Rang verteidigen, obwohl es in dieser Zeit immer wieder, vor allem von den Wikingern, überfallen und geplündert wurde. 1111 zum Bischofssitz erhoben, nahm der Einfluß von Lismore, nun eini-

Im einsamen Hügelland nördlich von Cork.

ge Male von den Normannen überfallen, ab, und 1363 wurde es der Diözese von Waterford einverleibt.

Acht Kirchen aus der großen Zeit des Klosters blieben bis in das 17. Jahrhundert erhalten, wurden dann aber von englischen Truppen endgültig zerstört. An Stelle der alten Kirchen wurde 1633 eine neue Kathedrale der reformierten Church of Ireland errichtet, die zu Beginn des 19. Jahrhunderts vollständig umgestaltet wurde. Im Inneren wurden aus den Überresten der älteren Kirchen ein Grab aus dem 16. Jahrhundert und die Skulptur eines Bischofs aus dem 10. Jahrhundert in die Mauern integriert.

Die Burg, die sich am Ufer des River Blackwater über schöne Gärten und parkartiges Waldgelände erhebt, wurde ursprünglich Ende des 12. Jahrhunderts von Normannen erbaut. Ihr heutiges Bild ist allerdings durch die Umbauarbeiten im frühen 19. Jahrhundert geprägt.

Streckenbeschreibung

Wir beginnen im Zentrum von *Cork* auf der *St. Patrick Street*, fahren geradewegs über die Kaistraßen auf der Nordseite des River Lee und biegen nach wenigen Metern in die *Mac Curtain Street* ein, die als Einbahnstraße nach *rechts* zur N8 (Dublin) und N25 (Waterford) führt. Nach 300 Metern zweigt schräg links hinauf die *Summer Hill* genannte Straße ab (Wegweiser Montenotte und Mayfield), die uns, immer der Hauptstraße folgend, auf die nördlichen Stadthügel von Cork hinaufbringt.

Kurz bergab erreichen wir die North Ring Road, über die unser Weg *geradeaus* in die *R614* übergeht (Wegweiser Ballyhooly und R614, in Gegenrichtung City Centre). Über *White's Cross* radeln wir ohne größere Mühen in die sanften Hügel hinauf, von dem wir nach Norden zum *River Bride* hinabfahren. Auf der Kean Bridge über den Fluß und dann auf der Hauptstraße scharf nach *rechts* (Wegweiser Fermoy und L128, in Gegenrichtung Cork) leitet die *R614* nördlich des River Bride bis zur *N8*.

Auf der Nationalstraße *rechts* (Wegweiser Cork, in Gegenrichtung der unbeschilderte erste Abzweig von der N8, der gegenüber dem Rathcormack Inn beim Ortsschild von Rathcormack zwischen Steinmauern links abgeht) biegen wir nach einem Kilometer, unmittelbar nach dem River Bride, *links* auf die *R626* ab (Wegweiser Tallow und Midleton, in Gegenrichtung Dublin). Nach wenigen hundert Metern verlassen wir die R626 wieder nach *links* (Wegweiser Conna und Tallow, in Gegenrichtung Rathcormack und Fermoy) und radeln auf der *R628* am River Bride entlang über das kleine Dorf *Aghern*, den hübschen Ort *Conna* mit seiner dunklen Burg und *Curraglass* ohne Anstrengung nach *Tallow*.

Hier stoßen wir auf die *R634*, auf der wir nach *links* fahren (Wegweiser Lismore und Fermoy, in Gegenrichtung Curraglass und Conna), und überqueren den River Bride, auf dessen Nordufer die R634 *rechtshaltend* in die *N72* übergeht (Wegweiser Lismore und Waterford, in Gegenrichtung Tallow). Ein

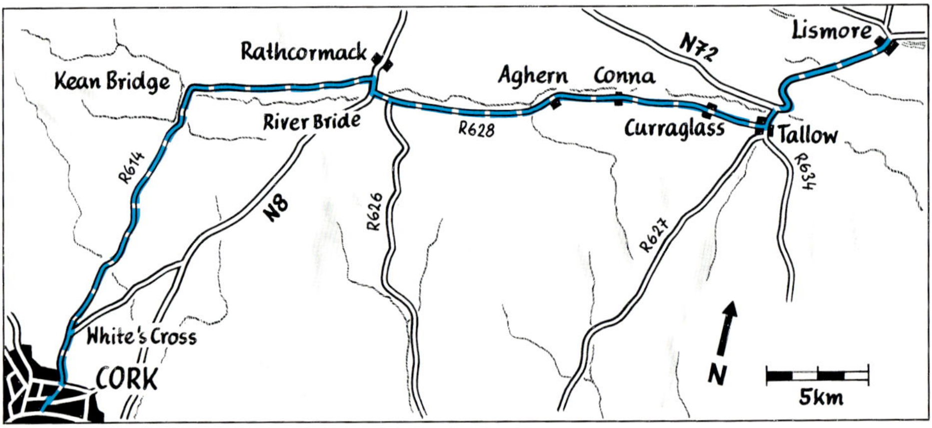

kurzer, steiler Berg bringt uns nun auf einen Hügelkamm, von dem wir die letzten Kilometer nach *Lismore* hinausradeln (in Gegenrichtung Wegweiser Tallow).

Nützliche Informationen

Entfernung: Cork – Lismore: 62 km.
Unterkunft: Zwei Hotels in *Lismore* (Tel. 058/54002; 058/54219 oder 54304).
Jugendherberge: Ein An-Oige-Hostel an der R668 sechs Kilometer *nördlich Lismore* in den Knockmealdown Mountains (Tel. 058/54390).
Karte: OS-Karte 1:250000, Blatt 4 (South).

60 Von Lismore nach Dungarvan (Cahir)

Auf schmalen Nebenstraßen zur Bucht von Dungarvan

Tourencharakter: Auf schmalen Nebenstraßen ohne Anstiege nach Dungarvan; in Richtung Cahir nach Cappoquin ein kurzes Stück Nationalstraße und anschließend ein sanfter, aber langer Anstieg, bis man auf den Verlauf der Etappe 13 trifft.
Länge der Tour: 33 km (nach Cahir 56 km).

Der gemächlich dahinfließende, breite River Blackwater, der bei Anglern in ganz Europa für seinen Fischreichtum berühmt ist, begleitet am Anfang unseren Weg. Seltsamerweise wendet er sich bei Cappoquin nach Süden und durchbricht mehrere Hügelzüge, bevor er bei Youghal das Meer erreicht. Vor langer Zeit floß er wohl durch das flache, breite Becken, das uns einen angenehmen Weg hinaus zur Bucht von Dungarvan bereitet, schloß sich dann aber dem kleineren River Bride an, der ihm den Durchbruch nach Süden vorbereitet hatte. Im Norden wird die Tallandschaft, durch die die Etappe führt, von wilden und einsamen Bergzügen bewacht.

Von Cappoquin führt eine steile Straße über die Südhänge der Knockmealdown Mountains zum **Kloster von Mount Melleray**. Erst 1832 wurde dieses Kloster von irischen Zisterziensermönchen gegründet und gibt doch eine lebhafte Vorstellung vom Leben in den alten irischen Klöstern. Strenge Ordensregeln bestimmten den Tagesablauf der Mönche, die dank harter Arbeit die unfruchtbaren Berghänge rund um das Kloster zum Blühen brachten. Wallfahrer und Besucher sind im Kloster willkommen, und damit dies weiterhin so bleibt, sollte man beim Anblick schwer arbeitender oder in Gebeten versunkener Mönche nicht die Kamera zücken, sondern sich vom Zauber dieses Ortes inspirieren lassen.

Streckenbeschreibung

Die Hauptstraße von *Lismore*, die nach Westen geradewegs in die N72 nach Tallow übergeht, führt in östlicher Richtung als schmale Straße geradeaus aus der Stadt. Auf diesem Sträßlein (am Ortsausgang Wegweiser Cappoquin) aus dem Ort zweigen wir nach einem Kilometer *links* ab (Wegweiser Cappoquin). Nun immer am Blackwater entlang, am Ende der Straße *links* über die *Brükke* und dann auf der *N72 rechts* ist *Cappoquin* schnell erreicht (in Gegenrichtung am westlichen Ortsausgang links über die Brükke und die erste Straße rechts).

Auf der *N72* durch den Ort (Wegweiser Waterford, in Gegenrichtung Mallow und Killarney). Am *südlichen Ortsausgang*, wo die Nationalstraße in einer scharfen Kurve nach links umbiegt, müssen wir uns für einen von zwei möglichen Weiterwegen entscheiden.

Wer nach Norden in das Golden Vale fahren will, der bleibt auf der N72, bis er nach fünf Kilometern links auf die R671 abbiegen kann (Wegweiser Clonmel). Nach 14 Kilometern sanftem Bergauf erreicht man die Etappe 13, der man nach links folgt.

Nach Dungarvan setzen wir am Ortsende von Cappoquin unseren Weg nicht links auf der vielbefahrenen N72 fort, sondern fahren *geradeaus* eine Nebenstraße hinab (Wegweiser Clashmore, Youghal, Aglish und Villierstown). Anschließend entlang des River Blackwater nach Süden, bis die Straße scharf

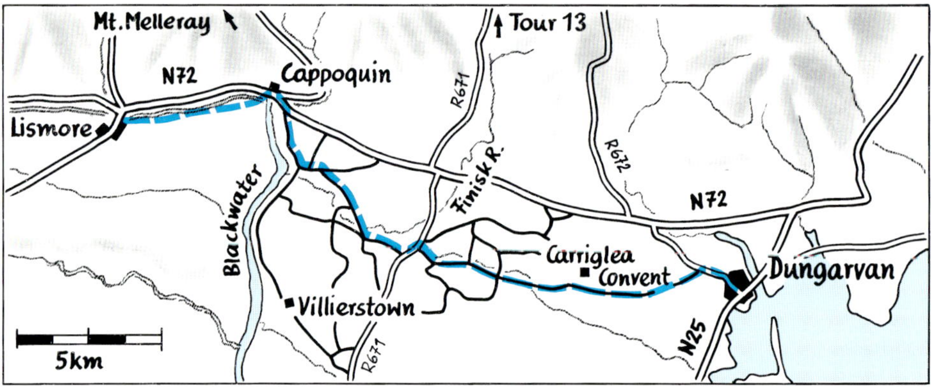

nach *links* umbiegt, kurz darauf *rechts* um eine Mauer und dann gleich wieder *links* (nicht auf der schmalen Straße geradeaus dem Wegweiser nach Villierstown folgen). Nach zirka einem Kilometer geradeaus und an einer Straßengabelung auf dem breiteren Ast nach *rechts,* leitet die Hauptstraße drei Kilometer geradewegs bis zur schmalen Brücke über den kleinen *Finisk River.* Hinter dem Fluß schwenkt die Straße an einer Kreuzung scharf nach *links* (in Gegenrichtung Wegweiser Cappoquin) und bringt uns nach einem weiteren Kilometer zur *R671.*

Auf der breiten Straße nach *links* (Wegweiser Dungarvan, in Gegenrichtung Cappoquin). Wir verlassen sie nach wenigen hundert Metern wieder nach *rechts* (Wegweiser Dungarvan, in Gegenrichtung Clashmore und Youghal). Die nächsten Kilometer bringen uns ohne Orientierungprobleme geradeaus nach Osten. An der Kreuzung kurz vor der langen Mauer des *Carriglea Convents* folgen wir geradeaus der Beschilderung nach Dungarvan (in Gegenrichtung Wegweiser links nach Aglish und Villierstown). Nun einige Kilometer immer geradeaus bis zu einer Rechtskurve, von der wir die Räder den Berg nach *Dungarvan* hinabrollen lassen.

In entgegengesetzter Richtung verläßt man Dungarvan am besten auf der R672 (in Ortsmitte Wegweiser Clonmel, Mallow und Cappoquin), überquert geradeaus die als Umgehungsstraße ausgebaute N25 und biegt dann bei erster Gelegenheit, zirka einen Kilometer später, links in eine schmale Straße ein. Nach wenigen hundert Metern trifft man auf die oben beschriebene Straße, auf der man rechts hinauffährt.

Nützliche Informationen

Entfernung: Lismore – Cappoquin: 6 km; Lismore – Dungarvan: 33 km.
Unterkunft: Drei Pensionen in *Cappoquin* (Tel. 058/54278; 058/54073; 058/54317); Hotels und Pensionen in *Dungarvan,* siehe Tour 12.
Camping: In *Dungarvan,* siehe Tour 12.
Fahrräder: In *Dungarvan,* siehe Tour 12.
Information: *Dungarvan,* The Square, Tel. 058/41741 (Juli und August).
Karte: OS-Karte 1:250000, Blatt 4 (South).

Stilvolles Haus in Cappoquin.

Anhang

Nützliche Informationen

Irische Zentralen für Fremdenverkehr in Deutschland, Österreich und der Schweiz

Irische Fremdenverkehrszentrale (Zentrale für alle deutschsprachigen Länder)
Untermainanlage 7
6000 Frankfurt/Main
Tel. 0 69/23 64 92
Fax 23 46 26
Telex 41 46 28
Von der Irischen Fremdenverkehrszentrale in Frankfurt erhält man (auch auf telefonische Anfrage) umfangreiches Informationsmaterial zu Reiseveranstaltern, Fähr- und Flugverbindungen, Übernachtungsmöglichkeiten, Freizeitaktivitäten und vielem mehr. Sehr freundlicher und prompter Service!

Informationsmaterial erhält man in Österreich von:
Botschaft der Republik Irland
Hilton-Centre, 16. Etage
Land-Hauptstr. 2
1030 Wien
Tel. 01/7 15 83 17

Informationsmaterial erhält man in der Schweiz von:
Irland-Informationsbüro
Neumühle Töff
Neumühlestr. 42
8406 Winterthur
Tel. 0 52/2 02 69 06 oder 2 02 69 07

Touristeninformationsstellen in Irland:
Ca. 20 regionale Tourist-Offices haben ganzjährig geöffnet, weitere 50 in kleineren Orten stehen während der Sommermonate zur Verfügung.
Geöffnet sind die TI-Offices in der Regel von Montag bis Freitag von 9.00 Uhr bis 18.00 Uhr, samstags von 9.00 Uhr bis 13.00 Uhr, in den großen Flughäfen nach Bedarf auch länger.
Zu erkennen sind die TI-Offices an einem grünen Schild mit aufgemaltem, weißem »i«. In den »Nützlichen Informationen« der einzelnen Etappen sind die betreffenden TI-Offices jeweils angeführt.

Ganzjährig geöffnete Tourist-Offices:

Athlone
17 Church Street
Tel. 09 02/7 28 66

Cliffs of Moher
Co. Clare
Tel. 0 65/8 11 71

Cork
Tourist House
Grand Parade
Tel. 0 21/27 32 51

Dublin Airport
Tel. 01/37 55 33 und 37 63 87

Dublin City
14 Upper O'Connell Street
Tel. 01/74 77 33

Dundalk
Market Square
Tel. 0 42/3 54 84

Dun Laoghaire
St. Michael's Wharf
Tel. 01/80 69 84/5/6

Ennis
Clare Road
Tel. 0 65/2 83 66

Galway City
Eyre Square
Tel. 0 91/6 30 81

Kilkenny
Shee Alms House
Rose Inn Street
Tel. 0 56/2 17 55

Killarney
Town Hall
Tel. 0 46/3 16 33

Knock Airport
Tel. 0 94/6 72 47

Letterkenny
Derry Road
Tel. 0 74/2 11 60

Limerick City
The Granary
Michael Street
Tel. 0 61/31 75 22

Mullingar
Dublin Road
Tel. 0 44/4 86 50

Shannon Airport
Tel. 0 61/6 16 64, 6 15 45 und 6 16 04

Skibbereen
Town Hall
Tel. 0 28/2 17 66

Sligo
Aras Reddan
Temple Street
Tel. 0 71/6 12 01

Tipperary
James Street
Tel. 0 62/5 14 57

Tralee
Aras Siamsa
Godfrey Place
Tel. 0 66/2 12 88

Waterford
41 The Quay
Tel. 0 51/7 57 88

Westport
The Mall
Tel. 0 98/2 57 11

Wexford
Crescent Quay
Tel. 0 53/2 31 11

Diplomatische Vertretungen in Irland:
Botschaft der Bundesrepublik Deutschland
43 Ailesbury Road
Dublin 4
Tel. 01/69 30 11

Deutsche Konsulate:

Camden House
Camden Quai
Cork
Tel. 0 21/50 93 67

Crohane-Fossa
Killarney, Co. Kerry
Tel. 0 64/3 26 28

2 Upper
Hartstongue Street
Limerick
Tel. 0 61/31 44 80

Österreichische Botschaft:
Ailesbury Court
91 Ailesbury Road
Dublin 4
Tel. 01/69 45 77

Schweizer Botschaft:
6 Ailesbury Road
Dublin 4
Tel. 01/69 25 15

Botschaften der Republik Irland:
In der Bundesrepublik Deutschland:
Godesberger Allee 119
5300 Bonn 2
Tel. 02 28/37 69 37

In Österreich:
Hilton Centre,
16. Etage
Land-Hauptstr. 2
1030 Wien
Tel. 02 22/75 42 46

In der Schweiz:
Eigerstr. 71
3007 Bern
Tel. 0 31/46 23 53

Öffnungszeiten von Büros und Geschäften:
Geschäftszeiten: In den größeren Städten haben die Geschäfte in der Regel von 9.00 Uhr bis 17.30 Uhr geöffnet. In Dublin gibt es aber auch Läden, in denen man rund um die Uhr einkaufen kann, und viele kleinere Lebensmittelgeschäfte, die verlängerte Öffnungszeiten bis spät in die Nacht haben. Einkaufszentren sind donnerstags und freitags bis 21.00 Uhr geöffnet.

Post: Schalterstunden sind normalerweise zwischen 9.00 Uhr und 18.00 Uhr. In kleineren Postämtern muß man häufig mit einer Mittagspause rechnen. Samstags ist von 9.00 Uhr bis 12.00 Uhr geöffnet.

Banken: Schalterstunden sind unter der Woche von 10.00 Uhr bis 12.30 Uhr und von 13.30 Uhr bis 15.00 Uhr. In Dublin haben die Banken donnerstags meist bis 17.00 Uhr geöffnet.
Mit der Euroscheckkarte können Schecks in Bargeld umgewechselt werden. Reiseschecks werden in allen Banken, Wechselstuben und in vielen Hotels angenommen. Die gängigsten Kreditkarten sind Access (oder MasterCard) und Visa sowie American Express und Diner's Club.

Telefon:
Das Telefonsystem untersteht der staatlichen Gesellschaft Telecom Eirann. Auslandsgespräche sind von den meisten Telefonzellen leicht direkt zu führen.
Telefon nach Deutschland: Vorwahl 16 49, anschließend die Ortsvorwahl ohne die 0; nach Österreich: 16 43; in die Schweiz: 16 41.
Von Deutschland, Österreich und der Schweiz nach Irland: Vorwahl 0 03 53, anschließend die Ortsvorwahl ohne die 0.

Notruf:
999 kostenlos von jeder Telefonzelle (für Polizei, Notarzt, Feuerwehr, Wasser- oder Küstenwacht sowie Bergrettung).

Gesundheit:
Allgemeinmediziner heißen »Surgery«, Zahnärzte »Dentist«. Apotheken sind am Schild »Pharmacy« oder »Chemist« zu erkennen und haben von Montag bis Samstag von 9.00 Uhr bis 18.00 Uhr geöffnet, sonntags von 11.00 Uhr bis 13.00 Uhr.
Deutsche, die bei einer gesetzlichen Krankenkasse versichert sind, benötigen das Formblatt E 111. Privatversicherte sollten sich mit ihrer Kasse in Verbindung setzen. Österreichern und Schweizern wird der Abschluß einer Reisekrankenversicherung geraten.

Jugendherbergen:
Neben den offiziellen Jugendherbergen, den An-Oige-Hostels, die dem internationalen Jugendherbergsverband angeschlossen sind, gibt es noch die privaten Hostels, die sich zu den IHO-Hostels und zur Budget-Gruppe zusammengeschlossen haben. Ein Verzeichnis der Hostels aller drei Gruppen (leider nicht vollständig) befindet sich in der Broschüre »Irland-Ferien für junge Leute«, die man von der Irischen Fremdenverkehrszentrale in Frankfurt anfordern kann. Einen internationalen Jugendherbergsausweis benötigt man nur für die An-Oige-Hostels.

Vollständige Verzeichnisse der angeschlossenen Jugendherbergen erhält man in den Hostels oder von den drei Jugendherbergsverbänden:

An Oige
Irish Youth Hostels Association
39 Mountjoy Square
Dublin 1
Tel. 01/36 31 11

Irish Budget Hostels
Doolin Village, Co. Clare
Tel. 0 65/ 7 40 06

I.H.O.
(Independent Hostels of Ireland)
Patrick O'Donnell
Dooey Hostel
Glencolumbkille, Co. Donegal
Tel. 0 73/3 01 30

Fahrradreparatur:
Grundsätzlich muß empfohlen werden, das Rad vor der Reise nach Irland gründlich zu überholen und neue Reifen aufzuziehen, um nicht in einem einsamen Gebiet weit abseits der nächsten Werkstätte mit einem Defekt zu stranden. Sollte man dann doch in Irland selbständig eine Reparatur vornehmen müssen, hat man sich auf diese Weise schon zu Hause die nötigen Kenntnisse erworben.
Die üblichen Werkzeuge und Ersatzteile für Reparaturen sollten selbstverständlich mitgeführt werden.
Wegen abweichender Normen und anderer Zulieferer in Irland kann die Mitnahme der folgenden Ersatzteile sinnvoll sein:
Bremsen: Bremszüge, Bremsschuhe und passende Bremsgummis.
Reifen: In Irland erhält man vor allem Reifen der Größe 27 x 1¼ Zoll. Von 28-Zoll-Reifen sind fast nur breitere Ausführungen zu haben. Mitnahme eines Ersatzreifens vor allem bei anderem Reifendurchmesser als 27 Zoll ist durchaus sinnvoll.
Schaltung: Schaltzüge; möglicherweise weitere Ersatzteile (z. B. kaum Shimanoersatzteile in Irland erhältlich).
Schlauch: Ein Ersatzschlauch ist grundsätzlich zu empfehlen (bei 28-Zoll-Rädern kann man sich bei einem Defekt in Irland mit den verbreiteteren 27-Zoll-Schläuchen entsprechender Stärke behelfen).
Speichen: Einige passende Speichen (bei Kettenschaltung einen Zahnkranzabnehmer mitführen, um die Speichen am Hinterrad einziehen zu können).
Weitere Ersatzteile: Verschiedene Schrauben und Muttern empfehlenswert, da in Irland meist ein anderes Gewinde verwendet wird.

Fahrradverleih:
In Irland trifft man auf ein sehr dichtes Netz von Fahrradverleihern. Die Mietpreise variieren stark mit der Qualität der angebotenen Räder und liegen meist im Bereich zwischen 60,– und 80,– DM für eine Woche. Zusätzlich ist in der Regel eine Kaution von ca. 100,– DM zu hinterlegen. Um späteren Ärger zu vermeiden, sollte man das Rad bei Übernahme gründlich überprüfen.
Ein landesweites Netz von Verleihstationen hat die Raleigh-Kette aufgebaut. Die Räder sind normalerweise tourentauglich und zu einem einheitlichen Preis zu mieten, müssen allerdings an derselben Stelle, an der sie geliehen

wurden, wieder zurückgegeben werden. Eine vollständige Übersicht der einzelnen Verleiher erhält man bei:

Raleigh Ireland Ltd.
Raleigh House
Kylemore Road
Dublin 10
Tel. 01/6 26 13 33

Als einziger Verleiher bietet *The Bike Store* die Möglichkeit, gegen eine geringe Gebühr die Räder an einer anderen als der Vermietstation wieder abzugeben. Außerdem werden moderne Räder mit ausreichenden Schaltungen verliehen. Neben den Geschäftsstellen in Dublin, Sligo, Westport, Galway (nur Radrücknahme), Killarney und Cork, die in den »Nützlichen Informationen« bei den jeweiligen Touren aufgeführt sind, gibt es zwei weitere Verleihorte:

Rosslare (bei Ankunft mit der Fähre)
Youth Hostel
Goulding Street
Rosslare Harbour
Tel. 0 53/3 33 99

Limerick (bei Ankunft auf dem Shannon Airport)
Youth Hostel
1 Perry Square
Tel. 0 61/31 46 72

Die Zentrale von *The Bike Store* befindet sich in Dublin:

The Bike Store
58, Lower Gardiner Street
Dublin 1
Tel. 01/72 53 99 oder 72 59 31

Außerdem können die Räder von *The Bike Store* in Deutschland direkt gebucht werden bei:

Gaeltacht Irland Reisen
Schwarzer Weg 25
4130 Moers 1
Tel. 0 28 41/3 50 35

Fahrradreiseveranstalter:
Eine große Zahl von Veranstaltern bietet Fahrradreisen in Irland an. Die Programme und damit die Preise variieren stark und gehen von der Bereitstellung eines Rades bis hin zu Touren mit Führern und Begleitfahrzeugen einschließlich der Unterbringung in Hotels. Einen Überblick über deutsche, österreichische und Schweizer Reiseveranstalter, die auch Fahrradferien anbieten, ist der Broschüre »Irland – Europas grüne Ferienseiten« zu entnehmen, die getrennt nach Nationalität der Veranstalter von der Irischen Fremdenverkehrszentrale zu beziehen ist.
Die Broschüre »Cycling Ireland«, die man ebenfalls von der Irischen Fremdenverkehrszentrale anfordern kann, enthält ein Verzeichnis der irischen Fahrradreiseveranstalter.

Zusätzlich ist eine Auswahl von **Spezialveranstaltern für Radreisen** angefügt, die Radtouren in Irland anbieten und in keiner der Listen aufgeführt sind:

AmphiTrek-Radreisen
Eichenstr. 19
D-7182 Gerabronn
Tel. 0 79 52/64 42

Baumeler Veloferien
Zinggentorstr. 1
CH-6002 Luzern
Tel. 00 41 41/50 99 00

Dr. Eisenrith Tours
Amalienburgstr. 19
D-8000 München 60
Tel. 0 89/8 11 93 73

Greg-Tours
Fahrradreisen
Lambergstr. 2
CH-8610 Uster
Tel. 0 04 11/9 41 25 66

Holiday Outdoor Ireland
Cycle Ireland,
St. Mary's Terrace
Killarney, Co. Kerry, Ireland
Tel. 0 64/3 25 36

IGSS-Reisen
Freiligrathstr. 25
D-7000 Stuttgart 50
Tel. 07 11/56 42 00

Klingenstein
Studienreisen
Thomas-Wimmer-Ring 9
D-8000 München 22
Tel. 0 89/23 50 81-0

Natours-Reisen
Untere Eschstr. 15
D-4514 Ostercappeln 1
Tel. 0 54 73/82 11

Rad & Reisen
Schleifmühlgasse 1
A-1040 Wien
Tel. 0 04 31/5 87 62 12

Rotalis Sport- und
Kulturreisen
Postfach 10 02 44
D-8011 Baldham
Tel. 0 81 06/71 75

Filmmaterial:
Filme aller Art sind in Irland bedeutend teurer als in Deutschland. Man sollte sich daher vor Antritt der Reise mit genügend Filmmaterial eindecken.

Feste und Feiertage:
Neujahrstag (1. Januar); St. Patrick's Day (17. März); Karfreitag und Ostermontag; Weihnachten (25. Dezember) und St. Stephen's Day (26. Dezember); Bank Holyday (von Jahr zu Jahr verschieden; es handelt sich um drei gesetzliche Feiertage, die jeweils auf einen Montag fallen, an denen nicht gearbeitet wird und alle Geschäfte geschlossen haben).

Verkehrsregeln und Beschilderung:
Die Verkehrsschilder in Irland entsprechen dem internationalen Standard und sind daher problemlos einzuordnen. Der einzig einschneidende Unterschied besteht im Linksverkehr, der etwas gewöhnungsbedürftig ist. Übrigens gilt auch an unbeschilderten irischen Kreuzungen die Grundregel rechts vor links.
Gerade auf schmalen Nebenstraßen sorgen die Wegweiser so manches Mal für Verwirrung. An vielen Kreuzungen fehlt die Beschilderung völlig oder die Wegweiser sind in die falsche Richtung verdreht. Zusätzlich differiert häufig die Schreibweise der Ortsnamen zwischen den Karten und Wegweisern. Außerdem wird nach und nach die Straßennumerierung von den alten T- und L-Nummern auf das neue System mit den N- und R-Nummern umgestellt, das auf den empfohlenen »Holiday Maps« durchgehend verwendet wird und daher als Grundlage für die Beschreibungen in diesem Buch dient. In den irischsprachigen Gebieten werden auf den Wegweisern meist nur die gälischen Ortsnamen verwendet, die daher jeweils in Klammern angegeben sind. Aus den genannten Gründen erfordern Touren abseits der beschriebenen Touren genaues Kartenstudium, um Umwege zu vermeiden.
Auf den alten Straßenschildern sind die Entfernungen in Meilen angegeben, meist ohne die entsprechende Einheit. Die neue Beschilderung in Irland ist auf Kilometerangaben umgestellt und den Zahlen ist das Kürzel km nachgestellt. Die Angaben in Meilen sind etwa mit dem Faktor 1,6 zu multiplizieren, um den entsprechenden Wert in Kilometern zu erhalten.

Kartenmaterial:
Am handlichsten sind die »Holiday Maps« vom irischen Ordnance Survey, dem staatlichen Vermessungsamt. Im Maßstab 1:250000 decken die vier Blätter (North, East, West und South) die gesamte Insel ab. Die einschlägige Karte zu jeder Tour ist in den »nützlichen Informationen« angegeben.
Noch genauer sind die »Half-Inch-Maps« des Ordnance Survey im Maßstab 1:126 720. Allerdings benötigt man hier 25 Kartenblätter, um die gesamte Insel zu erfassen. Beide Kartenwerke bieten eine ausreichende Genauigkeit für Fahrradtouren in Irland. Allerdings geht die Aktualisierung nur schleppend voran, und so sind neuere Veränderungen im Straßennetz meist noch nicht berücksichtigt.

Kleines Reparaturlexikon:

Achse	spindle
Ausfallende	fork end
Bremse	brake
Bremszug	brake cable
Felge	rim
Felgenbremse	caliper brake
Gabel	fork
Gangschaltung	gear shift
Inbusschlüssel	allen key
Kette	chain
Kettenblatt	chain ring
Kettenritzel	sprocket wheel
Kettenwerfer	front changer
Lenker	handlebar
Luftpumpe	air pump
Mehrfachfreilaufkranz	freewheel
Mutter	nut
Nabe	hub
Packtasche	luggage bag
Pedal	pedal
Reifen	tire
Sattel	saddle
Schaltwerk	rear changer
Schaltzug	gear cable
Schlauch	inner tube
Schraube	screw
Schraubendreher	screwdriver
Schraubenschlüssel	spanner
Speiche	spoke
Tretkurbel	crank
Tretlager	bottom bracket
Zahnkranzabnehmer	freewheel removal tool
Zange	clippers

Literatur

Beckett, J.: Geschichte Irlands. Kröner Verlag, Stuttgart 1982
Beckmann, G. (Hrsg.): Irland. Interconnections Reisefieber, Freiburg 1990
Bell, B.: »Apa Guide Irland«. Nelles Verlag, München 1990
Böll, H.: Irisches Tagebuch. dtv Verlag, München
Doran, S., Greenwood, M. und Hawkins, H.: »The Rough Guide: Ireland«. Harrap Columbus, London 1990
Francke, K. D. u. Kuballa W.: Irland – Der Westen. DuMont, Köln
Irlinger, B.: Wanderwege in Irland, Bruckmann Verlag, München 1991
Johann, A. E.: Heimat der Regenbogen. Irland. Bertelsmann Verlag, München
Kettler, W: Irland per Rad. Verlag Wolfgang Kettler, Berlin 1991
Kohlmann-Schaff, B.: Irland. Artemis-Cicerone
Kuballa, W.: Richtig reisen – Irland. DuMont, Köln 1990
Mante, H. u. Weidemann, S.: Irland. Bucher Verlag
Merten, C. u. R.: Irland. Terra Verlag, Badenweiler 1983
Rappel, F.: Irland. Verlag Martin Velbinger, Gräfelfing/München 1990
Viedebantt, K. u. Raach, K.-H.: Irland. Bruckmann Verlag, München 1988
Wagner, M.: Irland. Prestel, München 1991
Ziegler, W.: Irland. Kunst, Kultur, Landschaft. DuMont, Köln 1989

Tarifdschungelbuch Irland: Eine umfangreiche Sammlung verschiedenartigster Reiseangebote und Möglichkeiten der Urlaubsgestaltung in Irland.
Zu beziehen von:

Gaeltacht Irland Reisen	Zeitschrift:
Schwarzer Weg 25	Irland Journal
4130 Moers 1	Dorfstraße 70
Tel. 0 28 41/3 50 35	4130 Moers 1
	Tel. 0 28 41/3 18 63

Ein Katalog mit umfangreichem Buch- und Kartenangebot zum Thema Irland ist zu beziehen von:
Celtic Buch- und Reiseservice
Geb. Steudel GbR
Krebsgasse 5–7
8500 Nürnberg 1
Tel. 09 11/2 41 87 71 oder 2 41 87 72

Register

Die geradestehenden Ziffern verweisen auf die Textseiten, die *kursiven* auf die Seiten mit den Abbildungen

Bildnachweis

Alle Aufnahmen stammen vom Verfasser.

Einband/Vorderseite: Bavaria Bildagentur (Picture Finders), Gauting (Rock of Cashel), und PSE-Redaktionsservice Elgaß, Geretsried.

Die Tourenskizzen und die Übersichtskarten zeichnete Sebastian Schrank, München.